Don Paris / Peter Köhne

Die vorletzten Geheimnisse

Das Buch

Radionik ist der Aufhänger, an dem in diesem Buch die Autoren Don Paris und Peter Köhne zeigen, wie Schöpfungsprozesse ablaufen, welche Einflüsse Informationsfelder, sogen. IDFs, auf unser Leben und unsere Gesundheit haben und wie sich mit Hilfe dieser "Felder" Korrekturen bei Mensch, Tier, Pflanze u.a. vornehmen lassen und auch Selbstheilungsprozesse gezielt in Gang gesetzt werden, um die Ganzheit wieder herzustellen.

Der Schlüssel dieser Informations- und Steuervorgänge sind Skalare und Skalarantennen, mit denen die ganze Natur reichlich bestückt ist und über die sie ihre komplexen Abläufe steuert und regelt. Wer dieses Buch liest wird auch verstehen, wie hochpotente, homöopathische Mittel, Nosoden und Bachblüten wirken und wie man sie als radionische Informationsmittel herstellen kann.

Aber auch für die tägliche Anwendung in Beruf und Haushalt bringt dieses Buch viele praktische Beispiele. Vieles wird aus dem Bereich des *Wunder*baren und der Geheimnisse auf eine verständliche Ebene projiziert, von der auch der unbeirrbare Wissenschaftler seinen Einstieg in die Welt des "Unfaßbaren" finden kann. Die letzten Geheimnisse jedoch findet jeder nur in sich selbst.

Die Autoren

Don Paris. Seit über 20 Jahren erforscht Don Paris die feinstofflichen und spirituellen Zusammenhänge. Ob als Autor, Musiker, Dozent, spiritueller Lehrer oder Seminarleiter half er Tausenden von Menschen, höhere Bereiche des Wissens und der Weisheit zu erreichen. Ob er die Quantenphysik heranzog oder ausgefallenere wissenschaftliche Arbeiten wie von Bohm, Sheldrake u.a., ob er auf Jahrtausende altes Wissen oder seine eigenen Erfahrungen als spirituell Reisender zurückgriff, immer war es ihm möglich, Licht auch in komplexe Zusammenhänge zu bringen. Heute arbeitet Don Paris in den USA als Präsident von Living From Vision an der Weiterentwicklung der Technologie von morgen und leitet weltweit Seminare zur Entfaltung des spirituellen Bewußtseins.

Peter Köhne. Wie auch andere Radioniker zuvor kommt Peter W. Köhne aus der Technik als Dipl.- Ing. der Fachrichtung Allgemeine Elektrotechnik. Schon während des Studiums belegte er Seminare in Psychologie und dehnte seine Verbindung zu den Geisteswissenschaften über die Philosophie und Esoterik auch in Spezialgebiete aus. Die technisch wissenschaftliche Seite ergänzte er über die Standarddisziplinen hinaus mit neuen Ansätzen wie denen von R. Sheldrake, B. Heim, D. Bohm, K. Pribram u.a. Die Kombination der Naturwissenschaft und Technik mit den Geisteswissenschaften einschl. Randgebiete brachte ihn zu einem umfassenden, holistischen Weltbild, das die Grundlage der Radionik ist. Peter W. Köhne ist heute Geschäftsführer der *PRO*NOVA* ENERGETIK und Mitglied des Vorstandes der „Deutschen Radionischen Gesellschaft e.V.“. In diesem Zusammenhang veranstaltet und leitet er auch Seminare, Workshops und Trainings im Bereich Radionik.

Don Paris / Peter Köhne

Die vorletzten Geheimnisse

Radionik - Wo Wissenschaft und Weisheitslehren zusammenfinden

EURO verlag

Die vorliegende deutsche Ausgabe ist eine erweiterte Fassung des amerikanischen Originaltitels von Don Paris
"Regaining Wholeness Through the Subtle Dimensions"
Where Science Meets Magic
Erstmalig herausgegeben 1993 Living From Vision, Stanwood, WA, USA,

Übersetzung aus dem Amerikanischen Maren E. Stahlhacke und Peter W. Köhne. Erweiterung und Bearbeitung der vorliegenden deutschen Ausgabe Peter W. Köhne

ISBN 3-925774-14-9

Deutsche Erstauflage 1996

Umschlaggestaltung: Jutta Krebs, Aquarell auf Karton 1995
Druck: Satz & Druck Leupelt KG, 24941 Jarplund-Weding
Printed in Germany

Wir widmen dieses Buch der göttlichen Kraft, die Wunder erst möglich macht, wie auch allen Abenteurern, die sich in noch unbekannte Welten vorwagen.

Wir danken von ganzem Herzen Ilona und Maren, ohne deren innere und äußere Unterstützung dieses Buch ebenfalls nicht möglich geworden wäre.

Inhaltsverzeichnis

Vorwort

Herbst 1989, Düsseldorf. Mein Freund Michael Ramjoué hatte mich zu einem Seminar eingeladen. Zwei Amerikaner, Don Paris und Ilona Selke, wollten die Radionik vorstellen. “Radionik? Was ist das nun wieder”, fragte ich. Micha wußte auch nicht viel zu berichten, es sollte etwas sein, was den bisher üblichen Rahmen sprengte. Es hörte sich spannend an, ich war neugierig geworden, also nahm ich an diesem Seminar teil. Was ich dort hörte und sah, übertraf bei weitem das, was ich erwartet hatte, allerdings regte es meine Skepsis in bisher nicht gekannter Art und Weise an. Wenn auch nur die Hälfte von dem stimmte, was dort vorgetragen wurde, sprengte dies schon den mir bekannten Rahmen der Möglichkeiten. Ein Hindernis bestand jedoch für mich, tiefer in diese Materie einzusteigen, der Preis des vorgestellten Systems, des SE-5. Für meinen Geldbeutel waren die derzeit DM 8.500,– etwas zu viel.

Vier Wochen später machten wir mit unseren Kindern Urlaub auf den Balearen. Als wir zurückkehrten, war unsere Tochter krank. Der Besuch bei der Kinderärztin ergab - Salmonellen. Die Behandlungsversuche mit den verschiedensten Mitteln, natürlich auch Antibiotika, blieben ohne Erfolg. Konnten wir etwas tun, um unserer Tochter zu helfen? Wieder bekam sie ein anderes Antibiotikum, das wir aber nicht mehr geben wollten, da der Darm unserer Tochter bereits stark angegriffen war. Michael hatte sich inzwischen ein SE-5 zugelegt und experimentierte damit. Sollten wir versuchen, unserer Tochter damit zu helfen? Meine Frau drängte mich dazu, ich setzte mich mit Michael zusammen und wir entwarfen unser erstes, kleines, radionisches Therapieprogramm.

Es war Weihnachten geworden, wir hatten das Antibiotikum immer noch abgesetzt und “therapierten” stattdessen radionisch. Zum Jahresende war die “Rate” für Salmonellen auf Null.

Hatten wir es geschafft? Gleich zu Beginn des neuen Jahres schickten wir die erste Stuhlprobe zur Kontrolle ein: Negativ. Keine Salmonellen mehr. Auch die nächsten beiden Kontrollproben waren negativ. Das gab den Ausschlag, Preis hin, Preis her, wir kauften das Radionik-Gerät.

Nun begann eine Zeit vieler Tests, die wir im Familienbereich durchführten und die uns immer wieder das Staunen lehrten. Besonders die Kinder sprachen immer sehr gut und schnell darauf an. Oft informierten wir unarzneiliche Globuli mit den radionischen "Raten" oder Programmen, die die Kinder dann einnahmen. Bei uns Erwachsenen war der Erfolg oft verhaltener oder blieb ganz aus. Wie wir später feststellten, lag dies an Sperren und Blockaden, meist im psychischen Bereich, die den Informationsfluß unterbrachen. Daher begannen wir, die Blokkaden herauszufinden und auch diese zu balancieren, also radionisch zu therapieren. So erkannten wir bald die Möglichkeiten, die Radionik im wahrsten Sinne des Wortes ganzheitlich einzusetzen, sowohl in der Analyse (radionische Diagnose) als auch zur Balancierung (radionische Therapie). Aber nicht nur im humanen Bereich setzten wir das Gerät ein, auch für Tiere und Pflanzen eignete es sich sehr gut, da sowohl die Tiere wie auch alle Pflanzen offenbar aufnahmebereiter waren als mancher erwachsene Mensch.

Was war aber aus meiner starken Skepsis geworden? Sie war immer noch da, zwar nicht mehr so stark wie am Anfang, aber doch spürbar. So begann ich, mich intensiv mit den Hintergründen und Wirkmechanismen der Radionik auseinanderzusetzen. Ich fand heraus, daß sich in der Radionik zwei Strömungen treffen, zum einen Wissenschaft und Technik, zum anderen Philosophie und Esoterik. Demnach sind Radionikgeräte Bewußtseins-Verstärker für die Personen, die damit arbeiten. Zum Verständnis dieser Zusammenhänge konnte ich mit der traditionellen, Newtonschen Physik nichts anfangen. Stattdessen vertiefte ich mich in die Ansätze der modernen Quantenphysik, befaßte mich mit den Thesen der morphogenetischen Felder nach Sheldrake und denen des holographischen Universums (Bohm, Pribram) bis hin zu den Ansätzen von Burkhard Heim. Alles in allem gibt dies heute ein recht verständliches Bild, das sich für weitergehende Forschungen mehr als anbietet. Je weiter wir in den Bereich der Radionik vorstoßen, desto weiter schieben sich die Grenzen, so daß oft die Frage auftaucht, ob es diese überhaupt gibt. Es gibt sie! Im wesentlichen sind es zwei Grenzen, die immer wieder deutlich zu erkennen sind, zum einen die eigene Kreativität, zum anderen eine höhere Ethik, die dafür sorgt, daß das gesamte System, eingeschlossen die Menschheit, die dabei nur einen unwesentlichen Teil ausmacht, immer wieder in Harmonie kommt und in Balance gehalten wird.

So unbekannt die Radionik am Anfang für mich war, so bekannt ist sie heute vielen Anwendern weltweit, wobei der Anteil der deutschsprachigen Radioniker in den letzten Jahren um einiges größer geworden ist. Nicht zuletzt die Gründung der Deutschen Radionischen Gesellschaft 1992 hat dazu beigetragen.

Im Jahre 1993 veröffentlichte Don Paris (s. o.) sein Radionik-Buch "Regaining Wholeness Through the Subtle Dimensions". Aufgrund der engen Zusammenarbeit, die wir inzwischen mit ihm hatten, bot er uns an, dieses Buch ins Deutsche zu übersetzen und herauszugeben. Wir stimmten zu und begannen nach und nach, die Kapitel zu übersetzen. Bald ergab sich aber hier eine kleine Änderung, dort eine Ergänzung, und inzwischen ist aus der Übersetzung fast ein neues Buch geworden, in das viele unserer eigenen Erfahrungen und viele der Inhalte unserer Seminare eingeflossen sind, die wir seit mehreren Jahren veranstalten.

Sicherlich ist das in diesem Buch beschriebene Modell eine Betrachtungsweise. Andere Modelle treffen genauso zu, hier soll es in erster Linie um das Verständnis gehen, damit die Wirkungsweise und die Wirkungen der Radionik deutlich werden. Dies gilt sowohl für den interessierten Laien wie auch für den aufgeschlossenen Wissenschaftler, der bereit ist, Grenzen seiner Lehrmeinung zu überschreiten.

Wer dieses Buch aufmerksam liest, wird feststellen können, daß eine enge Beziehung besteht zwischen dem seit Jahrtausenden bekannten Wissen und der modernen Wissenschaft. Gemeint ist hier die Wissenschaft, die auch bereit ist, sich für die Phänomene zu öffnen, die die orthodoxe Wissenschaft verleugnet. Vielleicht gibt dieses Buch vielen einen Einblick in die tieferen Zusammenhänge des eigenen Daseins, einen weiteren Blick auf den eigenen spirituellen Weg.

Obwohl wir uns alle auf diesem Weg befinden, ranken sich noch viele Geheimnisse um ihn, vor allem: welchen Sinn hat er und in welcher Weise führt er am besten und schnellsten zum Ziel? Einige dieser Geheimnisse werden hier angesprochen und etwas mehr gelüftet, sozusagen die "vorletzten Geheimnisse", doch die Lösung der letzten Geheimnisse kann nur jeder in sich selbst finden.

Peter W. Köhne

Einleitung

Schamanen, im klassischen Sinne, sind von alters her die Heiler und weisen Männer/Frauen des Volkes gewesen. In seinem Buch "The Eagle's Quest" (*Des Adlers Suche*, Simon und Schuster) untersucht Fred Allen Wolf die Welt der Schamanen aus der Sicht eines Quantenphysikers. Wolf beschreibt seine eigene Reise, die ihn von der rationalen Welt der Wissenschaft zu seiner Entdeckung von Intuition, zu natürlichem Heilen und vielen Aspekten des Lebens führte, die die westliche Logik für unmöglich halten würde.

Während eines Vortrages, den er in Seattle, Washington, hielt, fragte er das Publikum: "Weiß irgendjemand, wie die Technologie des 21. Jahrhunderts funktionieren wird?" Meine Hand schnellte sofort nach oben, beinahe ohne daß ich es vorher geplant hätte, und ich antwortete: "Es wird eine Technologie in Wechselwirkung mit dem Bewußtsein sein." "Richtig", sagte er zustimmend.

Was ich ihm damals nicht erzählte, war, daß es diese Technologie bereits jetzt im 20. Jahrhundert gibt und ich seit vielen Jahren Menschen schule, sie anzuwenden. In einem sehr greifbaren Sinn hat die Radionik Methoden der Schamanen verständlich und zugleich den Zauber der Schamanen dem westlichen Menschen zugänglich gemacht.

Ich behaupte nicht, daß jede Person, die lernt, radionisch zu arbeiten, fähig sein wird, Menschen zu heilen wie ein Schamane, aber ich habe gesehen, daß die meisten Radionikgeräte für jeden einfach genug zu bedienen sind und die Selbstheilungsprozesse aktivieren und unterstützen können.

Nach Wolf gibt es einige Dinge, die allen Schamanen gemeinsam sind. Das erste davon ist, daß alle Schamanen das Universum als aus Schwingungen bestehend betrachten. Näher betrachtet geht es noch über die Schwingungsebene hinaus in den Bereich der Visionen und intuitiven Schöpfungsprozesse. Genau dort setzt auch die Radionik ein, in der informationellen Ebene, dem Ur-Bauplan, der sogen. "Blaupause", die sowohl für kleinste Teilchen wie auch für das gesamte Universum Gültigkeit besitzt. Auf die genauen Zusammenhänge kommen wir in Kap. 2 und 3 noch zurück.

Als weiteres ist den Schamanen gemeinsam, daß sie jedes Mittel benutzen würden, um den Glauben eines Patienten bezüglich der eigenen Realität zu verändern. Hierfür ist die Radionik besonders geeignet. Nachdem ich ihre Auswirkungen auf meine eigene Gesundheit und mein eigenes Leben erfahren habe, kann ich verstehen, wie diese Art der Technologie in den mystischen Ruf des "schwarzen Zauberkastens" gekommen ist. Ich habe in meinem Leben viele Wunder gesehen, und viele von ihnen würde ich direkt der Radionik zuschreiben. Ich spreche von wirklichen Wundern, nicht von der Sorte, wie sie beispielsweise manchmal im Fernsehen gezeigt werden, sondern vielmehr Erfahrungen, für die es keine wirkliche, logische Erklärung gibt.

Was ist ein Wunder? Der "Brockhaus" beschreibt es - aus der Religionsgeschichte hergeleitet - als "Bezeichnung für ein von Gott gewirktes Phänomen, das die allgemeine Erfahrung und Erkenntnis, besonders in naturwissenschaftlicher Hinsicht (<Durchbrechung der Naturgesetze>), übersteigt." (Brockhaus Enzyklopädie Bd. 24, S. 361) Die Naturgesetze sind das, was wir heute als Wissenschaft und Physik bezeichnen. Ist eine Wissenschaft der Wunder möglich?

Sowohl Wolf auf seine Weise als auch ich haben versucht, ein System hinter Wundern zu finden. Ich vermute, wenn wir die Gesetze entdeckten,die die Wunder beherrschen, dann würden sich solche Ereignisse aus dem Bereich des Ver-*Wunder*-lichen in die gewöhnliche Welt der Wissenschaft verlagern. Wenn ein Eingeborener im Wald ein Radio finden würde, aus dem Musik erklänge, würde er dies vielleicht für ein Wunder halten. Und wenn wir den Schamanen seines Stammes dabei beobachten würden, wie er jemanden durch Veränderung seines Schwingungsmusters heilte, würden wir dies möglicherweise ebenso für ein Wunder halten. Aber für den Elektroingenieur in dem einen und für den Schamanen im andern Falle erscheinen diese Erfahrungen in der natürlichen Ordnung der Dinge - in ihrer jeweiligen Welt.

Wenn wir zu einem breiteren Verständnis der zugrunde liegenden Lebensprinzipien gelangen, werden wir zu erkennen beginnen, daß es viele Wege zum selben Ziel gibt. Ob wir durch Gesundheit, Partnerschaften, Familie, Geschäftsleben, Selbsterfahrung oder außerirdische Kontakte Erfahrungen sammeln, so sind wir doch jedenfalls, unterm Strich betrachtet, immer auf dem Weg, die Ganzheit wiederzuerlangen. (**)

Die Anwendung der Radionik, eines Verfahrens, das man zum Analysieren und Balancieren von Informationsfeldern gebraucht, legt uns viele Dimensionen buchstäblich in unsere Fingerspitzen. Dimensionen, die sonst am Rande unseres Bewußtseins bleiben wie ein Traum, der den ganzen Tag in unseren Gedanken kreist in dem Bestreben, wiedererkannt zu werden. Das Verstehen und die Anwendung der Radionik öffnet viele neue, subtile Dimensionen und wird somit zum spannenden Abenteuer auf unserem Wege zur “Wiedererlangung der Ganzheit”. (**siehe Fußnote)

Dieses Buch ist in zwei Abschnitte unterteilt. Der erste Abschnitt dient dazu, den Neueinsteiger mit dem Zweck und der Theorie hinter der Radionik vertrauter zu machen. Manches

---

** vgl. Titel der amerikanischen Originalausgabe:
"Regaining Wholeness Through the Subtle Dimensions"

werden Sie erstaunlich finden und anderes vielleicht geradezu unglaublich. Wenn ich diese Dinge nicht selbst erlebt hätte, könnte ich leicht denken, daß dies ein Science Fiction Buch wäre. Ich kann Ihnen versichern, daß diese Technologie tatsächlich existiert und habe mein Bestes getan, um die Ergebnisse der Anwendung der Radionik in einer Sprache zu beschreiben, die zugleich verständlich, exakt und im Rahmen der geltenden Gesetze bleibt.

Über die Jahre hinweg haben viele Menschen diese Art der Technologie mit medizinischen Geräten in einen Topf geworfen, die auf den physischen Körper wirken. Aus diesem Grund sind die FDA (Food and Drug Administration, USA) und andere vergleichbare Stellen in der Welt sehr streng mit diesem Forschungsbereich umgegangen. Die Radionik arbeitet nicht auf der physischen Ebene in irgendeiner Weise, Gestalt oder Form! Sie funktioniert mehr wie ein Architekt, der die Kontrolle über das Baugeschehen hat, aber nicht selbst die Maurerkelle in die Hand nimmt.

Weil die Entdeckung der Radionik eine so unglaubliche Erfahrung für mich war, mußte ich zu irgendeiner Erklärung finden, wie sie funktionieren könnte. Dies führte mich zum Studium der Quantenphysik und darüber hinaus zu einigen der ausgefalleneren wissenschaftlichen Arbeiten. Im theoretischen Teil habe ich versucht, die Zusammenhänge so zu erläutern, daß sie einerseits für den Laien verständlich werden und andererseits einen möglichst genauen Überblick über ein Modell geben, das die Wirkungsweise der Radionik beschreibt. Die Gerätebeispiele beziehen sich dabei meistens auf das Radionik-Gerät, welches ich am meisten benutze, das SE-5.

Teil Zwei vertieft sich in die eigentlichen praktischen Anwendungen der Radionik - wieder am Beispiel des SE-5 -, die in früheren Zeiten als *wunder*-sam bezeichnet worden wären. Wenn jemals eine Technologie der Wunder entwickelt worden wäre, dann wäre dies die Radionik.

Teil Zwei des Buches wird von großem Nutzen für jene sein, die bereits ein SE-5 oder ein anderes Radionikgerät haben, aber auch für jene von Ihnen, die sich fragen, wie diese Technologie in ihrem Leben Anwendung finden kann.

Werden die nächsten Vitamintabletten, die Sie kaufen, Ihre letzten sein? Es gibt genaue Anweisungen, wie man Radionikgeräte dazu verwenden kann, die informativen Bausteine von Substanzen wie Vitaminen in ein anderes Material wie z. B. Wasser zu übertragen. Wüßten Sie gern, wie Sie 100.000 km Fahrleistung und mehr aus einem einzigen Satz Reifen herausholen? Wie verlorene oder gestohlene Dinge wiedergefunden werden können? Ich werde Ihnen sogar erzählen, wie ich es geschafft habe, die Ausdünstungen eines neuen Teppichs loszuwerden, indem ich einfach das feinstoffliche Feld, das ihn umgab, veränderte!

Aber auch wenn Sie kein Radionikgerät haben, wird Teil II des Buches sehr interessant sein, weil er viele ungewöhnliche Anwendungen, auch speziell auf das tägliche Leben bezogen, enthält. Es gibt wesentlich mehr Anwendungsmöglichkeiten, als ich jemals in einem Buch unterbringen könnte, jedoch ist es die Absicht dieses Buches, Ihnen zu helfen, die Prinzipien zu verstehen, durch die es funktioniert, was Ihnen auf der anderen Seite erlauben wird, Ihre eigene Vorstellungskraft zu gebrauchen und auf Anwendungsarten zu kommen, die noch nicht entdeckt sind.

Don Paris

Teil I
Zum Verständnis der Radionik

Es gibt viele Ansätze, die Radionik und ihre Funktionsweise zu erklären. In vielen der zahlreichen Bücher über Radionik können wir solche Ansätze finden. Der Umfang dieses Buches soll den derzeitigen Stand der Radionik aufzeigen und auch von der wissenschaftlichen Seite her beleuchten, aber so, daß es für die Radionik-Einsteiger leicht verständlich bleibt. Doch auch für die wissenschaftlich orientierten Leser soll dieses Buch eine Plattform schaffen, die ihnen den Einstieg in Zusammenhänge ermöglicht, die über die orthodoxen Meinungen der heutigen Wissenschaft hinausgehen.

Die Rahmenhandlung des luziden Traumes in diesem Buch birgt zwei Aspekte. Zum einen ist dies als belletristisches Stilmittel zu sehen, das viele Zusammenhänge auch von den Darstellungsmöglichkeiten her leichter erklärbar macht. Der zweite Aspekt ist, daß die Traumforschung tatsächlich heute bereits einen Stand erreicht hat, bei dem diese Art der Erlebnisfähigkeit keine Seltenheit mehr ist und sogar von jedem erlernt werden kann. Die umfangreichen Forschungen von Stephen LaBerge in den USA zeigen, daß besonders der luzide Traum einen Realitätsgrad erreicht, der teilweise den des normalen Tagesbewußtseins übertrifft. Das Erreichen dieses Realitätsgrades ist sicher nicht nur über das luzide Traumerleben möglich, wie die Forschungen des Monroe-Instituts in Virginia, USA, belegen. Über die Jahrtausende hat es viele spirituelle Größen gegeben, die von dieser Stufe des höheren Bewußtseins und der erweiterten Realität agiert haben. Nikola Tesla, wohl der bedeutendste Erfinder dieses Jahrhunderts, besaß die Fähigkeit, auf dieser Realitätsebene seine Elektromaschinen zu bauen, zu testen und zu verbessern, bis sie ausgereift waren. Erst dann wurden diese Maschinen auf dieser uns vertrauten Realitätsebene physisch gebaut und liefen einwandfrei.

Ob nun belletristisches Stilmittel oder Umsetzen anderer Realitätsebenen, die über die Radionik und deren Zusammenhänge gemachten Aussagen bleiben davon unberührt. Aber vielleicht gibt diese Rahmenhandlung dem einen oder der anderen einen Impuls, sich verstärkt mit dem eigenen Traumerleben zu befassen.

Kapitel 1

Radionik, wie alles begann...

Auf meinem Weg durch die überfüllten Stände des Zukunftstechnologie-Kongresses überkam mich plötzlich ein Gefühl von Frieden und gelassener Ruhe, als ich an einer Gruppe von Menschen vor einem der Stände vorbeikam. Überhaupt war diese Messe irgendwie anders als die Messen, die ich bisher kennengelernt hatte. Ich wußte nicht, was es war, ich wußte nur, daß es anders war, nicht etwa unangenehm, eher ungewohnt, manchmal etwas unwirklich. Aber gut, bei einer Messe über Zukunftstechnologien war das vielleicht gar nicht so ungewöhnlich. Als ich mich in die Menge am Stand hineinschob, um besser sehen zu können, bemerkte ich, daß alle gespannt einem freundlich wirkenden Mann zuhörten, der auch meine Aufmerksamkeit sogleich auf sich zog. Ich kann nicht sagen, daß es etwas Besonderes gab an der Art, wie er aussah, es waren mehr seine Augen. Ja, das war es. Es war der Ausdruck der Zukunft, der durch seine Augen schien.

Ich schob mich ein bißchen näher heran, bis ich die Worte seines Vortrages besser verstehen konnte. "Bringt man höhere Schwingungen hinein, werden diese natürlich das stärkere Resonanzmuster im Körper. Heilung ist eine natürliche Folge, wenn diese Schwingungen höherer Ordnung sind und das enthalten, was wir uns als mehr Lebensenergie vorstellen."

Ich spitzte die Ohren, als ich "Heilung" und "mehr Lebensenergie" hörte, denn gerade das war es, was ich in dem Augenblick brauchte, mehr Lebensenergie. Ich würde nicht sagen, daß ich ein Hypochonder war, aber ich hatte sicherlich eine ganze Menge Probleme mit meiner Gesundheit. Nachdem ich mit Asthma aufgewachsen war sowie mit schweren Allergien gegen so ziemlich alles, später eine Hypoglykämie (Verminderung des Blutzuckerspiegels) entwickelte und Migräneanfälle, hatte ich das Gefühl, ein bißchen mehr Lebensenergie würde mir gut bekommen. Zu der Zeit lief ich nur auf etwa zwei 'Zylindern' und ich hatte den Eindruck, daß dies alles war, was mein Körper leisten konnte, um den Tag zu überstehen. Daß er sich selbst heilen könne, schien mir ausgeschlossen.

Ich wußte nicht, was all diese Schwingungen waren, von denen er sprach, aber ich nahm an, daß es irgendetwas mit dem kleinen Gerät zu tun hatte, das vor ihm auf dem Tisch stand. Ich hörte weiter zu.

"Der Schlüssel hier ist Gleichgewicht", fuhr er fort. "Wenn wir das System ins Gleichgewicht bringen, steht natürlich mehr Energie für Heilung oder andere Lebensbereiche zur Verfügung. Hier ein Beispiel. Versuchen Sie, Ihren Kopf herunterhängen zu lassen, soweit es geht. Lassen Sie ihn einfach dort hängen und entspannen Sie sich. Fühlt sich doch gut an, oder?"

Ich mußte zugeben, ich fühlte mich besser, zumindest für eine Weile. Bald stellte ich fest, daß mein Rücken anfing, sich zu beschweren. Dann sagte der Vortragende: "Lassen Sie nun Ihren Kopf nach hinten fallen." Auch das versuchte ich, aber diesmal fühlte es sich von Anfang an unangenehm an. Dieses Mal beschwerte sich mein Rücken mit aller Bestimmtheit. Nachdem uns dieser Mann quälende 30 Sekunden in dieser Position hatte stehen lassen, sagte er: "In Ordnung, versuchen Sie nun, ob Sie die Mitte finden, wo Ihr Kopf weder nach vorn noch nach hinten fällt, sondern sich genau im Gleichgewicht befindet."

Seine Absicht traf mitten ins Schwarze, ich fühlte mich sofort befreit von der Last, meinen Kopf mit den Halsmuskeln halten zu müssen.

"Ihr ganzes System arbeitet nach demselben Prinzip. Stellen Sie sich vor, wieviel besser sich Ihr Körper fühlen würde, wenn alles im Gleichgewicht wäre, und Ihre gesamte Energie stünde Ihnen zur Verfügung für was immer Sie in Ihrem Leben tun wollen.

Ich brauche mal bitte einen Freiwilligen aus der Gruppe", bat er.

Bis dahin klang das, was er sagte, sehr gut für mich, und so streckte ich meine Hand nach oben und er sagte: "Kommen Sie hier herauf, junger Mann." In dem Augenblick fühlte ich mich nicht so sehr jung, aber ich schob mich durch die Menge hindurch neben ihn. Er sagte: "Haben Sie irgendwelche gesundheitlichen Probleme oder Beschwerden?" Ich wußte gar nicht, wo ich anfangen sollte, krächzte aber irgendwie die Worte: "Mein Rücken." Es machte mich nicht gerade glücklicher, allein vor dieser Menge zu stehen, da ich vor Gruppen immer nervös war, besonders wenn ich reden sollte. Nach und nach legte sich meine Spannung, der Mann wirkte sehr beruhigend.

Dann bat er mich, mich vor einen leeren Wandschirm an der Rückseite des Standes zu stellen, während er mich fotografierte. Als das Bild vorn aus der Polaroidkamera herausglitt, fuhr er mit seinem Gespräch fort, während das Foto sich entwickelte.

"Indem ich ein Foto von Ihnen mache, formen sich die Silberbromidkristalle der Filmemulsion derart, daß sie zu Ihrem feinstofflichen Schwingungsmuster in Resonanz treten. Dies dient zum Einstimmen auf Ihr Schwingungsmuster, genau so, wie wenn Sie an Ihrem Fernsehgerät den Kanal einstellen."

Dann schob er das Foto in einen Schlitz an der Seite des kleinen Computers, der vor ihm stand. Ich beobachtete, wie er einige Tasten drückte und mit der einen Hand über das Gerät strich, während die andere einen Knopf drehte. Er sagte, er werde die Vorgehensweise später jedem erklären, der bleiben wolle. Im Augenblick könne er nur sagen, daß alles gut aussehe und es keine störenden Einflüsse gebe.

Nach einigen weiteren Bewegungen ähnlicher Art auf dem Gerät trat er hinter mich und fragte: "Tut es genau hier weh?" Ich dachte, ich müßte an die Decke gehen, als er genau auf die Stelle drückte, von der der Schmerz herrührte. Als ich ziemlich laut "Ja!" schrie, sagte er nur: "Ich dachte es mir fast" und ging zurück zu dem Gerät, um wiederum ein paar Tasten zu drücken. Einen Augenblick später bat er mich, meinen Kopf zurückzulehnen und meinen Rücken zu spüren. Ich ließ meinen Kopf langsam nach hinten sinken, und es geschah etwas Überraschendes. Ich fühlte eine Art von Klicken und eine Bewegung in meinem Rücken, und der ganze Schmerz verschwand. 'Seltsam!' dachte ich bei mir, 'so fühle ich mich sonst nur, wenn ich beim Chiropraktiker gewesen bin.'

Nachdem ich ihm erzählt hatte, wie gut mein Rücken sich anfühlte, fragte ich ihn: "Hat das Ihre Maschine gemacht?" Er antwortete: "Nein, Ihr Körper tat es. Alles, was ich tat, war, daß ich neue Informationen in Ihr System schickte, und es tat den Rest. Sie sehen, unser Körper - wie überhaupt alles Leben - ist vorprogrammiert für Gesundheit und Vitalität. Er besitzt Intelligenz und ist in der Lage, sich selbst wieder in Ordnung zu bringen, wenn es ein Problem gibt.

Als menschliche Rasse lernen wir, uns als Individuen zu betrachten, getrennt von allem anderen, daher ist für die meisten von uns die Idee der Ganzheit fremd geworden. Während wir aufwachsen, grenzen wir uns von allem ab, um herauszufinden, wer wir sind. Da wir uns die meiste Zeit mit solchen Gedanken beschäftigen, beginnen unsere Körper, in ähnlicher Weise zu reagieren.

Ich denke, man könnte sagen, ich rief Ihrem System in Erinnerung, daß es tatsächlich ein System ist, und daß nicht nur alle Körperteile, sondern auch alle Körper dieses Systems zusammenarbeiten können, um zu mehr Harmonie zu gelangen."

Das meiste hiervon überstieg mein Begriffsvermögen, aber in diesem Moment kümmerte mich das wenig, denn ich fühlte mich großartig. Ich hatte mich schon Jahre nicht mehr so gut gefühlt. Während ich in diesem Gefühl von Dankbarkeit und Freude schwelgte, kam ich allmählich zum Wachbewußtsein zurück und fand mich neben meiner Frau, die friedlich schlief.

Ich rollte mich leise herum und suchte im Dunkeln nach meinem Traumtagebuch und meinem Kugelschreiber, um alles aufzuschreiben, an das ich mich aus meinem Traum erinnern konnte. Ich schrieb hastig, um nur ja kein einziges Detail dieses Traumerlebnisses zu vergessen. Jetzt wurde mir auch klar, was geschehen war, und warum sich die Atmosphäre auf der Messe so anders angefühlt hatte. Ich hatte soeben einen luziden Traum gehabt! Das war schon erstaunlich nach so kurzer Zeit. Angefangen hatte es damit, daß mir ein Freund eine Art Schlafmaske mitbrachte.

“Das mußt du unbedingt ausprobieren”, hatte er zu mir gesagt, “damit kannst du luzid träumen lernen!”

“Was ist denn luzid träumen”, wollte ich wissen.

“Ein luzider Traum ist ein Klartraum. Im luziden Traum bist du dir deines Träumens voll bewußt. Du erlebst den Traum wie im Wachbewußtsein und kannst die Träume gezielt steuern. Lies dir das Trainingshandbuch durch und probier’s selbst aus, es ist phantastisch!”

Er legte mir die Maske auf den Tisch: “Wenn du nicht klar kommst, ruf mich an, viel Erfolg.” Mit diesen Worten verschwand er so eilig, wie ich es von ihm gewohnt war.

Ich sah mir die Maske näher an. Es war keine Schlafmaske, wie ich sie kannte, in der Maske verbarg sich eine Elektronikkarte mit Lämpchen, Schaltern und vielen elektronischen Bauteilen.

Ich wurde neugierig und begann, im Trainingshandbuch zu lesen. Vieles, was dort über Träume geschrieben stand, war mir bekannt. Ich führte seit längerer Zeit ein Traumbuch und konnte mich sehr gut an meine Träume erinnern. Auch hatte ich gelernt, noch während des Traumes meine Träume mit geschlossenen Augen mitzuschreiben, aber luzides Träumen war mir neu.

Ich probierte diesen Traumtrainer aus, mußte mich aber in den ersten Tagen an das Tragen dieser Maske gewöhnen. Es ging von Tag zu Tag besser und der Trainer half mir, meine Träume als solche zu erkennen. Allerdings war ich mir noch nie so recht dessen bewußt geworden. Dies war der erste Erfolg und ich wollte sofort weitermachen, zumal ich gespannt war, wie es an diesem Messestand weiterging.

Zunächst wollte ich meine Frau wecken und ihr alles erzählen, was ich erlebt hatte, aber dann widerstand ich der Versuchung, setzte die Maske wieder auf und fokussierte meine Aufmerksamkeit auf den Messestand, den ich vorhin verlassen hatte. Schließlich hüllte mich die Schwere der Nacht wieder ein und ich glitt zurück zu der Messe.

Ich fand mich wiederum an dem Stand, und der Vortragende schien sowohl meine Begeisterung als auch meine Verblüffung zu spüren.

Er sagte: “Lassen Sie uns ganz von vorn anfangen und alle Verwirrung, die dies vielleicht in Ihnen hervorrufen mag, auflösen.

Das Gerät, das Sie soeben kennengelernt haben, ist ein Radionikgerät. Die Radionik gibt es nun schon fast 100 Jahre. Das Gerät, mit dem ich hier arbeite, ist ein Gerät der neuesten Generation von Radionikgeräten, das erste elektronische Gerät dieser Art mit Computer. Aber beginnen wir zunächst damit zu erfahren, was Radionik ist, woher sie kommt und wie sie funktioniert, bevor wir mit diesem Gerät weiterarbeiten. Der folgende Film gibt Ihnen einen sehr guten Einstieg in die Radionik und zeigt Ihnen, wie alles begann."

Er drehte sich um und nahm etwas in die Hand, das ich sofort als eine Fernbedienung erkannte. Er drückte einige Knöpfe und auf der dahinterliegenden Großleinwand begann der Film...

RADIONIK, Geschichte und Entwicklungen

Obwohl schon zu Beginn dieses Jahrhunderts die Radionik erste Erfolge zeigte, in England seit Jahrzehnten komplementär zur orthodoxen Medizin eingesetzt wird und auch in anderen europäischen Ländern mehr oder weniger stark verbreitet ist, führt sie in den deutschsprachigen Ländern nach wie vor ein Schattendasein. Zu Unrecht, da die Radionik doch eine umfassendere, ganzheitliche Analyse ("radionische Diagnose") ermöglicht als irgendein anderes Verfahren und mit der Re-Informations-Therapie ® ("radionische Therapie") eine umfassende Balancierung und Harmonisierung der betreffenden Bereiche erfolgen kann. Sicherlich geht die Radionik weit über die Grenzen der Schulmedizin hinaus und ist mit dem immer noch überwiegend vertretenen Newtonschen Weltbild nicht erfaßbar. Hier kann die Radionik als eine neue Dimension der Wissenschaft andere, ganzheitliche Wege aufzeigen.

Um die Radionik zu verstehen, ist es unumgänglich, ihre Anfänge zu kennen und die Entwicklung nachzuvollziehen, die durch Pioniere wie Dr. A. Abrams, R. Drown, G. Hieronymus, G. de la Warr u. a. bestimmt wurde. Die Grundprinzipien und Wirkungsweisen der Radionik wie das Wissen um die Zusammenhänge der Welt und des Lebens, der Vorstellungskraft und Intuition wie auch der Einfluß von Symbolen und deren Deutung sind allerdings schon Jahrtausende alt.

Der Weg läßt sich verfolgen von der Ayurveda mit der Harmonie der Elemente über Hippokrates, der schon um 400 v. Chr. das holographische Weltbild beschrieb, und Paracelsus, bei dem Gedanken zu den Thesen von Rupert Sheldrake (morphisches bzw. morphogenetisches Feld) vorweggenommen sind. Die Wirkungsweise der von S. Hahnemann begründeten Homöopathie kann man vom Kern her auch als radionisch ansehen. Speziell bei den starken Verdünnungen der Hochpotenzen wirkt nur noch die Information, die aus der Ursubstanz erhalten bleibt. In der Radionik wird dies technisch durch Empfangen oder Senden der Informationen mittels sogenannter Skalarantennen erreicht.

"radiation" und "ionic" = "Radionic"

Der Begriff "Radionic" entstand in den 30er Jahren in Amerika aus den Worten "radiation" und "ionic" und sollte die Form von Energie beschreiben, die sowohl von den Proben als auch von den Instrumenten ausgeht, wenn sie in einer bestimmten Weise gebraucht werden. Bei dem heutigen technischen Stand der Radionik-Geräte würde man "Radionik" sinnvollerweise aus "**Radi**ästhesie" und "Elektr**onik**" zusammensetzen, da es sich um ein Verfahren zur Analyse und Balancierung Innerer Daten-Felder (IDF) handelt, das sich der menschlichen Fähigkeiten im Bereich der intuitiven Wahrnehmung bedient mit speziell dafür entwickelten Instrumenten. Die Radionik bedient sich bewußt und absichtlich dieser höheren geistigen Fähigkeiten.

Die Radionik verdankt ihren Ursprung dem amerikanischen Arzt Dr. Albert Abrams (1863 - 1924) (Abb. 1.01), seinerzeit Professor der Pathologie und Direktor der medizinischen Fakultät an der Stanford Universität, Kalifornien. Ebenso war er u. a. Präsident der San Francisco Medico-Chirurgical Society. Abrams hatte aufgrund einer Erbschaft ausreichend Möglichkeiten, sich der Medizin zu widmen und viel in seine Forschungen zu investieren. Er studierte zunächst in San Francisco, wo ihm

Abb. 1.01
Dr. Albert Abrams

wegen seines jungen Alters noch kein Diplom zugesprochen werden konnte. Nachdem er deutsch gelernt hatte, studierte er noch einmal Medizin in Heidelberg, wo er summa cum laude abschloß. Im Anschluß an seine Promotion dehnte er seine Studien über ganz Europa aus und arbeitete mit uns heute so bekannten Größen wie Virchow, Helmholtz, Frerichs und Wassermann zusammen.

Besonders die Arbeit mit Hermann von Helmholtz regte sein Interesse an physikalischen Zusammenhängen und deren Bezügen zur Biologie stark an. Dies sollte ihm bei seinen späteren Forschungen von Nutzen sein.

Nach seiner Rückkehr in die USA baute Abrams eine gutgehende medizinische Praxis auf und war bald landesweit bekannt. Seine in Europa begonnene Forschungsarbeit führte er dabei unermüdlich weiter.

Anatomischer "Klopf-Atlas"

Der entscheidende Schritt zur Radionik wurde durch einen dieser berühmten "Zufälle" eingeleitet. Als er bei einem Mann mittleren Alters mit einer Art Krebsgeschwulst auf der Lippe mehr als abschließende Routine die Bauchdecke abklopfte, stellte er über dem Bauchnabel nicht den gewohnten hohlen Klang, sondern ein eher dumpfes Geräusch fest. Interessanterweise trat dieser Effekt nur dann auf, wenn der Patient nach Westen stand, in allen anderen Richtungen und auch im Liegen war der Klang wie gewohnt. Er ging diesem Phänomen nun auch bei anderen Patienten gezielt nach und stellte fest, daß jeder Krankheit ein solcher Punkt auf der Bauchdecke zuzuordnen war. Nach einer Vielzahl von Untersuchungen dieser Art ergab sich bald ein regelrechter “Klopf-Atlas” (Abb. 1.02). Wichtig dabei war jedoch immer die Ausrichtung nach Westen, bei der sich erst die Änderung des Klanges ergab, der sogenannte Critical Rotation Point (vergl. de la Warr).

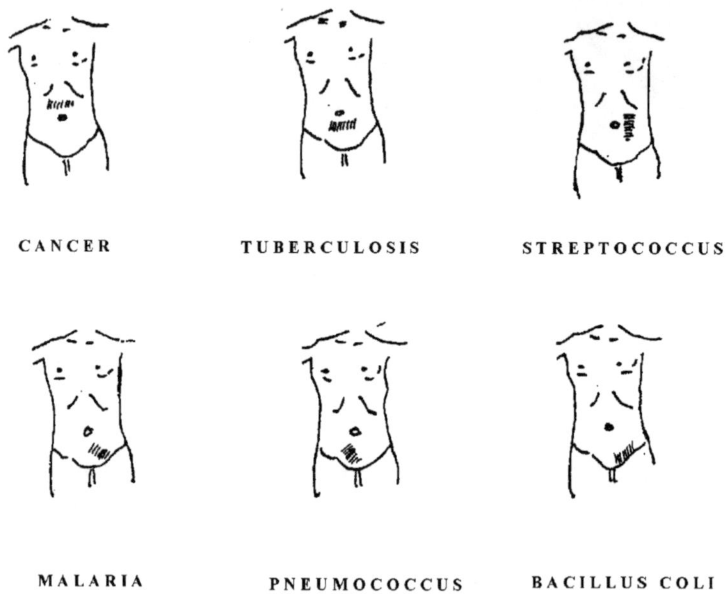

*Abb. 1.02 Anatomischer Klopfatlas nach Dr. A. Abrams (Auszug). Die schraffierten Stellen geben die Punkte an, bei denen beim Abklopfen der Bauchdecke ein dumpfer Ton zu hören war.**

Einige seiner Schüler und interessierten Kollegen hatten jedoch Schwierigkeiten, die Veränderung des Klanges eindeutig festzustellen, und er entwickelte ein Verfahren, bei dem er mit einem Glasstab über die Bauchdecke strich. An den bewußten Stellen zeigte der Glasstab eine Art Klebeeffekt, den sogenannten “stick”, wie er heute noch bei modernen Radionikgeräten in abgewandelter Form Anwendung findet.

---

*Aus "Report on Radionics" von E. W. Russell,
Verlag C.W. Daniel, Essex, England

Abrams sah in seiner Entdeckung ein bahnbrechendes Verfahren zur schnellen Diagnose. Die Ursache dieses Effektes sah er in der Abweichung der Atome von ihrer Grundschwingung, was als “Electronic Reaction of Abrams”, kurz ERA, bekannt wurde. Die ERA-Methode war der Anfang der späteren Radionik.

Er ging noch einen Schritt weiter. Wenn die veränderte Atom- und damit Molekularschwingung in den Körper abstrahlte, müßte dieser Einfluß auch von außen herbeizuführen sein. Er nahm die Gewebeprobe eines Krebskranken und steckte sie in einen kleinen Behälter, den er einer gesunden Testperson am Kopf befestigte. Die Annahme bestätigte sich, der Krebspunkt klang dumpf. Dar nächste Versuch ergab sich daraus logischerweise. War die Ausstrahlung dieser veränderten Schwingung wirklich elektrischer Natur, ließe sie sich auch über ein Kabel übertragen. Er befestigte ein Kabel mit einer kleinen Plattenelektrode wieder am Kopf der gesunden Testperson, das andere Ende des Kabels mit einer größeren Elektrode hinter einer Trennwand. Während Abrams nun die Bauchdecke der Testperson abklopfte, hielt einer seiner Mitarbeiter hinter der Trennwand die Elektrode einmal in die Luft und einmal über die Krebsprobe, natürlich ohne daß Abrams wußte, wann. Wieder bestätigte sich die Annahme, wenn die Elektrode über die Krebsprobe gehalten wurde, trat am Krebspunkt der dumpfe Klang auf. Diesen Versuch wiederholte er auch mit Proben von verschiedenen anderen Krankheiten und fand an den entsprechenden Punkten den veränderten Klang. Auch die Verwendung von Blutproben der Kranken brachten dieselben Effekte.

Es war also nur das Blut eines Kranken erforderlich, um die kranke Information abfragen zu können, der Patient selbst brauchte nicht mehr anwesend zu sein. Blutproben werden auch heute noch zur radionischen Analyse verwendet neben anderen Informationsträgern wie Speichel, Urin, Haare, Fingernägel usw. Die Probe wird dabei oft als “Zeuge” bezeichnet.

Die Versuche brachten noch einen anderen Effekt zutage. Verband er Chinin (Mittel zur Suppressivbehandlung bei Malaria) als Testsubstanz mit einer gesunden Testperson, konnte er den Malariapunkt feststellen. Verband er die Testperson mit einer Malariaprobe und gab Chinin dazu, verschwand der dumpfe Ton am Malariapunkt. Er konnte somit geeignete Gegenmittel für verschiedene Krankheiten austesten, sofern überhaupt Gegenmittel gefunden werden konnten.

Der Durchbruch bei der Diagnose

Alles in allem zeigte die ERA-Methode mit der Zeit doch einen wesentlichen Mangel. Einige Krankheitspunkte fanden sich an ein und derselben Stelle auf der Bauchdecke, z. B. Krebs und Syphilis, eine genaue Differenzierung war nicht möglich.

Die vorangegangenen Experimente hatten Abrams' Annahme bestärkt, daß Krankheiten sich in einer Veränderung der elektrischen Zusammenhänge der Atomstruktur zeigten. Eine Beeinflussung der Messungen mit elektrischen Methoden lag somit nahe. Er schaltete in den Meßweg verstellbare elektrische Widerstände. Zunächst konnte er keine Reaktionen mehr feststellen, die Widerstände schienen die Übertragung zu blockieren. Nach einigen Tests stellte sich der Erfolg jedoch wieder ein. Stellte man den Widerstand auf 50 Ohm, so tauchte bei Krebs der Klang am Krebspunkt wieder auf, bei Syphilis aber erst bei 55 Ohm. (Abb. 1.03)

Dies war der Durchbruch. Mit einem gewöhnlichen elektrischen Widerstand im Meßweg ließen sich die einzelnen Krankheiten genau unterscheiden.

Mit dem "Reflexophon" (Abb. 1.04), einem Gerät mit hochpräzisen Widerständen, konnte er alle Krankheiten exakt ausmes-

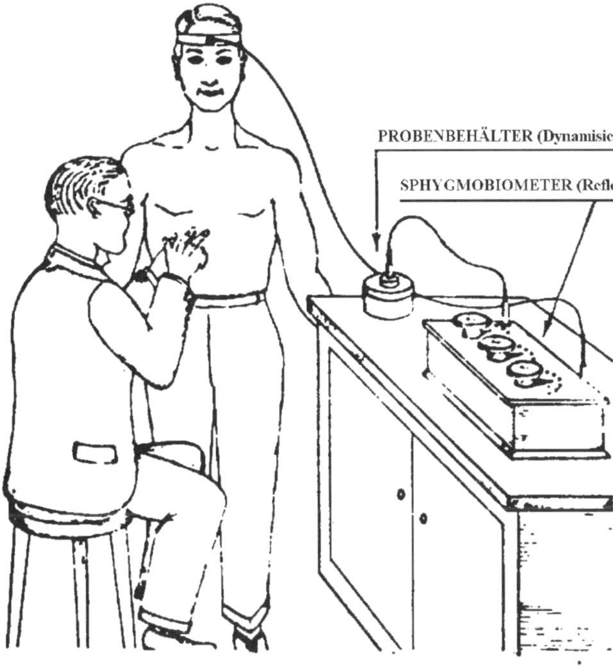

*Abb. 1.03 Die ERA-Methode in der praktischen Anwendung. Die Bauchdecke der Testperson diente quasi als Detektor, die elektrischen Widerstände im Testaufbau ließen bei richtiger Einstellung eine bessere Differenzierung bei der Diagnose zu. **

sen und die "Werte" in den "Atlas" eintragen. Für den Einsatz der Blutproben ("Zeuge") verwendete er dabei einen Probenbehälter, der in der Art eines elektrischen Kondensators

Abb. 1.04 "Reflexophon", Gerät mit hochpräzisen, elektrischen Widerständen

*Aus "Report on Radionics" von E. W. Russell,
Verlag C.W. Daniel, Essex, England

aufgebaut war und den Effekt beim Abklopfen verstärkte. Er nannte ihn deshalb “Dynamisierer” (Abb. 1.05).

Abb. 1.05 "Dynamisierer" zur Aufnahme der Blut- oder Gewebeprobe (Zeuge)

Die Therapie

Etwas fehlte noch bei dieser Methode, die Behandlung. Die Diagnose war nun fortgeschritten, die Behandlung sollte sinngemäß auch möglich sein. Zwei Beobachtungen aus seinen Experimenten gaben einen Ansatz dazu.

Zum ersten konnte die Schwingung eines Gegenmittels den Effekt neutralisieren; zum zweiten hatte das Magnetfeld der Erde eine vergleichbare Auswirkung, da bei der Ausrichtung der Testperson nach Norden, Osten oder Süden der Effekt ebenfalls aufgehoben wurde. Es lag also nahe, die Behandlung mit elektromagnetischen Impulsen durchzuführen.

Abb. 1.06 Erstes Behandlungsgerät für die ERA-Methode

Zusammen mit dem talentierten Erfinder Samuel Hoffmann entwickelte er -vermutlich auf der Basis unzähliger Versuche- den “Oscilloclast”, das erste radionische Behandlungsgerät

(Abb. 1.06). Der Oscilloclast gab pro Minute rund 200 schwache Stromstöße ab, zwischen denen elektromagnetische Impulse im Frequenzbereich der derzeit verwendeten Radiowellen gesendet wurden.

Im Behandlungskreis befanden sich der Patient, der Oscilloclast und eine Weiterentwicklung des Reflexophons, z. B. das "Sphygmophone", ein Kasten mit Widerständen, an dem die "Werte" (Behandlungs-"Raten") eingestellt wurden. Die Behandlungsdauer betrug gewöhnlich eine Stunde.

Die ERA-Methode war nun abgerundet und wurde auch von vielen seiner Schüler und interessierten Kollegen über Jahre erfolgreich angewandt. Von den traditionellen Schulmedizinern wurden diese Erfolge auf beiden Seiten des Atlantiks ängstlich und mit Argwohn verfolgt. Die inzwischen vereinfachten Kästen mit den Widerständen waren unter der Bezeichnung "Oszilloclast" weit verbreitet und wurden von den Gegnern fast mystifiziert mit Bezeichnungen wie z. B. "Magischer Kasten" (Abb. 1.07). Damit wurde in gewisser Weise versucht, die Arbeit und den Erfolg der ERA-Methode ins Lächerliche zu ziehen.

Sein pötzlicher Tod 1924 beendete Abrams' unermüdliche Forschungen. Es dauerte nun viele Jahre, bis sein Erbe, speziell im humanen Bereich, konsequent weitergetragen wurde.

Abb. 1.07 Das derzeit weitest verbreitete ERA-Gerät, der "Oscilloclast", der Pate aller Radionikgeräte.

Ruth Drown und die Lebensenergie

Eine Frau, die untrennbar mit der Radionik verbunden ist und die von Abrams begonnene Arbeit weiterführte, ist die Amerikanerin Ruth Drown (Abb. 1.08). Sie war Chiropraktikerin und kam schon als junge Frau mit der Radionik in Kontakt. Sie soll sogar noch mit Abrams in dessen Klinik gearbeitet haben. Ruth Drown war eine sehr intuitiv arbeitende Frau und ließ sich überwiegend durch ihre Inspiration leiten. Sie modifizierte die Geräte von Abrams und verwendete als erste eine Reibeplatte als Ersatz für die Bauchdecke. Dies war eine kleine Metallplatte, über die mittels eines Spannrahmens eine Gummimembrane aufgezogen wurde. Stimmte die eingestellte "Rate" (der Widerstandswert) mit den tatsächlichen Gegebenheiten überein, erhielt man beim Reiben über diese Detektorplatte den sogenannten "stick". Dies ist eine Art Stecken- oder Klebenbleiben auf der Platte, ein Effekt, den Abrams schon mit dem Glasstab festgestellt hatte.

Abb. 1.08 Ruth Drown

Bei der radionischen Wirkungsweise ging Ruth Drown von einer anderen Theorie aus als Abrams. Ihrer Meinung nach wird die jedem Menschen innewohnende Lebensenergie durch die Krankheit verändert. Zur Diagnose oder Therapie stellte sie einen geschlossenen Behandlungskreis her zwischen dem Patienten und dem Radionik-Gerät und stellte am Gerät die entsprechende "Rate" ein. So konnte sie feststellen, ob der eingestellte Wert, die "Rate", zutraf oder nicht. Bei der Therapie korrigierte sie die durch die Krankheit bedingte Fehlinformation, indem sie die Lebensenergie in diesem Kreis als Informationsträger benutzte. Mit dieser Art der Behandlung war Ruth Drown ihrer Zeit weit voraus. Das Mora-Verfahren arbeitet heute in ähnlicher Weise im energetischen Bereich mit invertierten Schwingungen, ist aber, da es das skalare Informationsfeld nicht unmittelbar anspricht, nicht als radionisch anzusehen.

Ruth Drowns Gedanke ging aber noch einen Schritt weiter. Die genannte Lebensenergie war mit ihrem gesamten Informationsgehalt in jedem Teil einer Person vorhanden. Demnach mußte es reichen, einen Teil des Menschen (z. B. Blutstropfen) in den Behandlungskreis einzuschalten, wie es bei der Messung schon praktiziert wurde. Darauf basierend führte Ruth Drown ihre ersten erfolgreichen Fernbehandlungen durch und nannte sie "Radio-Therapie". Ihre Geräte waren Modifikationen der Abrams-Geräte mit 9 Einstellmöglichkeiten, für die sie eine umfangreiche Anzahl von "Raten" entwickelte. Ebenso bezog sie Farben in ihre Anwendungen mit ein, die über einen separaten Drehknopf vorgewählt werden konnten. Die Gerätebezeichnung "Homo Vibra Ray" stellte den Bezug zur Lebensenergie her.

Ein großes Arbeitsgebiet war die von ihr entwickelte Radionik-Fotografie, sie nannte sie "Radio Vision". Damit konnte sie z.B. Organe des Patienten fotografieren, eine Anwendung, die später nur noch George de la Warr praktizierte.

Noch vor Beginn des 2. Weltkrieges reiste Ruth Drown nach England und unterwies viele interessierte Ärzte in der Anwendung der Radionik und ihrer Instrumente, bis sie wieder in die USA zurückkehrte.

Mit ihrer Arbeit und ihren Erfolgen hatte sie sich allerdings nicht nur Freunde, sondern auch Neider geschaffen. So suchte der traditionelle Ärztestand mit Unterstützung der FDA (Food and Drug Administration) nach Möglichkeiten, den derzeitigen "Kopf" der Radionik, Ruth Drown, "abzuschlagen", was ihnen auch gelang: sie wurde schließlich inhaftiert. Die Zeit der Haft nutzten die einschlägigen Behörden, um ihre gesamten Geräte zu zerstören. Nach ihrer Entlassung war sie eine gebrochene Frau und starb bald darauf nach zwei Schlaganfällen. Wer sich mit der Forschung von Dr. Wilhelm Reich, Entdecker der Orgon-Energie, befaßt hat, mag in diesem Vorgehen der FDA einige Parallelen erkennen.

Das erste Radionik-Patent

Thomas Galen Hieronymus (Abb. 1.09) war ein weiterer, wichtiger Pionier in Abrams' Fußstapfen. Er war Radiotechniker der ersten Stunde und entwickelte ein Radionikgerät nach Art eines Röhren-verstärkers, der zusätzlich mit einem Prisma bestückt war. Dafür erhielt er am 27. Sept. 1949 das US-Patent Nr. 2.482.773 mit der Bezeichnung "Detection of Emanations from Materials and Measurement of the Volumes Thereof". Diese Patentschrift wurde zu einem kleinen Bestseller, da sich viele Interessenten Kopien der Patent-schrift schicken ließen, das Gerät nachbauten und feststellten... es funktioniert.

Abb. 1.09 T.G. Hieronymus

Allerdings geriet die These von Abrams, die festgestellten Emanationen seien elektrischer Art, ins Wanken. Es fiel auf, daß das Gerät gleich wirksam war, ob es eingeschaltet war oder nicht. Auch Ruth Drown hatte Geräte gebaut ohne Stromver-sorgung, da sie, wie beschrieben, die Lebensenergie des Patienten nutzte. Die Frage nach der Wirkungsweise der Radionik wurde wieder eifriger diskutiert.

England, Hochburg der Radionik

Die entscheidenden Schritte, die Radionik endgültig zu etablieren, wurden in England unternommen. Durch die Einfuhrbeschränkung im 2. Weltkrieg konnten keine Radionik-Geräte mehr aus den USA importiert werden. Ein engl. Ingenieur, George de la Warr (Abb. 1.10), erhielt den Auftrag, ein Drown-Gerät nachzubauen. Dies war der Startschuß zu einer der wohl umfangreichsten Radionik-Entwicklungen. Während George de la Warr unermüdlich forschte und weiterentwickelte, baute seine Frau Marjorie eine sehr erfolgreiche Radionik-Praxis auf. Zusammen mit zwei weiteren Radionikern, Leo Corté und Mr. Stevens, bauten sie die Delawarr-Laboratorien auf.

Abb. 1.10 G. de la Warr

Die de la Warrs hielten es für erforderlich, für die weitere radionische Arbeit genauere und umfangreichere “Raten” (rates) zusammenzustellen. In Zusammenarbeit mit mehreren Pathologen entstanden zunächst über 4000 “Raten”, mit denen auch heute weiterhin gearbeitet wird. Diese “Raten” waren seit der Diskussion um die tatsächliche Wirkungweise der Radionik schon lange nicht mehr als Widerstandswerte zu verstehen wie bei Abrams, sondern als eine Art Schlüsselzahlen oder Codenummern, bestimmte Bereiche, Organe, Funktionen etc. des Körpers anzusprechen. De la Warr vertrat dabei die Theorie, daß zwischen den Punkten eines “Knotenpunktgitters” (“nodal point lattice”), wie er es nannte, der Austausch einer Art Energie stattfindet. Angeregt wurde de la Warr durch Burr’s Theorie des L-Feldes. Heute würde man diese Energie als 0-Punkt-Energie oder Skalar-Energie bezeichnen, einen Informationsträger des Inneren Daten-Feldes (IDF). Das “Knotenpunktgitter” schien ein globales

Netz zu sein, über das Informationen zeitlos übertragen werden konnten. De la Warr stellte die Forschungen mit diesem Gitter aber ein und überließ es zukünftigen Forschern, hinter dieses Geheimnis zu kommen.

In den Delawarr-Laboratorien wurden viele Radionik-Geräte entwickelt, verbessert und standardisiert, um mit der Zeit immer detailliertere und komplexere "Raten" einstellen zu können, inzwischen schon über 5000. Der Meßdetektor war die bereits bekannte Reibeplatte. Die Intensität des "sticks" und damit die genauere Abstimmung der Raten konnte de la Warr mit Hilfe eines drehbaren Magneten verstärken, wenn dieser eine bestimmte Position zum Erdmagnetfeld einnahm. Dieses war der "critical rotation point" (C.R.P.) ähnlich wie bei Abrams, der seine Patienten gen Westen drehte.

Abb. 1.11 Radionisches Behandlungsgerät von G. de la Warr

Bei der Behandlung arbeitete de la Warr mit sogenannten "Komplementär-Raten". Als Beispiel, die "Rate" für Asthma ist 10.237, die zur Behandlung eingesetzte "Komplementär-Rate" ist 90.873. Der zugrunde liegende Gedanke war, das Ganze wiederherzustellen, d.h. die Differenzwerte der Einstellskala als holistischen Ausgleich einzusetzen. Im obigen Beispiel, die Skala des ersten Einstellknopfes auf dem Behandlungsgerät hat den Bereich 0..100, die Differenz zu 10 ist demnach 90. Die sieben nächsten Skalen liegen bei 0..10, Differenz der Reihe nach 8,7,3. Zur Behandlung wurde nun diese “Komplementär-Rate” auf dem Behandlungsgerät eingestellt, von denen in den Delawarr-Laboratorien ca. 200 gleichzeitig im Einsatz waren (Abb. 1.11).

Auch die de la Warrs entwickelten eine radionische Kamera, die “Delawarr Camera”. Die besten Aufnahmen entstanden auch hier durch Ausrichten der Probe auf den C.R.P.. Diese Kamera erhielt 1955 das französische Patent Nr. 1.084.318 (auch andere Delawarr-Geräte erhielten Patente, diese in England). Die Radionik-Kameras von Drown und de la Warr unterschieden sich wesentlich, hatten aber eins gemeinsam: Nur bestimmte Personen brachten aussagefähige Bilder zustande. Mit der Delawarr Kamera wurden über 10.000 Aufnahmen gemacht.

The Radionic Association

Am 27. Febr. 1960 fanden sich 11 Radioniker, einschließlich der de la Warrs, zur Gründung der radionischen Gesellschaft “The Radionic Association Ltd.” zusammen, die heute über 500 Mitglieder zählt. Dies war auch die offizielle Geburtsstunde eines neuen Berufes, des “Radionic Practitioner”, eines lizenzierten Radionikers. Die Ausbildung zum “Radionic Practitioner” dauert drei Jahre und kann auch von deutschen Radionikern dort absolviert werden.

Es war auch 1960, als die de la Warrs eine Anzeige wegen Betrügerei erhielten, weil die Käuferin eines Radionik-Gerätes nicht damit zurecht kam und ihrer Meinung nach die “Pseudowissenschaft Radionik” vor Gericht gebracht werden mußte. Dieser Prozeß verlief anders als bei Ruth Drown. Trotz einiger Ärzte, die die Chance gekommen sahen, die Radioniker auszubooten, war die Anzahl der Befürworter deutlich in der Überzahl. Auch die Öffentlichkeit verfolgte mit größer werdendem Interesse den Prozeß, den die de la Warrs letztendlich gewannen. Allerdings brachte sie dies an den Rande des Ruins, da sie die Prozeßkosten selbst tragen mußten (der Klägerin wurde Armenrecht zugestanden).

Die positive Seite dieses Prozesses war jedoch, daß die Radionik heute in England etabliert und weit verbreitet ist und es darüberhinaus nicht nötig hat, irgendwelche Erfolge nachweisen zu müssen. George de la Warr starb 1969, Marjorie leitete die Laboratorien bis zu ihrem Tod 1985. Leo Corté führte diese Arbeit weiter und übergab sie der Tochter de la Warr's, Diana, die bis vor wenigen Jahren die Leitung inne hatte. Heute sind die Delawarr Laboratorien aufgelöst.

Neue radionische Konzepte

Viele Forscher nahmen sich in England der Radionik an. Noch zu Lebzeiten von Abrams studierte Sir James Barr in Kalifornien die ERA-Methode. Guyon Richards war ein unermüdlicher Forscher auf dem Gebiet der Radionik. Von vielen, vielen anderen Namen sollen hier noch drei bedeutende genannt werden, bevor der Kreis sich wieder schließt, nämlich David V. Tansley, Malcolm Rae und Bruce Copen.

David Tansley (Abb. 1.12) entwickelte ein neues Konzept der Radionik, indem er Aspekte östlicher Philosophie in die Arbeit einfließen ließ, z. B. das Einbeziehen des Energiekörpers mit seinen Energiezentren, den Chakras. Er entwickelte das einzige Radionik-Gerät, das nur für den Einsatz bei Drüsen und Chakras gedacht war. Mit seiner Arbeit übte er als ihr späterer Vorsitzender einen starken Einfluß auf die Radionische Gesellschaft aus, die heute die Radionik auf die subtileren menschlichen Bereiche erweitert hat. Dies führte aber auch zur Abspaltung einer kleinen Gruppe Radioniker von der Gesellschaft.

Abb. 1.12 David V. Tansley

Abb. 1.13 Malcolm Rae

Malcolm Rae (Abb. 1.13) beschritt seinerseits neue Wege in der Radionik. Er zog zum einen das Pendeln der Reibeplatte vor, ähnlich Tansley, und arbeitete nicht nur mit Zahlen-"Raten", die er auf einen Skalenbereich von 0...44 erweiterte. Er verwendete auch geometrische "Raten", geometrische Darstellungen von Verhältnissen, da er die Ansicht vertrat, daß damit Gedanken präziser manifestiert und zum Ausdruck gebracht werden könnten als mit Zahlen-"Raten". Hiermit kam er der Verwendung von Symbolen, wie sie die Schamanen über die Jahrhunderte verwendeten, näher als andere Radioniker. Nach heutigem Wissensstand bezog er damit die rechte Gehirnhemisphäre stärker in die Arbeit mit ein. Für ihn waren demnach die "Raten" manifestierte Gedanken (-bilder), die dann sozusagen als kalibrierte Vorgabe zur Analyse bzw. Behandlung dienten. Die geometrischen Darstellungen verwendete er in gro-

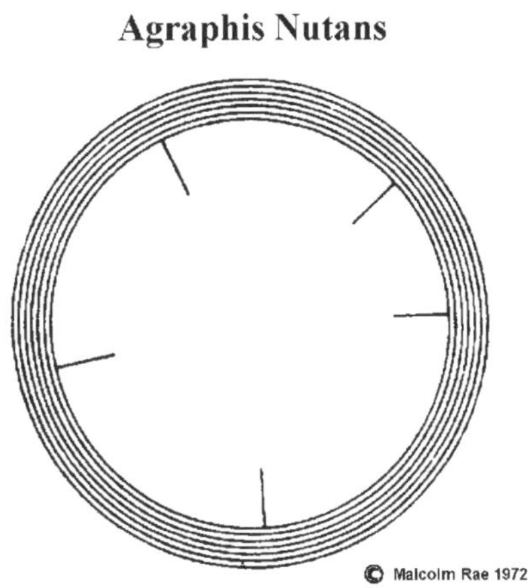

*Abb. 1.14 Remedy Simulator Card**

*Aus "Dimensions of Radionics", D.V. Tansley, Verlag Brotherhood of Life, Albuquerque, New Mexico

ßem Rahmen auch zur Herstellung und Potenzierung homöopathischer Mittel, weswegen sie als "Remedy Simulator Cards" bezeichnet wurden (Abb. 1.14 u. 1.15). Der Aspekt des manifestierten Gedankens läßt aber auch die Wirkungsweise der nicht eingeschalteten Hieronymus-Geräte in einem anderen Licht erscheinen.

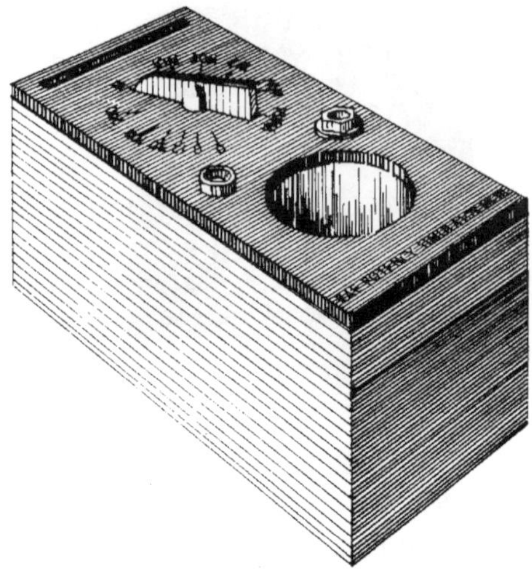

*Abb. 1.15 Rae Potenzierer MK III zur Herstellung radionischer Informationsmittel mit Remedy Simulator Cards **

Der Weg, geometrische "Raten", Anordnungen, Symbole, zu benutzen, kommt besonders bei einem völlig anderen Radionik-Gerät zur Anwendung, beim "Peggotty-Board" (Abb. 1.16). Dieses dient z. B. nur zur Behandlung der Wirbelsäule, des Skelettes und der Muskulatur. Zum Einstellen der "Raten" dienen Stifte ähnlich denen, die für Pinwände verwendet werden, sogenannte "Pegs". Mit diesen Stiften wird auf einem Raster von 12x10 Steckplätzen ein Muster gesteckt, das dann die gewünschte geometrische "Rate" ergibt. Beim französischen Universalpendel (UP) werden diese "Raten" durch Einstellen ver-

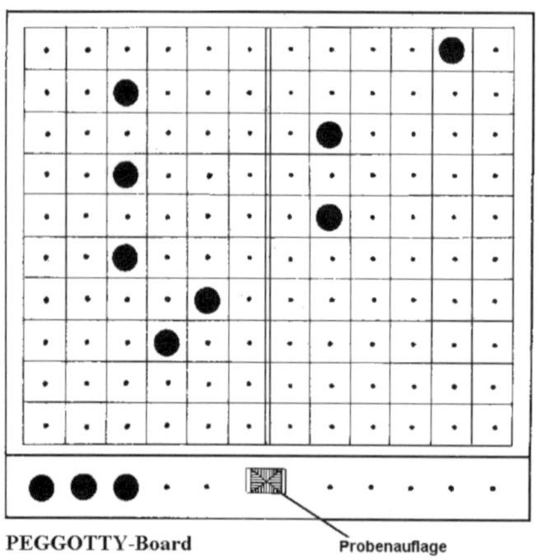

*Abb. 1.16 Das PEGGOTTY - Board ***

**Aus "Radionics, Interface with the Ether Fields", D.V. Tansley, Verlag C.W. Daniel, Essex, England

schiedener Positionen und Winkel erreicht. Von diesem Gesichtspunkt aus erhalten auch die Stellungen der Sterne in der Astrologie einen völlig anderen Sinn. Radionisch gesehen sind sie individuelle "astrologische Raten".

Der Österreicher Erich Körbler entdeckte einen anderen Weg, Symbole nutzbar zu machen. Mit seiner "Neuen Homöopathie" schuf er die Möglichkeit, mit einfachen Symbolen direkt über die informationelle Ebene auf das Körpergeschehen und die Psyche Einfluß zu nehmen. Körbler verwendete hierzu verschiedene Grundformen wie parallele Striche in beliebiger Größe, angefangen mit zwei bis zu neun Strichen, weiterhin die Kreuzform mit gleichlangen Balken (griechisches Kreuz), die Ypsilonform (Lebensrune) und die Sinusform (Abb. 1.17). Zirka ein halbes Jahr vor seinem unerwarteten Tod hatte Körbler begonnen, die Neue Homöopathie und die Radionik miteinander zu verbinden, was dann aber nicht weitergeführt werden konnte. In Erich Körbler kann man wohl mit Recht einen Schamanen der Neuzeit sehen.

Abb. 1.17 Grundformen der "Neuen Homöopathie" nach Erich Körbler

Der englische Radioniker Bruce Copen entwickelte schon Mitte der 40er Jahre eigene Radionikgeräte und bietet heute ein Spektrum verschiedener Analyse- und Therapie-Geräte an, darunter einen sogen. "Radionik Computer", der allerdings nichts mit den Computern, wie wir sie heute verstehen, zu tun hat. Bei seinem Gerät MK 12 verwendet er Karten, auf die mehrere Raten gespeichert und wiederverwendet werden können (Abb. 1.18). Die Analysen-Geräte werden sowohl mit Pendel- als auch Reibeplatte angeboten.

Abb. 1.18 "Radionic Computer" MK12 von Bruce Copen. Der MK12 ist mit einer Reibeplatte ausgestattet und benutzt ein sogen. EECS Karten-System zum Speichern von Raten.

Schritt in die Computer-Technik

Der Kreis schließt sich wieder. Die neueste und fortgeschrittenste Entwicklung kommt aus den USA, von wo die Radionik durch Dr. Abrams ihren Anfang nahm. Dr. Willard Frank, Physiker, Elektroingenieur und Erfinder, stellte 1986 ein computerunterstütztes Radionik-Gerät vor, den "SE-5 Intrinsic Data Field Analyzer" (Abb. 1.19). Das SE-5 ist sowohl für die Analyse des "Inneren Daten-Feldes" (IDF) einsetzbar, also zur radionischen Diagnose, wie auch zu dessen Balancierung, der radionischen Therapie. Mit dem Potenzierungsprogramm lassen sich alle Arten von radionischen Informationsmitteln herstellen.

Wie schon bei den Radionik-Geräten von Drown, de la Warr und Copen dient als Detektor eine Reibeplatte. Diese ist aber nicht die gewohnte Gummimembrane, sondern eine dünne Pertinaxplatte, unter der sich die sogenannten "Skalarantennen" befinden, die den Kontakt zum IDF herstellen und somit einen Zugriff auf jede Art von Information in allen Lebensbereichen ermöglichen.Durch den Einsatz des Computers entfallen die bisher typischen Einstellknöpfe. Die "Raten" werden nicht

Abb. 1.19 SE-5 Intrinsic Data Field Analyzer, computerunterstützt, mit Programmen für die radionische Diagnose und Therapie, zum Potenzieren und zur Nutzung von Programmen, die vom Anwender selbst erstellt wurden.

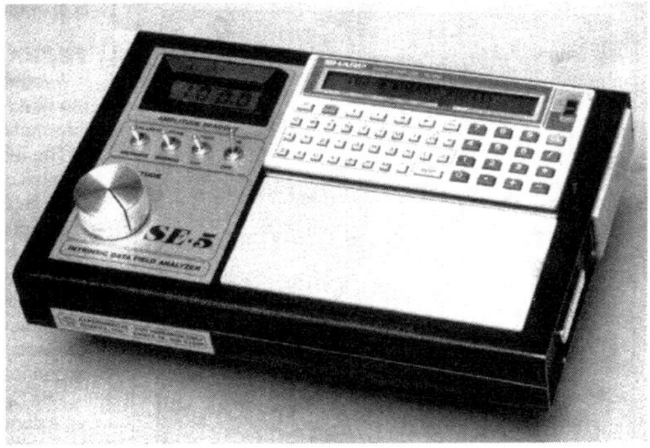

mehr einzeln eingestellt, sondern per Knopfdruck vom Computer (Pocket oder Personal Computer) abgerufen. Dadurch ist die Arbeitsweise wesentlich vereinfacht und eine Analyse nimmt nur noch Bruchteile der Zeit in Anspruch, die mit den Standardgeräten benötigt wird. Die Anzahl der zur Verfügung stehenden "Raten" ist inzwischen auf über 14000 angestiegen. Das SE-5 ist das erste Radionik-Gerät mit einem Schutzprogramm, das nur eine Arbeit in der aufsteigenden Lebensspirale zuläßt und damit nur rein ethische Motive akzeptiert, was für jeden echten Radioniker stets selbstverständlich war und ist. Diese ethische Voraussetzung für die radionische Arbeit zeigt sich deutlich in den Tests vor Analysenbeginn und in der bei jeder Balancierung mitlaufenden "Rate" Z.B.D.G. (Zum Besten Des Ganzen).

Radioniker in ganz Europa haben sich inzwischen zusammengeschlossen, um das Wissen über die Radionik und deren Anwendungsmöglichkeiten bekannt zu machen und einzusetzen. Wie in England gibt es schon radionische Gesellschaften in Italien, Spanien und Deutschland.

ENDE

Ich wachte auf und versuchte sofort, das Gehörte und Gesehene niederzuschreiben. Alles hatte ich nicht behalten und würde mir wohl ein paar Bücher darüber besorgen müssen, um die Zusammenhänge und einige Punkte nachzulesen. Beim Anschauen des Filmes war mir eine bemerkenswerte Raumtiefe aufgefallen, die ich mir nicht erklären konnte. War dies auf mein geändertes Wahrnehmungsvermögen im luziden Traum zurückzuführen? Wer war dieser Mann? Gab es ihn wirklich, sozusagen auf einer anderen Ebene, oder war er eine unbewußte Reflexion von mir selbst? Ich nahm mir vor, am Abend wieder zu versuchen, an dieses Traumgeschehen anzuknüpfen. An diesem Tag arbeitete ich sehr intensiv, damit der Tag schneller vorüberging. In Gedanken sehnte ich den Abend herbei, um endlich wieder in meinen Traum eintauchen zu können und zu versuchen, zu dem Symposium auf der Messe zurückzukehren.

Die Radionik ist eine Technologie in Wechselwirkung mit dem Bewußtsein, sie ist ein Verfahren zur Analyse und Balancierung des morphischen Informationsfeldes, auch "Inneres Datenfeld" (IDF) genannt. Sie bedient sich der menschlichen Fähigkeiten im Bereich der intuitiven Wahrnehmung in Verbindung mit speziell dafür entwickelten Instrumenten. Die Radionik bedient sich bewußt und absichtlich dieser höheren geistigen Fähigkeiten.

Die Wirkungsweise der Radionik kann heute auf Grund neuester wissenschaftlicher Erkenntnisse erklärt werden wie z.B. moderne Quantenphysik, morphisches Feld (R. Sheldrake), holographisches Weltbild (D. Bohm, K. Pribram u.a.), Elementarstrukturen der Materie (B. Heim). Zum Verständnis werden auch philosophische und esoterische Quellen miteinbezogen.

Kapitel 2

Prinzip und Wirkungsweise Innerer Daten-Felder

Als ich an diesem Abend meine Maske wieder aufgesetzt hatte und zu dem Vortrag auf dem Messestand zurückkehrte, machte der Mann weiter, wo er letzte Nacht aufgehört hatte, so als hätte er nur darauf gewartet, bis ich wieder anwesend war. Er schien sich selbst immer mehr für sein Thema zu begeistern. Ich hätte doch gerne gewußt, wer er war und wie er hieß, deshalb wollte ihn bei der nächsten Gelegenheit danach fragen.

“Nun, da wir ein bißchen mehr über die Entstehung und Entwicklung der Radionik wissen, lassen Sie uns einmal genauer anschauen, wie und warum sie funktioniert”, fuhr der Mann nun in seinem Vortrag fort, während ich immer bewußter in meinem Traum wurde. “Behalten Sie bitte stets in Erinnerung, daß dies alles nur ein Modell ist, eine Darstellungsweise, um zu erklären, warum sie so arbeitet. Niemand weiß genau, warum und wie das Leben überhaupt funktioniert. Wir verstehen vielleicht die Gesetze und Prinzipien der Elektrizität, aber selbst der Welt beste Wissenschaftler wissen nicht, warum sie funktioniert. Vielleicht wäre die Philosophie eher in der Lage, uns die Antworten zu geben. Ich werde aber mein Bestes tun, um die neuesten wissenschaftlichen Erkenntnisse und Ergebnisse in einem Modell darzustellen, das auch verständlich ist. Es wird auch die Fernwirkung von Radionik-Geräten verständlicher werden lassen.”

Ich unterbrach ihn, denn ich war neugierig und so fasziniert von meiner ganzen Situation, daß ich erst Gewißheit haben wollte: “Entschuldigen Sie bitte, daß ich Sie in Ihren Ausführungen unterbreche. Ich habe leider den Anfang Ihres Vortrages nicht mitbekommen und befinde mich offenbar in einem luziden Traum, der für mich noch zu ungewohnt ist, um alles, was ich hier erlebe, umsetzen zu können. Darüberhinaus hätte ich auch gerne gewußt, wer Sie sind."

"Gut, daß Sie mich unterbrochen haben. Sicherlich sind Sie nicht der einzige Teilnehmer hier auf der Messe, der sich im Traumzustand befindet, jedoch sind sich nur die wenigsten dessen so bewußt wie Sie. Alles, was Sie hier hören und sehen, ist letztendlich genauso realistisch wie im sogenannten Wachbewußtsein, nur auf einer anderen Schwingungsebene Ihres Körper/Geist-Systems. Viele Déjà-vu - Erlebnisse sind auf solche Traumerfahrungen zurückzuführen. Dies ist also nicht ungewöhnlich, aber doch viel zu wenig bekannt. Wer ich bin, ist von untergeordneter Bedeutung, nennen Sie mich einfach Al*y*. Konnte ich Ihnen damit etwas weiterhelfen?"

Ich nickte, zwar nur zögernd, aber ich fühlte mich etwas leichter nach seiner Erklärung.

"Gut", sagte Al*y*, "fahren wir mit unserem Thema fort. Eines der grundlegendsten Prinzipien, das zu allererst verstanden sein muß, ist, daß die Radionik mit 'Inneren Daten-Feldern', sogenannten IDFs, arbeitet. Dies ist eine Art Informationspool, aus dem gezielt Informationen abgerufen werden können. Es sendet keine Wellen oder Energie aus, sei es elektrisch oder magnetisch, seien es Licht, Mikrowellen oder Gammastrahlen. Es sendet und empfängt Informationen", erklärte er bestimmt.

"Was macht denn diese Informationen aus?" fragte ein junger Mann.

"Für die Antwort auf Ihre Frage müssen wir etwas weiter ausholen. Dazu schauen wir uns zunächst eine einfache Gliederung der Existenzbereiche an, in denen sich unser Leben und alle Prozesse dieses Universums abspielen." Er schaltete einen Projektor ein, und vor uns im Raum tauchte eine dreifach gegliederte Ebenenstruktur auf (Abb. 2.01). Bei diesem Bild wurde mir jetzt auch klar, woher die Raumtiefe der Bilder kam, Al*y* arbeitete mit einem holographischen Projektor. Er erklärte weiter: "Die Dreiteilung ist eine vereinfachte Darstellungsweise, genau genommen ist jede Ebene weiter unterteilt. Für uns reicht aber diese Art der Betrachtung aus, wichtig ist, daß wir die Zusammenhänge erkennen.

*Seele** *Atma*	*Geist** *Intuition*	*Zahl* *Symbol*	*Ur-Idee*	*Vision* *virt.Bild*
		transzendenter Bereich		
		dualer/bipolarer Bereich (Raum-Zeit)		
Geist* **Manas**	**Seele*** **Psyche**	**Bewegung**	**Stoff**	**morph.** **Felder**
Körper	**Körper**	**Substanz**	**Form**	**Organismus**
Philosophie Esoterik	Psychologie	Pythagoras	Platon / Arsitoteles	Sheldrake

Abb. 2.01 Aufbau der Entwicklungsebenen im Vergleich verschiedener Ansätze

** je nach Ansatz werden gleiche Begriffe oft anders verwendet, z. B. die Begriffe versch. Begriffe hier umfassender verwendet als in der gängigen Lehrmeinung*

Sicherlich werden die meisten von Ihnen die Begriffe in den einzelnen Ebenen schon gehört haben, denn Sie zeigen das Bemühen der Menschen, immer wieder Erklärungen zu finden, wie und warum das Leben funktioniert. Hier in der unteren Ebene finden wir den gesamten Bereich der Materie, der Substanz und der Form, womit auch unser materieller Körper erfaßt ist.” Al*y* ließ mit einem Leuchtstab die entsprechenden Begriffe der Reihe nach aufleuchten und fuhr fort: “Die Che-

Information IDF	*Skalar*	*Quanten-potential*	*Mathematik*
transzendenter Bereich			
dualer/bipolarer Bereich (Raum-Zeit)			
Energie	**Vektor**	**Welle**	**Physik**
Masse	**Materie**	**Teilchen**	**Chemie**
mechanistisch	Vektoralgebra	Quantenphysik	wissenschaftl. Disziplinen

einschl. Ergänzung der Ebene, die im jeweiligen Ansatz fehlt

Geist und Seele im westlichen Ansatz umgekehrt zum östlichen . Ebenso werden wie z. B. der Begriff des Skalars

mie befaßt sich mit Substanzen, und so finden wir hier auch die DNS, den genetischen Code, auf den wir später noch zurückkommen. Diese Ebene ist sehr fest, sozusagen 'zum Anfassen'.

Inzwischen wissen wir ja, spätestens durch die Messungen von Burr in den 50er Jahren, daß jeden Körper ein Energiefeld umgibt und durchdringt, das typisch für jedes einzelne Individuum ist. Ebenso kennen sicher viele den Ausspruch 'Alles ist Energie', was nichts anderes besagt, als daß für die Entstehung einer Form die energetische Struktur erforderlich ist. Nehmen wir ein Beispiel."

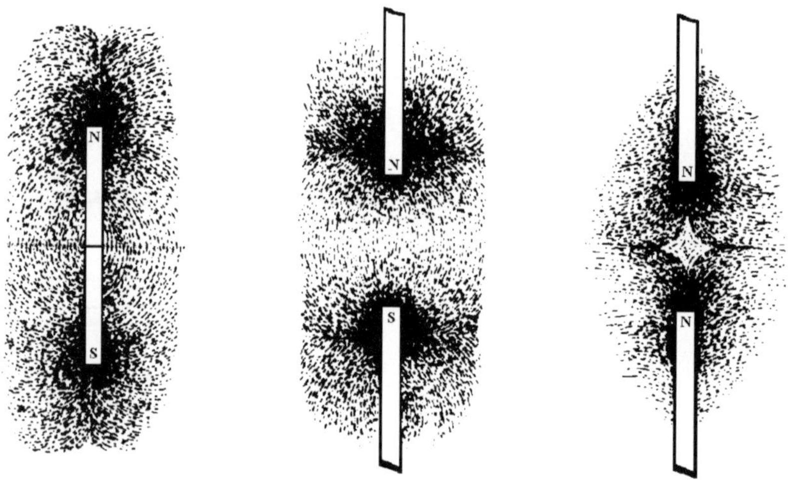

Abb. 2.02 Eisenfeilspäne ermöglichen es, Magnetfelder sichtbar zu machen. Links das Magnetfeld um einen Stabmagneten. In der Mitte das Feld zwischen zwei Magneten, deren Nord- und Südpol einander anziehen. Rechts zwei Nordpole, die einander abstoßen.

Aly ließ mit der Fernsteuerung den Ebenenplan in den Hintergrund treten und vor uns tauchte ein weiteres Bild im Raum auf (Abb. 2.02). "Dies ist ein Bild, das Sie vielleicht noch aus dem Physikunterricht kennen", erklärte er weiter. "Wir sehen hier

Eisenfeilspäne, die durch einen Magneten ausgerichtet wurden. Hierzu werden auf ein Stück Pappe Eisenfeilspäne gestreut und unter die Pappe ein Magnet gehalten. Die Eisenfeilspäne nehmen sofort die Form der magnetischen Kraftlinien an. Für uns sind die Kraftfelder eines Magneten unsichtbar, mit Hilfe von Materieteilchen, den Eisenfeilspänen, ist es uns aber möglich, die Energiestruktur des Magneten sichtbar zu machen."

Er ließ das Bild verschwinden und der Ebenenplan trat wieder in den Vordergrund. "Auslöser für die Formbildung, wie wir sie soeben gesehen haben, ist demnach das Energiefeld bzw. die energetische Struktur. Die magnetische Kraft hat also unsere Eisenfeilspäne in Bewegung gebracht, bis sie die Form der Kraftlinien angenommen hatten. Wir befinden uns damit in der zweiten Ebene, der der Energie, der Schwingung und der Wellen, der Bewegung." Wieder ließ Al*y* die entsprechenden Begriffe nacheinander aufleuchten.

"Damit uns der Übergang der Formbildung von der Energie zur materiellen Struktur noch deutlicher wird, wollen wir ein praktisches Experiment durchführen, kommen Sie bitte mit." Wir gingen in den hinteren Teil des Messestandes, in dem einige Geräte aufgebaut waren. Al*y* blieb vor einer dünnen Metallplatte stehen, die mit Sand bestreut war. "Hier haben wir eine dünne Metallplatte, auf die ich feinen Sand gestreut habe. Was geschieht, wenn ich jetzt diesen Geigenbogen nehme und die Platte wie eine Violinsaite anstreiche?"

Al*y* nahm einen Geigenbogen, der in einem Köcher neben der Platte hing, und strich damit die Platte in der Mitte einer Seite an. Sofort bildete sich im Sand auf der Platte ein Wellenmuster. Anschließend strich er die Platte an einem Viertel der Seite an und es bildete sich ein anderes Muster. Er steckte den Geigenbogen wieder in den Köcher und fuhr fort: "Wir haben gesehen, daß das Anstreichen mit dem Bogen die Platte in eine Schwingung versetzt, ähnlich wie das bei einer Violinsaite der Fall ist.

Im Gegensatz zu einer Violinsaite hat aber die Platte den Vorteil, daß wir sie mit Sand bestreuen und damit die Schwingungen sichtbar machen können. Je nachdem, wo ich die Platte anstreiche, erhalte ich eine andere Resonanzschwingung und damit ein anderes Muster im Sand auf der Platte."

Al*y* wartete ein Augenblick, bevor er weitersprach: "Was haben wir hier getan? Wir haben Bewegung, Energie, mit dem Geigenbogen in die Platte gebracht und eine Schwingung erzeugt. Das entstehende Schwingungsmuster oder die Energiestruktur hat unseren Sand geformt, zurück bleibt eine materielle Form, ein direktes Abbild der Bewegung, der Schwingung. Wir sind also in der Lage, mit einer gezielt gewählten Schwingung eine materielle Form entstehen zu lassen. Natürlich funktioniert das, wie alles auf dieser Erde, in zwei Richtungen. Genauso gut, wie wir durch Energiemuster Formen entstehen lassen können, können wir sie auch zerstören. Wählen wir z. B. einen sehr tiefen Klang, den wir nicht mehr hören können, sogenannten Infraschall, und strahlen ihn mit geeigneten Geräten ab, sind wir in der Lage, meterdicke Mauern zum Einsturz zu bringen. Mir fallen hierbei immer die Mauern von Jericho ein. Mit geschickt abgestimmten Hörnern oder Trompeten wäre man in der Lage gewesen, Infraschall zu erzeugen und damit die Mauern zum Einsturz zu bringen."

Ein Murmeln ging durch die Reihen der Zuhörer, sollte hier dieses Rätsels Lösung liegen? "Aber das ist nur eine Spekulation von mir, ich will damit nur sagen, daß dies denkbar wäre, nicht, daß es tatsächlich so war. Wichtig ist nur, daß wir verstehen, welche immensen Kräfte in den energetischen Strukturen liegen. Es gibt bereits Ideen, mit entsprechenden Schwingungsmustern zu bauen, zunächst kleine Wände, später vielleicht ganze Häuser."

Mit seiner Fernsteuerung ließ Al*y* den uns schon bekannten Ebenenplan vor uns im Raum erscheinen und fuhr fort: "Wir haben nun eine der wichtigsten Triebkräfte zur Bildung der Form kennengelernt, die Energie als Schwingung. Allerdings bildet sich auch die energetische Struktur nicht von selbst, auch sie hat eine Triebfeder, und diese finden wir hier in der oberen Ebene, die Idee oder Vision, den Skalar, das Symbol oder die Zahl. Um diesen Zusammenhang deutlicher zu machen, wollen wir uns wieder ein praktisches Beispiel ansehen."

Er schaltete eine Multimediaanlage an der Wand ein und wir hörten einen gleichmäßigen Ton. In der Mitte des Raumes stand eine Art Lautsprecher, dessen Membrane waagerecht statt senkrecht stand. Auf der Membrane befand sich wieder dieser feine Sand, wie wir ihn schon von der Metallplatte kannten. Jetzt konnten wir auch sehen, daß der Sand ein gleichmäßiges Wellenmuster zeigte, das offenbar mit dem Ton in Zusammenhang stand.

"Wie wir es schon von der Metallplatte her kennen", setzte Al*y* seine Erklärung fort, "befindet sich auf dieser Lautsprechermembrane feiner Sand. Der Ton, den wir hören, wird vom Lautsprecher abgestrahlt und der Sand nimmt die entsprechende Wellenform an. Wir hören im Augenblick eine Tonfrequenz von 1000 Hz, das sind 1000 Schwingungen in der Sekunde, in diesem Frequenzbereich finden wir die menschliche Stimme. Wenn ich jetzt die Tonhöhe, also die Frequenz, erhöhe, erhalte ich eine feinere Wellenstruktur im Sand." Er betätigte die Fernsteuerung und wir hörten einen höheren Ton. Tatsächlich veränderte sich die Wellenform auf der Membrane zu einer feineren Struktur. Wieder betätigte er die Fernsteuerung und der Ton wurde tiefer. Auf der Membrane bekam der Sand eine grobere Wellenstruktur. "Wir sehen", erläuterte Al*y*, "je tiefer der Ton, also je niedriger die Frequenz, desto grober wird das Muster im Sand. Umgekehrt wird bei steigenden Frequenzen die Struktur der Form immer feiner. Schauen wir uns aber nun komplexere Strukturen an, die entstehen, wenn z. B. Musik über den Lautsprecher abgestrahlt wird."

Über die Fernsteuerung startete er nun einen kleinen Plattenspieler für Mikro-CDs und wir hörten eine mir sehr vertraute Sinfonie von César Franck. Die Formen auf der Membrane begannen ihr Bild ständig zu verändern, je lauter die Musik, desto kräftiger wurden die Strukturen, je leiser, desto sanfter und flacher. Ebenso veränderten sich gleichzeitig die Muster mit der Höhe der Frequenzen, alles in allem ein faszinierendes Spiel der Formen.

Al*y* ließ eine ganze Weile die akustischen und optischen Eindrücke auf uns wirken, bevor er weitersprach: "Was wir hier auf der Lautsprechermembrane sehen, ist die formgewordene Idee eines der größten Komponisten des ausklingenden 19. Jahrhunderts, eines Vermittlers zwischen den Daseinsebenen, zwischen fein- und grobstofflichen Welten. Die Vision seiner Komposition ist der Auslöser für die fantastischen Formen und Muster, die wir hier bewundern können. Aber verfolgen wir den Weg zurück von der Form zur Idee."

Auf einer Leinwand über der Multimediaanlage erschienen nun Bilder von einem riesigen Studio, in dem ein Sinfonieorchester gerade die Sinfonie einspielte, die wir hörten. Al*y* erklärte dazu: "Bevor wir die Musik aus unseren Lautsprechern hören können, muß sie zunächst aufgezeichnet werden. Drücken wir es anders aus, könnten wir sagen, es muß ein Schwingungsmuster angefertigt werden, also ein energetisches Muster, das hier als Klang aufgezeichnet wird. Keiner der Musiker könnte aber diese Sinfonie einspielen, wenn er nicht die Triebfeder für die Entstehung der vielen Schwingungen einer Sinfonie benutzen würde, die Noten. Die Noten stellen die Information dar, die zu Papier gebrachte Idee des Komponisten. Nur durch diese Information kann jetzt der Musiker die Vision des Komponisten mit Leben erfüllen, er gibt Energie, Bewegung hinein im wahrsten Sinne des Wortes, er streicht den Bogen, bläst in sein Mundstück, um den Raum mit Schwingungen zu füllen, die im Zusammenspiel aufgezeichnet werden."

Aly machte eine kurze Pause, um aber sofort den Faden wieder aufzunehmen. “Damit haben wir den Entstehungsverlauf der Form verfolgt. Wenn wir diesen noch genauer betrachten, ist er dort nicht zu Ende, er wiederholt sich immer wieder im gleichen Zyklus, wie wir ihn jetzt kennengelernt haben. Verfolgen wir den Weg unserer Sinfonie weiter, dann erkennen wir sehr schnell den uns schon bekannten Weg. Die Noten, die Information für den Musiker, wie er spielen muß, sind auf der anderen Seite gleichzeitig eine Form, hier ist nämlich die Idee des Komponisten ‘InForm’ gebracht worden, nämlich in die Form von Noten. Die Idee des Komponisten löste eine Bewegung aus, die des Notenschreibens. Durch diese Energie entstand die Partitur, die Information, als Noten ‘InForm’ gebrachte Vision eines Kunstwerkes.”

Eine ältere Frau unterbrach Aly mit den Worten: “Das ist ja alles schön und gut, was Sie da erzählen, aber wir sind hier schließlich alle keine Genies wie Ihr Komponist mit Visionen und vielen Ideen. Wie soll dieses Prinzip denn im täglichen Leben funktionieren?”

“Gut, daß Sie danach fragen”, ging Aly auf die Frage ein, “wir wollen ein Beispiel aus dem täglichen Leben betrachten. Haben Sie ein Haus?” fragte er zurück. Die Dame nickte. “Haben Sie es selbst gebaut oder gekauft?” “Selbst gebaut”, bestätigte die Dame. “Dann wissen Sie sicher noch, wie es entstanden ist, oder?” fragte Aly weiter. “Ja, natürlich, wir sind damals zu einem Architekten gegangen und haben uns einen Entwurf machen lassen, danach ist das Haus gebaut worden.” Damit gab sich Aly sichtlich noch nicht zufrieden, da er weiterfragte: “Hatten Sie denn eine Vorstellung, wie Ihr Haus aussehen sollte und welche Bedingungen es erfüllen sollte?” “Natürlich hatten wir genaue Vorstellungen von unserem Haus, diese haben wir dem Architekten mitgeteilt, bevor er den ersten Entwurf gemacht hat.”

“Danke für dieses schöne Beispiel.” Aly schien zufrieden mit der Beschreibung der Frau zu sein. “Sie haben sehr schön die Entstehung der Form beschrieben. Ihre Vorstellung von dem Haus ist wie die Vision, die Idee des Komponisten, die der Architekt durch Einsatz seiner Energie in einen Bauplan umgesetzt hat. Dieser Original-Bauplan wird auch gerne als Blaupause bezeichnet und dieser Begriff wird heute oft sinnverwandt für den Bauplan des Menschen verwendet. Dieser Bauplan stellt wiederum die Form gewordene Vorstellung Ihres Hauses dar und ist gleichzeitig die Information für den nächsten Schritt, den Bau des Hauses. Ohne diesen Bauplan könnte Ihnen kein Maurer Ihr Haus bauen. Stellen Sie sich vor, Sie würden mehrere Wagenladungen Ziegelsteine bestellen und auf Ihr Grundstück schütten lassen. Danach bestellen Sie Maurer und geben ihnen den Auftrag, mit diesen Steinen ein Haus zu bauen. Sie werden vermutlich bei den Maurern nur verständnisloses Kopfschütteln auslösen, wenn Sie keinen Bauplan vorlegen können, denn die Möglichkeiten, aus den vorhandenen Steinen ein Haus zu bauen, sind nahezu unendlich.”

Aly blickte in die Runde und fragte: “Weiß jemand, wieviel Möglichkeiten es gibt, zehn Steine zu kombinieren?”

Eine junge Frau antwortete wie aus der Pistole geschossen: “Über tausend.” “Ja, genau, bei zehn Steinen gibt es bereits 1024 Möglichkeiten, bei 30 Steinen sind es schon rund eine Milliarde Möglichkeiten, bei einer Lastwagenladung brauchen wir uns nicht weiter zu bemühen, ohne Bauplan geht es nicht. Mit dem Bauplan geschieht aber genau das, was wir von der Musikeinspielung schon kennen. Die Maurer füllen den Plan mit Leben, stecken ihre Energie und Bewegung in das Projekt, und die Form, das Haus, entsteht.”

Die meisten Zuhörer nickten verstehend. “Ich denke, das Prinzip ist klar”, stellte Aly fest, “alles in unserem Universum, sämtliche Entwicklungsprozesse, laufen in dieser Art und Weise ab, ob Sie sich Ihren Idealpartner vorstellen, den Sie gerne hätten, oder den Parkplatz in der Innenstadt, wo es ja sowieso keine Parkplätze gibt. Wollen Sie es selbst einmal ausprobieren, wenn Sie das nächste Mal in die Stadt fahren und sich Ihren Parkplatz vorbestellen?"

Alle nickten beifällig. "Gut", begann Al*y* den Test zu erklären: "Wenn Sie in den nächsten Tagen in die Stadt fahren, stellen Sie sich vor, wo Sie einen Parkplatz haben möchten. Lassen Sie danach Ihren Wunsch in Ruhe und denken Sie nicht mehr daran. In der Stadt angekommen, schauen Sie sich nach Ihrem Parkplatz um und parken dort. Das ist alles!"

"Na ja", knurrte eine Stimme in der vorderen Reihe, "so einfach ist das auch wieder nicht. Ich kenne diese Technik und habe sie schon öfters ausprobiert, das klappt nicht immer!"

"Natürlich kann dies auch einmal nicht funktionieren", bestätigte Al*y*, "speziell dann, wenn die übergeordnete Struktur, das IDF höherer Ordnung, Vorrang hat. Anders gesagt, nur wenn sich Ihr Wunsch nach einem Parkplatz mit dem Wohl des Ganzen vereinbaren läßt, bekommen Sie ihn auch. Dient dieser Wunsch z. B. nur dazu, Ihre persönliche Eitelkeit zu befriedigen, klappt es nicht. Es gibt aber noch einen anderen Grund, der dazu führen kann, daß Sie Ihren Parkplatz nicht bekommen, nämlich den, daß Sie das gesetzte Bild, Ihren Wunsch, nicht loslassen können. Dann kann er sich auch nicht realisieren. Nehmen wir ein anderes Beispiel. Sie säen in Ihrem Garten schöne Blumen aus und gehen anschließend jeden Tag in den Garten, um die Samen auszugraben und nachzusehen, ob der Samen schon keimt oder Wurzeln zu sehen sind. Meinen Sie, daß die Blumen dann gut gedeihen? So, wie Sie die Blumen nach der Aussaat in Ruhe lassen müssen, müssen Sie auch Ihren Wunsch in Ruhe lassen, damit er gedeihen kann."

“Alles Zufall”, sagte gut vernehmbar ein älterer Herr, “mal geht’s, mal geht’s nicht.”

Aly ließ sich auch durch diese Bemerkung nicht aus der Ruhe bringen: “Sicherlich wird in vielen Fällen immer wieder von Zufällen gesprochen. Für mich persönlich gibt es keine Zufälle. Ich habe die Erfahrung gemacht, daß mir etwas zufällt, wenn es reif ist. Es ist wie mit einer Frucht, die vom Baum fällt, wenn sie reif ist. Nichts in diesem Universum fällt uns zu, wenn die Zeit dafür nicht reif ist. Für manche Menschen mag dies ein Trost sein, denn wenn uns etwas zufällt, sind wir auch an dem Punkt in unserer Lebensentwicklung, daß wir damit umgehen können. Es gibt nichts, was in unser Leben eintritt, das wir nicht meistern können, und jedesmal wachsen wir wieder ein Stück in unserem Bewußtsein. Der sogenannte Zufall ist nichts weiter als ein Ereignis aus einer oft unüberschaubaren Anzahl von Möglichkeiten. Die Möglichkeit, die auf uns am besten zutrifft, zu der wir die stärkste Affinität haben, tritt dann ein.”

Es herrschte einen Moment Stille, bis eine Frau mittleren Alters fragte: “Bedeutet das, daß sich alle unsere Visionen und Wünsche letztendlich erfüllen?”

“Im Prinzip ja”, nickte Aly, “wir müssen dabei nur ein paar Dinge beachten, die besonders beim Menschen eine wesentliche Rolle spielen, nämlich die Persönlichkeitsstruktur. Sie hat wesentlichen Einfluß darauf, ob unser Wunsch auch dort zum Ziel führt, wo wir es gerne gehabt hätten. Unsere geistigen Strukturen, mentale wie emotionale, lassen dies oft nicht zu. Dies ist auch der Grund dafür, daß manchmal auf eine radionische Balancierung mit bestimmten Raten keine Reaktion zu erkennen ist, worüber sich schon manche Radioniker gewundert haben. Damit dies deutlicher wird, möchte ich Ihnen die Zusammenhänge an einem Beispiel erklären.”

Mit einem Tastendruck seiner Fernsteuerung ließ *Aly* ein weiteres Bild vor uns im Raum erscheinen. Es sah aus wie der Ausschnitt aus einem Gebirge, nur daß im oberen Teil eine Kugel eingezeichnet war (Abb. 2.03). "Dieses Bild stellt eine sogenannte 'epigenetische Landschaft' dar, ein Begriff, der von Conrad H. Waddington geprägt wurde. Die Berge und Täler geben unsere geistigen Strukturen wieder. Die Kugel ist unsere Idee, unser Wunsch, den wir zur Erfüllung bringen wollen. Sie rollt durch diese Landschaft ins Tal, dort, wo sie ankommt, liegt dann die Erfüllung unseres Wunsches. Wir können leicht erkennen, daß die Kugel keine große Wahl hat bei ihrem Weg ins Tal. Unsere mentalen und emotionalen Strukturen lassen oft nur einen Weg der Erfüllung zu, oft aber leider nicht den, den wir ursprünglich gerne gesehen hätten. Je tiefer die Täler eingeschnitten sind, desto weniger hat die Kugel die Möglichkeit, einen anderen Weg zu wählen. Waddington spricht in diesem Zusammenhang von Chreoden. Dieser Begriff ist aus dem Griechischen abgeleitet und heißt soviel wie 'notwendiger Weg'."

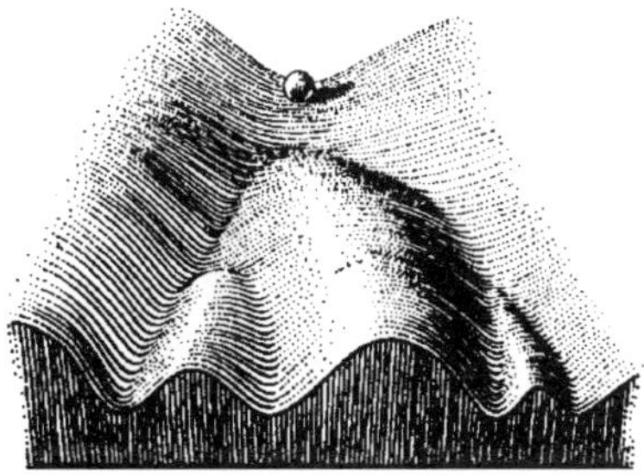

Abb. 2.03 Entwicklungsverlauf einer Idee durch den Einfluß der eigenen Persönlichkeitsstruktur, dargestellt durch eine "epigenetische Landschaft" nach Conrad H. Waddington. Je tiefer eingeschnitten die Täler, die sogen. Chreoden, desto mehr ist der Entwicklungsverlauf vorgegeben.

Wieder ein Tastendruck auf der Fernsteuerung und zwei neue Bilder tauchten vor uns auf (Abb. 2.04). "Hier sehen wir zwei einzelne Chreoden, die linke ist tief eingeschnitten, die rechte am Anfang nur schwach. Eine so tief eingeschnittene Chreode wie die linke können wir vergleichen mit einer vorgefaßten Meinung, die durch nichts zu erschüttern ist. Wer z. B. die Meinung vertritt, nur was ich anfassen oder physikalisch messen kann, ist existent, für den wird die Funktionsweise der

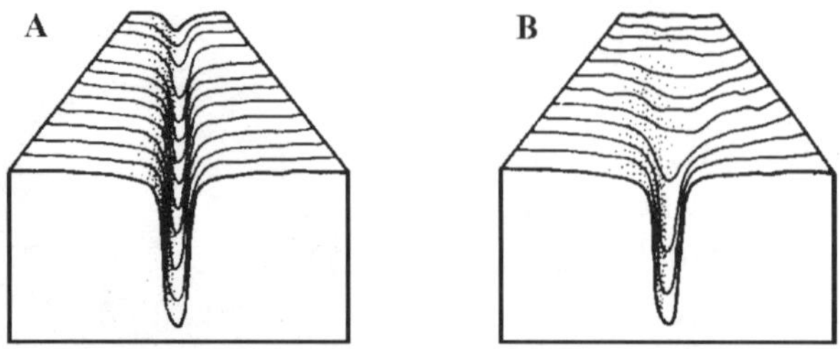

Abb. 2.04 Darstellung von unterschiedlich tief eingeschnittenen Chreoden. Eine tief kanalisierte Chreode (A) läßt keine andere Möglichkeit des Entwicklungsverlaufes zu. Eine schwach kanalisierte Chreode (B) bietet noch genügend Entscheidungsfreiheit, um evtl. einen anderen Verlauf zu wählen.

Radionik immer schleierhaft bleiben, das Vorbestellen von Parkplätzen ist völliger Blödsinn und das Leben wird nur durch die bekannten physikalischen Gesetze und eine Unzahl von Zufällen gesteuert."

Mit einem kleinen Lichtzeiger wies Al*y* nun auf das rechte Bild: "Bei dieser Chreode ist die Entscheidungsfreiheit am Anfang sehr groß. Hier kann der Verlauf der Kugel noch durch eine andere Chreode bestimmt werden, die Wahl des Weges ist noch frei. Somit hat unser Wunsch oder unsere Entscheidung noch freie Entfaltungsmöglichkeiten, bis im weiteren Verlauf die konkrete Manifestation einsetzt.

Wir sehen, daß unsere Persönlichkeitsstruktur maßgeblich an der Erfüllung unserer Wünsche beteiligt ist." Noch ein Druck auf die Fernsteuerung, wieder standen zwei neue Bilder im Raum (Abb. 2.05). "Wenn wir also unsere Wünsche so erfüllt haben möchten, wie wir es ursprünglich gewollt hatten, müssen wir zwangsläufig unsere eigene Struktur ändern. Wie hier auf den beiden Bildern gezeigt, können wir die Entwicklungsrichtung nur dadurch ändern, daß wir neue Wege ebnen. Dieses Prinzip ist nichts Neues, vielleicht kennen Sie den Spruch: *Ändere Deine Einstellung, dann ändert sich Dein Leben.*"

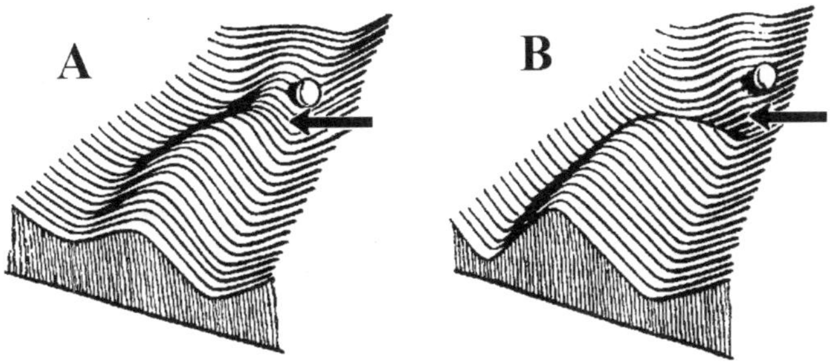

Abb. 2.05 Die Veränderung unserer Persönlichkeitsstruktur (A), also die Änderung unserer Haltungen, Meinungen, Einstellungen usw., ebnet für uns neue Wege der Entscheidungsfindung und der Entwicklungsmöglichkeiten, Zugänge zu anderen Chreoden werden hergestellt (B).

Aly ließ die Bilder wieder verschwinden: "Der Einfluß unserer eigenen Strukturen, unserer individuellen IDFs, spielt in der Radionik eine wichtige Rolle. Als ganzheitliches Verfahren ist die Radionik besonders geeignet, diese Strukturen herauszufinden und mitzuhelfen, über die Korrektur der zugehörigen IDFs eine Änderung herbeizuführen. Wir kennen alle das berühmte 'Brett vor dem Kopf', das uns immer wieder vor dieselbe 'Wand' laufen läßt, weil wir nicht sehen können, daß sich unmittelbar daneben ein Durchbruch befindet, der ein Durchschreiten der 'Wand' möglich macht. Allein ein Drehen dieses 'Brettes', sodaß man auf die schmale Seite blickt, würde uns eine wunderbar erweiterte Sicht bescheren. Mit dieser neuen Sicht ausgestattet beginnt eigentlich erst das, was wir Therapie nennen, nämlich ein Übungsprogramm, mit dem wir unsere Einstellung, unsere Lebensführung, ändern. Die Hauptarbeit muß daher jeder selbst tun, andere, wie der Radioniker, können diesen persönlichen Änderungs- und Entwicklungsprozeß lediglich dadurch unterstützen, daß sie über die Korrektur der IDFs die individuelle Arbeit des Einzelnen effektiver werden lassen. Der Einfluß unserer Persönlichkeitsstruktur, wie z. B. unser 'Brett', wird sich zusehends verändern, es wird dünner und dünner werden, bis es völlig verschwunden ist. Unser

Leben und unsere Lebensführung haben sich verändert, unsere geänderte Einstellung läßt uns in eine neue Lebensdimension blicken."

Ich hatte versucht, während des Traumes die wesentlichen Punkte mitzuschreiben, wie ich es schon früher mit meinem Traumbuch erfolgreich praktiziert hatte, jetzt mußte ich aber diesen Traum verlassen, um zunächst das festzuhalten, was ich bis hierher gehört hatte. Als ich mir des Wachzustandes wieder bewußt war, versuchte ich aufzustehen, aber ich brauchte zwei Anläufe, bis ich es schaffte. Mir schwirrte der Kopf, vielleicht war es doch etwas zu viel Stoff gewesen. Ich setzte die Traummaske ab, und nachdem ich noch einige Punkte bei meinen Traumaufzeichnungen ergänzt hatte, legte ich mich noch etwas hin und schlief durch, bis mich meine Frau zum Frühstück weckte.

Ändere Deine Einstellung,
dann ändert sich Dein Leben

Kapitel 3

Skalare, Tür zur Kommunikation mit Inneren Daten-Feldern

Den ganzen Tag über beschäftigte mich das Thema der Inneren Daten-Felder, vieles war mir jetzt klarer geworden. Was mir aber noch fehlte, war die Art und Weise, wie diese Theorie bei den Radionik-Geräten in die Praxis umgesetzt wurde. Ich konnte den Abend kaum erwarten, denn ich hatte mir vorgenommen, in jedem Fall wieder an diesen Ort im Traum zurückzukehren, um noch mehr über die Radionik zu erfahren. Dieses Mal lag ich noch früher im Bett als sonst, hatte meine Schlafmaske, den Traumtrainer, wieder aufgesetzt und fokussierte meine Aufmerksamkeit beim Einschlafen auf den Messestand, um dort Al*y* wiederzutreffen.

Als ich mir meines Traumzustandes wieder bewußt war, sah ich mich um und befand mich in der Tat wieder auf dem Messestand, gerade rechtzeitig, um den Anschluß vom letzten Mal nicht zu verpassen.

“Wir haben nun also gesehen”, hörte ich Al*y* soeben sagen, “daß Informationen und IDFs in einer Ebene zu finden sind, die außerhalb unserer gewohnten dualen bzw. bipolaren Betrachtungsweise liegt, also auch jenseits von Raum und Zeit, das wohl bekannteste duale Paar in unserem Universum. Für das bessere Verständnis, wie die Kommunikation mit den Inneren Daten-Feldern technisch gelöst werden kann, werden wir uns zunächst mit dem Begriff des Skalars vertraut machen. Wir kennen ihn schon aus unserer Betrachtung der einzelnen Grundebenen.”

Al*y* ließ noch einmal das schon bekannte Bild der drei Grundebenen im Raum erscheinen (Abb. 2.01): "Erinnern wir uns, hier in der oberen Ebene finden wir den Skalar, wir könnten ihn auch als Informationsquantum bezeichnen. Schauen wir uns einen Skalar näher an."

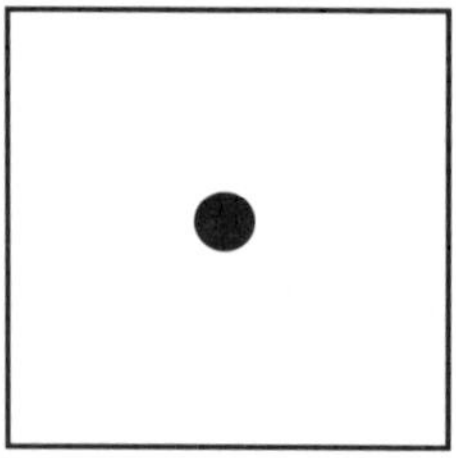

Abb. 3.01

Informationsquantum (symbol.) ohne Zuordnung

Der Ebenenplan verschwand, und im Raum leuchtete stattdessen ein kleiner, heller Punkt auf (Abb. 3.01): "Wenn wir uns einen Punkt im freien Raum vorstellen, so hat dieser Punkt noch keinerlei Bedeutung, ein Informationsquantum ohne Information aus einem unendlich großen Potential an Informationsquanten, ein unbekanntes Etwas. Im einfachsten Sinne gibt eine Information einem Etwas eine Bedeutung", sprach Al*y* ruhig weiter, "lassen Sie uns daher diesem Punkt eine Zahl zuordnen, eine '2' beispielsweise.

Unter dem Punkt erschien nun eine '2' (Abb. 3.02), und Al*y* erklärte weiter: "Der Punkt hat jetzt eine Bedeutung, noch nicht sehr viel, aber immerhin etwas mehr als vorher. Wir wissen nun zum Beispiel, daß der Punkt keine '1' oder '3' oder sonst etwas anderes als eine '2' ist. Dieser Punkt ist jetzt ein Skalar, ein Informationsquantum mit Information, ein kleines IDF mit der Bedeutung '2'. Merken Sie sich diesen Begriff gut, wir werden ihn später noch öfter gebrauchen."

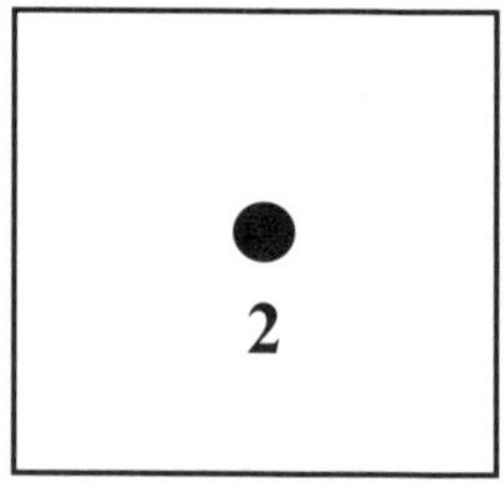

Abb. 3.02

Informationsquantum (symbolisch) mit Zuordnung, Skalar mit dem Wert 2

Al*y* ließ den Punkt mit der '2' wieder verschwinden und fuhr fort: "Wir wollen uns nun ein komplexeres IDF anschauen, nämlich das eines Menschen. Ich zum Beispiel habe blaue Augen, spiele liebend gern Musik, mache so manche 'Wunder' mit der Radionik möglich, bin ein männliches Wesen, habe eine Geschichte von Erfahrungen in mir gespeichert, habe einen Körper, Gefühle, und so geht die Liste der Informationen über mich immer weiter. Wir sehen, ein IDF wie das meine ist um vieles umfangreicher und komplexer als das unserer '2' aus dem Beispiel von eben."

"In wiefern ist denn Information überhaupt wichtig?" fragte ich.

Al*y* antwortete schmunzelnd: "Die Regierungen z. B. in Europa geben jedes Jahr viele Milliarden Mark aus, nur um Informationen zu sammeln. Dies beinhaltet nicht einmal private Belange wie Kreditagenturen oder Versandhäuser. Wir leben im Informationszeitalter, wo Informationen mit Macht gleichzusetzen sind. Und dies ist genau der Punkt. Wenn wir uns Informationen als Macht anschauen, liegt da die Macht in der Information selbst? Nein! Sie liegt in der Lebensform, die diese Information 'trägt'. Nur weil Sie vielleicht wissen, wie man ein Raumschiff baut, sind Sie nicht gleich eine mächtige Person. Obwohl uns diese Information recht gut in eine mächtige Position bringen könnte, ist sie doch nicht die Macht selbst. Es bedarf einer Reihe von passenden Umständen, der Notwendigkeit und verschiedener anderer Aspekte, die dazu nötig sind, um die Information in die Tat umzusetzen. Erinnern wir uns an das Beispiel mit dem Hausbau oder der Komposition, erst wenn wir Energie hineingeben, kann sich die Form realisieren, in unserem jetzigen Beispiel das Machtpotential", sagte Al*y* mit einer tiefsinnigen Betonung.

"Gut, ich verstehe wie wichtig Informationen in unserer heutigen Gesellschaft sind, aber was hat das mit der Radionik zu tun?" bohrte ich weiter.

"Wie Sie bis jetzt vielleicht verstanden haben, senden und empfangen Radionik-Geräte Informationen. Lassen Sie uns einmal einen Vorgang in unserem Körper anschauen. Im Blut gibt es Zellen, die eine Art Polizeifunktion ausüben. Es sind die weißen Blutkörperchen, die in der Fachsprache Leukozyten genannt werden. Ihre Aufgabe ist es, körperfremde Zellen, z.B. eingedrungene Krankheitserreger, abzuwehren. Woher aber wissen sie, welche Zellen zum Körper gehören und welche nicht? Sicherlich kann man sagen, die Leukozyten werden durch die fremdartigen Stoffwechselprodukte der Krankheitserreger angelockt und 'fressen' sie dann regelrecht auf. Aber betrachten wir eine solche Zelle doch einmal als einen Computer, bei dem der Zellkörper die Hardware ist und sich in der Zelle die Software befindet, die steuert, was wann wie getan werden muß. Was würde mit der Zelle geschehen, wenn sie zu viel oder auch zu wenig Energie bekommen würde? Das Programm des Computers würde deaktiviert oder sogar gelöscht, die Zellen wüßten nicht mehr, was sie tun sollen. Wir könnten zwar genügend Leukozyten feststellen, aber sie wären unfähig, etwas zu tun. Vielleicht könnten wir die Situation mit einem Arbeiter vergleichen, um den fünf andere herumstehen und zuschauen, wie er arbeitet. Dieses Verhalten der Leukozyten ist als Krankheit mit der Bezeichnung Leukämie bekannt, wenig reife Leukozyten stehen vielen unreifen gegenüber."

Alle sahen Al*y* gespannt an, als warteten sie auf eine Lösung für dieses Problem. Er aber fuhr fort: "Was würde geschehen, wenn wir nun eine Möglichkeit hätten, das verlorengegangene Programm wieder zu reinstallieren, die Zellen also zu reinformieren? Dann könnten die Zellen wieder fröhlich ihrer Arbeit nachgehen. Natürlich gehört ein Leukämie-Kranker in die Hände eines Facharztes, der auf diese Art Krankheit spezialisiert ist. Aber wenn meine Leukozyten wieder fröhlich arbeiten, bin auch ich froh", sagte Al*y* lachend.

Ein Herr, der für mich aussah wie ein Professor, ging auf die Möglichkeit, die Al*y* angeschnitten hatte, ein: "Ich denke, das von Ihnen genannte Programm in der Zelle, die Software, wie Sie sie genannt haben, ist mit der DNS gleichzusetzen, oder?

Dann müßte es doch einem Gentechniker möglich sein, diesen Fehler zu beheben, nicht wahr?"

Al*y* wiegte den Kopf hin und her: "Gut, daß Sie danach fragen. Ich möchte dazu weder Ja noch Nein sagen. Erinnern wir uns noch einmal an unseren Ebenenplan. Auf der unteren Ebene, der materiellen, substantiellen Ebene, hatte ich die DNS erwähnt, den genetischen Code. Auch er befindet sich immer noch im Bereich der Materie, der Substanz. Der genetische Code ist eine Anordnung von Nukleinsäuren, die sich wiederum zum Großteil aus Phosphorsäure- und Zuckermolekülen zusammensetzen mit Verbindungen zu Purin- und Pyrimidinbasen. Wir wollen hier nicht tiefer in die Chemie einsteigen, müssen aber feststellen, daß wir uns immer noch auf der unteren Ebene befinden. Aus unserer früheren Betrachtung wissen wir aber schon, daß die Ursache für die Formbildung, also auch für die DNS, aus der informationellen Ebene kommt und über die energetische Struktur die Form auslöst. Wenn wir also eine ganzheitliche Änderung in der Form vornehmen wollen, müssen wir demnach zwangsläufig mit der die Form auslösenden Information beginnen. Deshalb bin ich auch nicht davon überzeugt, daß die Gentechnik so bedenkenlos forciert werden sollte, solange sie sich nur mit der Veränderung der Substanz, der Form beschäftigt."

"Kommen wir doch endlich einmal zur Sache", sagte ein Mann, der sich mir als Johannes vorgestellt hatte, etwas ungeduldig, "wie kommt denn nun die Information dahin, wohin wir sie haben wollen, und wie geschieht dies durch Radionik-Geräte?"

"Genau dies ist der nächste Punkt", fing Al*y* die Frage auf, "dies ist eine einfache Frage, bedarf aber einer längeren Antwort. Zum besseren Verständnis möchte ich als Beispiel auf die Übertragung von Radiosendungen zu sprechen kommen. Wissen Sie alle, wie Sprache und Musik, also Toninformationen, mittels Radiowellen übertragen werden?"

Einige der Zuhörer nickten, andere nicht, und so fuhr Aly mit seiner Erklärung fort: “Wenn Sie einen Surfer noch nicht selbst am Meer erlebt haben, dann sicher aber schon einmal im Film oder Fernsehen. Genauso wie der Surfer auf seinem Brett auf der Welle reitet, so reist die Toninformation auf einer sogenannten Trägerwelle. Dies ist eine elektromagnetische Welle mit einer spezifischen Frequenz, also einer ganz bestimmten Schwingungsrate. Die Toninformation wird nun auf die Trägerwelle aufgesetzt, in der Fachsprache spricht man von ‘Aufmodulieren’. Durch die Modulation wird die Trägerwelle verändert, entweder in der Amplitude, also der Höhe der Welle, oder in der Frequenz, der Schwingungsrate. Deswegen spricht man im ersten Fall von Amplituden-Modulation (AM), die für die Mittelwelle, und im zweiten von Frequenz-Modulation (FM), die z.B. für die Ultrakurzwelle (UKW) verwendet wird. Die Information ist in der Veränderung der Amplitude oder der Frequenz versteckt und reist so mit zum Empfänger. Jetzt kommt der entscheidende Punkt. Die Information bleibt immer gleich, ob am Sender oder Empfänger. Ganz gleich ob unsere vorher gehörte Sinfonie von César Franck über einen Sender mit 100 W oder 100 kW Leistung abgestrahlt wird, aus den Lautsprechern tönt bei beiden die gleiche Musik.”

“Wenn ich Sie richtig verstehe, sagen Sie, daß Johannes und ich denselben Vortrag hier hören, obwohl er näher zu Ihnen steht und Sie lauter reden hört”, bemerkte ich.

“Richtig, natürlich nur, solange er auch zuhört”, bestätigte Aly lachend. “Dies genau ist der Unterschied zwischen elektromagnetischer Energie und Intensität der Information. Die elektromagnetische Energie nimmt mit der Entfernung vom Sender ab, die Intensität der Information nicht. Da aber in unserem Beispiel die Information auf der Welle ‘reitet’, ist sie abhängig von der Trägerwelle und somit in der Reichweite begrenzt. Um aber unsere Information in der Reichweite unabhängig zu machen, müssen wir einen Träger finden, der unbegrenzt einsetzbar ist, und damit sind wir wieder beim Skalar, der sich ja, wie wir inzwischen wissen, nicht im energetischen Bereich befindet und somit auch nicht begrenzt ist wie die Energie."

Mit der Fernsteuerung ließ Aly wieder ein holographisches Bild im Raum erscheinen und fuhr fort: "Hier sehen wir einen Vektor in den drei Raumachsen." Zu sehen war ein dicker Pfeil, der schräg im Raum stand und dessen Fußpunkt und Pfeilspitze weiß strahlte (Abb. 3.03). "Den Vektor finden wir wieder in der energetischen Ebene, Sie kennen ihn alle aus der Schule. Sie haben ihn vielleicht als eine Kraft kennengelernt, bei der die Länge des Pfeiles die Größe der Kraft wiedergibt und die Lage im Raum die Richtung, in die sie wirkt. Wir lassen jetzt aus dem Vektor eine Schwingung entstehen, indem wir den Pfeil rotieren lassen."

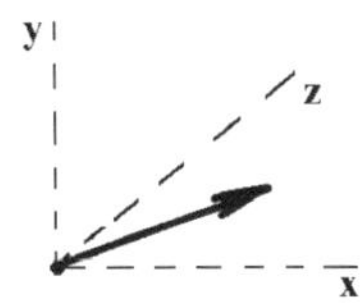

Abb. 3.03
Vektor im Raum

Mit ein paar Tastendrücken ließ Aly die an der Wand befindliche Leinwand loslaufen, sodaß sie sich von links nach rechts bewegte. Weiterhin hatte er bei der Leinwand einen Nachleuchteffekt zugeschaltet und dies führte dazu, daß die leuchtende Pfeilspitze auf der Leinwand gespiegelt wurde und der leuchtende Punkt der Spitze ständig mit der Leinwand mitlief, bis er verblaßt war, so wurde die leuchtende Pfeilspitze zu einem leuchtenden Strich. Zuletzt ließ Aly den Pfeil rotieren und auf der Leinwand bewegte sich der Lichtpunkt auf und ab. Durch die fortlaufende Bewegung der Leinwand und den Nachleuchteffekt sahen wir eine Wellenkurve an der Wand.

"Nun haben wir aus unserem Vektor durch Rotation eine Schwingung entstehen lassen, wenn die Rotation gleichförmig ist, sprechen wir bei der dadurch entstehenden Kurve auch von Sinuskurve oder Sinusschwingung (Abb. 3.04). Lassen wir den Pfeil schneller drehen, wird die Welle kürzer, man sagt die Frequenz steigt, dreht der Pfeil langsamer, wird die Welle länger und die Frequenz niedriger. Werden diese Wellen elektromagnetisch hergestellt, dienen sie als Trägerwellen für unsere Informationen, die wir als Sprache oder Musik kennengelernt haben."

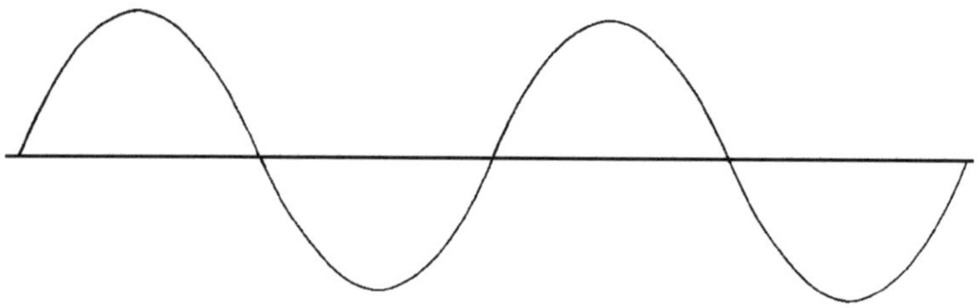

Abb. 3.04 Sinusschwingung (-welle) eines gleichförmig rotierenden Vektors

Al*y* hielt die Drehung des Pfeiles an. Wieder drückte er ein paar Tasten und im Raum erschien ein zweiter Pfeil, der dem ersten genau entgegengesetzt war (Abb. 3.05): "Wir haben jetzt einen zweiten Vektor, hier wieder als Pfeil, der dem ersten genau entgegengesetzt ist. Lassen wir beide Pfeile jetzt wieder um den Fußpunkt rotieren, stellen wir fest, daß zwei Wellen zu sehen sind, die genau entgegengesetzt verlaufen und um die Mittellinie, den Fuß- oder Nullpunkt, schwingen (Abb. 3.06). Elektromagnetisch betrachtet heben sich beide Wellen gegenseitig auf, genau wie sich die Vektoren aufheben, wenn ich sie wie in diesem Beispiel genau mit derselben Größe gegeneinander wirken lasse. Dieses Verhalten kann ich mit dieser Multifunktions-Anlage hier sehr gut nachbilden."

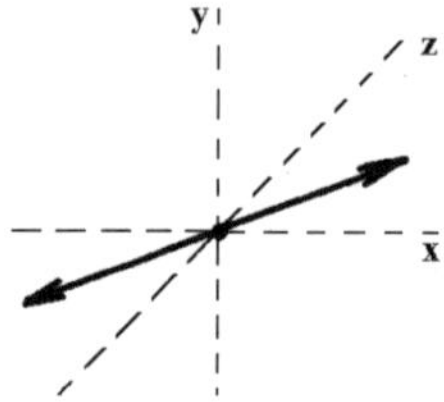

Abb. 3.05 Zwei genau entgegengesetzt wirkende Vektoren gleicher Größe im Raum

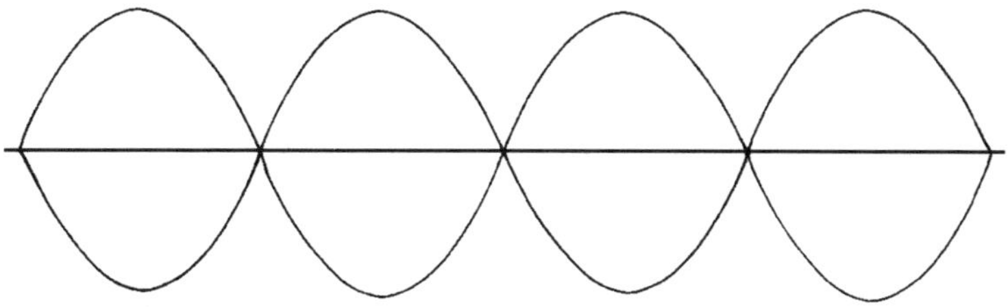

Abb. 3.06 Sinusschwingungen (-wellen) zweier gleichförmig rotierender Vektoren, die entgegengesetzt wirken

Durch die Fernsteuerung ließ Aly die beiden Vektoren sich gegenseitig aufheben und sie verschwanden, zurück blieb der leuchtende Fußpunkt, der auf der laufenden Leinwand einen Strich ergab, die Nullinie, die beiden Wellen waren damit auch verschwunden (Abb. 3.07).

Abb. 3.07 Die Wirkungen der beiden Vektoren heben sich auf und damit die gegenläufigen Schwingungen (Wellen)

“Was wir jetzt hier im Raum sehen, ist der Rest der beiden Vektoren, die sich aufgehoben haben, ein Punkt. Wir kennen ihn schon von vorhin, als wir ihm die Bedeutung ‘2’ gegeben hatten. Was von den beiden Vektoren bleibt, ist also ein Skalar mit der Bedeutung bzw. der Information beider Vektoren. Auf der Leinwand sehen wir einen Strich, die Nullinie, den Rest der beiden Wellen, die sich gegenseitig gelöscht haben. Wollen wir diesem Strich eine Bedeutung geben, könnten wir vielleicht Skalar-Welle sagen. Die entsprechende Energie wäre dann die Skalar- oder Nullpunktenergie. Interessant hierbei ist, daß wir dem Skalar nicht ansehen können, woraus er sich zusammensetzt bzw. welche Information er enthält. Es könnte einerseits ein Punkt ohne Ausdehnung sein, andererseits aber auch die Unendlichkeit darstellen. Dies wäre dann der Fall, wenn sich in diesem Punkt eine unendliche Zahl Vektoren aufhöben. Dieser

Skalar hätte dann einen unendlich großen Informationsgehalt, den man ihm natürlich von außen nicht sofort ansieht. Im Beispiel von vorhin heißt das, beim Skalar ‘2’ kennen wir den Informationsgehalt, den dieses IDF hat, im Beispiel meiner Person ist das IDF um ein vielfaches komplexer und umfangreicher, am Beispiel des IDF einer Galaxis oder unseres Universums ist es unendlich, jedenfalls ist es für uns nicht mehr erfaßbar. Wir sollten bei dieser Betrachtungsweise nicht vergessen, daß wir nicht die Beobachter sind, die sich dies alles von außen anschauen, wir mit unserem ‘kleinen’ IDF sind ein Teil des Ganzen und das macht alles etwas schwieriger!”

Der Punkt verschwand durch einen Tastendruck wieder, die Leinwand blieb stehen und der Nachleuchteffekt erlosch. Aly wartete einen Moment, bevor er fortfuhr: “Was wir an dem Bild unseres Beispiels noch nicht sehen konnten, ist, daß sich der skalare Wert unserer Vektoren beim Auslöschen verdoppelt. Hierzu ein einfaches Beispiel aus der Vektoralgebra. Dazu stellen wir unsere beiden Vektoren zunächst als einfache Formel dar.”

Auf der Leinwand vor uns erschienen die Zeilen:

$$\mathbf{v_1 = ax + by + cz} \qquad \mathbf{v_2 = - ax - by - cz}$$

$$\mathbf{v_1 + v_2 = 0}$$

“v_1 und v_2 haben wir hier die Vektoren genannt, x, y und z sind die Teil-Vektoren auf die drei Achsen im Raum bezogen, a, b und c sind Konstanten. Daß die beiden Vektoren zu ‘0’ werden, wenn wir sie mit gleicher Größe und Richtung entgegengesetzt aneinanderhängen, konnten wir vorher plastisch erleben. Was übrig bleibt von diesem Vektorpaar, ist ein Skalar, der sich durch die Skalarmultiplikation ergibt, wie man in der Vektoralgebra sagt, und den doppelten Wert annimmt. Mit einem kleinen Kunstkniff wollen wir uns dies verdeutlichen, indem wir den skalaren Anteil jedes Vektors in der Formel dazuschreiben.”

Die Formeln auf der Leinwand veränderten sich in:

$$v_1 = s + ax + by + cz \qquad v_2 = s - ax - by - cz$$
$$v_1 + v_2 = 2s$$

“Da die skalaren Anteile ‘s’ nicht richtungsabhängig sind, werden sie nicht zu ‘0’ sondern ergänzen sich zum doppelten Wert. Dies ist eine wichtige Erkenntnis, von der die radionischen Geräte Gebrauch machen. Sie sind so konstruiert, daß die intuitiven Fähigkeiten der sie bedienenden Personen verstärkt werden. Dies geschieht über sogenannte Skalarantennen, wie wir gleich noch sehen werden.”

Der ‘Professor’ meldete sich wieder zu Wort: “Wenn ich mich recht entsinne, haben wir aber in der Physik Begriffe wie Masse und Energie oder Temperatur, Dichte, Ladung usw. als Skalar bezeichnet.”

“Natürlich, dies stimmt ja auch und widerspricht dem nicht. Stellen wir uns vor, wir würden die Vektoren aus unserem Beispiel als elektromagnetische Kräfte mittels elektrischer Spulen erzeugen, dann würden wir feststellen, daß sich die Wirkung dieser Kräfte aufhebt. Lassen wir aber diese Spulen längere Zeit eingeschaltet, werden wir den Energieverbrauch sehr bald auf unserer Stromrechnung nachlesen können. Die Energie fließt ja nach wie vor in diese Spulen hinein, wenn sich auch die vektoriellen Anteile aufheben. Der Skalar hat hier demnach einen Wert, der der Energie beider Vektoren entspricht (s.o. Skalarmultiplikation). Vergleichen wir den Vektor mit der kinetischen und den Skalar mit der potentiellen Energie, dann wird dieser Punkt deutlicher.

Übrigens hat James C. Maxwell in seinen ursprünglichen Formeln, mit denen er die Verknüpfung magnetischer und elektrischer Felder beschrieben hat, diesen skalaren Anteil mit berücksichtigt. Er bezeichnete ihn z.B. als Gravitationswert.”

“Das würde ja auf unser Beispiel übertragen bedeuten, wenn sich beide Wellen gegenseitig aufheben, erhalten wir einen zweimal so hohen Gravitationswert?” warf unser ‘Professor’ ein.

“Genau! Wenn wir uns die Werte bei relativ kleinen Wellen anschauen, scheint es nicht sehr viel auszumachen. Aber stellen wir uns einmal große Wellen vor, solche, wie sie zum Beispiel von großen Teslaspulen erzeugt werden. Wenn wir diese Wellen gegeneinander schalten, haben wir aus elektromagnetischer Sicht wieder eine Aufhebung der Wellen. Betrachten wir die Situation aber genauer, können wir feststellen, daß wir damit die Gravitation beeinflussen können. Freunde von mir haben genau dieses Experiment durchgeführt und konnten damit die Gravitation sowohl verstärken wie auch abschwächen.”

“War es nicht Einstein, der gesagt hat, daß man auch kleinste Gravitationsabweichungen nicht einmal im Labor herstellen könne, da man dazu eine Masse benötige, die die Größe von Planeten haben müßte?” ließ der ‘Professor’ nicht locker.

Unbeeindruckt antwortete Al*y*: “Zugegeben, das hat Einstein gesagt, aber es scheint, als ob Einstein nicht mit einer vollständigen Formel gearbeitet hätte. Die Whitiker Papiere beweisen, daß es tatsächlich möglich war.”

“Warum ist dies nicht allgemein bekannt?” fragte eine Frau.

“Eine gute Frage. Die meisten, von denen ich weiß, daß sie an einem solchen Projekt arbeiten, sind Erfinder, denen das nötige Geld fehlt, um diese Art der Technologie weiterzuentwickeln und für jeden nutzbar und sicher auf den Markt zu bringen. Ich bin mir ziemlich sicher, daß sich viele große Firmen mit dieser Technologie auseinandergesetzt haben, aber es als profitabler empfinden, Menschen weiterhin Autos mit Verbrennungsmotoren fahren zu lassen und dabei Urzeitwälder zu verbrennen.”

“Und wie schaltet man Vektoren gegeneinander?” fragte die Frau weiter.

“Schön, daß Sie danach fragen, damit geben Sie mir die Möglichkeit, das Prinzip der Skalarantenne näher zu erläutern. Schauen wir uns dazu das Modell einer elektrischen Spule an.”

Über den holographischen Projektor tauchte vor uns im Raum das Modell einer Spule auf, eines gewickelten Drahtes, der am Ende zwei Anschlüsse hatte (Abb. 3.08).

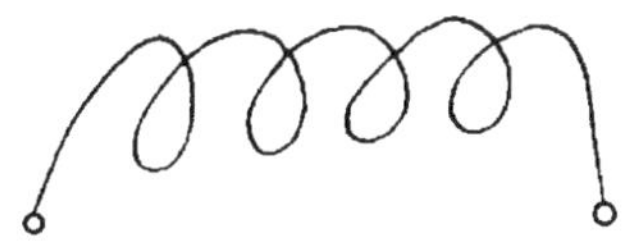

Abb. 3.08 Einfache Spule

“Hier sehen wir den Aufbau einer einfachen Spule, die nichts weiter ist als ein aufgewickeltes Stück Draht.” Al*y* folgte mit dem Lichtzeiger dem Verlauf des Drahtes, als wolle er die Spule neu wickeln. “An beiden Enden sehen wir einen Anschluß und können dort eine Spannung anlegen, z. B. den Plus- und Minuspol einer Batterie. Durch den in der Spule fließenden Strom wird ein elektromagnetisches Feld erzeugt, und stecken wir einen Eisenstab in die Spule, erhalten wir einen Stabmagneten. Damit wir nun die Verbindung zu unserem Vektorenbeispiel wiederherstellen können, kennzeichnen wir das magnetische Feld durch einen Vektorpfeil.”

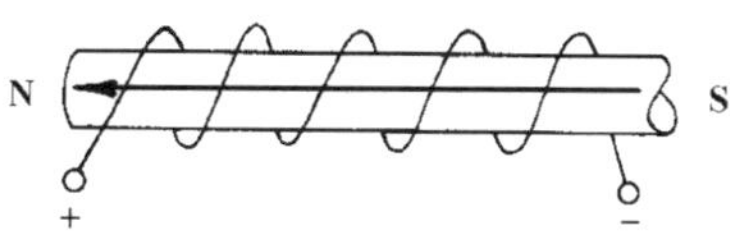

Abb. 3.09 Spule mit Eisenkern

In der Spule wurde jetzt ein Zylinder sichtbar und darin ein dicker Pfeil, wie wir ihn vorher als Vektor kennengelernt hatten (Abb. 3.09).

“Um diesen Vektor aufzuheben, benötigen wir einen zweiten, der diesem genau entgegengesetzt ist, was müssen wir tun?” fragte Al*y* in die Runde.

Die junge Frau, die die Frage mit den Steinen beantwortet hatte, meldete sich wieder zu Wort: “Wir müssen eine zweite Spule über die erste wickeln und dann gegenpolig anschließen.”

“Genau, wenn wir auch diese Spule anschließen, und zwar gegenpolig zur ersten, erzeugen wir ein zweites Magnetfeld, welches das erste aufhebt. In der technischen Lösung könnten wir allerdings aus beiden Spulen eine einzige herstellen, indem wir die eine Hälfte der Spule in die eine Richtung und die andere Hälfte gegensinnig wieder zurückwickeln. Diese Art, eine Spule zu wickeln, nennt man ‘bifilare Wicklung’.”

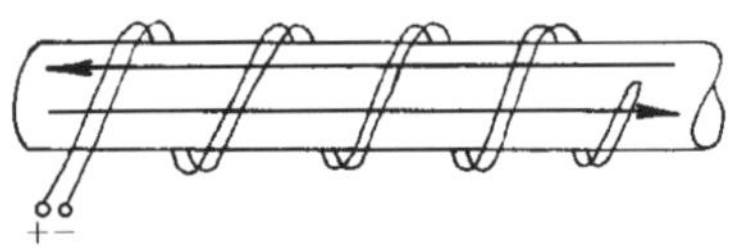

Abb. 3.10 Bifilare Wicklung mit Eisenkern. Beide Vektoren heben sich auf

Das holographische Bild der Spule veränderte sich, die Spule war jetzt doppelt gewickelt und hatte beide Anschlüsse am selben Ende. Im Zylinder des Eisenstabes war ein zweiter Vektorpfeil zu sehen, der dem ersten genau entgegengerichtet war (Abb. 3.10).

“Unsere Skalarantenne ist nun fertig, die beiden Vektoren heben sich auf, es bleibt ein Skalar, bestehend aus den Absolutwerten des Vektorpaares. Das Prinzip der ‘bifilaren Wicklung’ ist die einfachste Form einer Skalarantenne.”

“Wie sehen denn solche Skalarantennen aus, bei den Radionikgeräten gibt es ja Becher, Platten oder Schlitze, die zur Aufnahme der Proben dienen?” fragte ein älterer Herr aus der hinteren Reihe.

Aly ließ das Bild der bifilaren Spule wieder verschwinden und ging auf die Frage ein: “Die Möglichkeiten, nach diesem Prinzip Antennen zu bauen, sind sehr vielseitig. In den Radionik-Geräten sind sie unterschiedlich realisiert. Dieses Gerät hier”, er hob sein Radionik-Gerät in die Höhe, “hat z. B. unter der Reibeplatte drei abstrahierte, stark modifizierte Skalarantennen, die vom Hersteller eigens für dieses Gerät entwickelt wurden. Über diese Antennen werden die Informationen als Skalare abgestrahlt oder empfangen, es wird also Kontakt zu einem gewünschten IDF hergestellt. Aber wir müssen nicht tief in die Entwicklung radionischer Geräte einsteigen, um Beispiele für Skalarantennen zu finden. Schauen wir uns zwei Antennen an, die wir auch im täglichen Leben wiederfinden."

Ein neues Bild erschien im Raum, ich erkannte es gleich, es waren Mäander-Ornamente (Abb. 3.11).

"Diese Form der Ornamente wird Mäander genannt. Sie findet sich seit der Steinzeit in den verschiedensten Kulturen in der ganzen Welt, dabei oft als fortlaufendes Spiralmotiv oder Wellenband. Seine klassische, geometrische Form erreichte der Mäander in Griechenland, wo er als beidseitig begrenztes Ornamentband verwendet wurde. Benannt ist diese Form nach dem westanatolischen Fluß Mäander, der durch seine ähnlich verlaufenden Flußschleifen zu dieser Namensgebung beitrug. Die Form des Mäander entspricht einer flächigen Skalarantenne. In der Natur begegnet uns die mäandrische Form immer wieder. Natürlich fließendes Wasser versucht z. B. immer in Mäandern zu fließen. In meiner Kindheit habe ich oft an einem Bach gespielt, der in Mäandern floß. Achten Sie beim nächsten Ausflug ans Meer auf die Wellen. Wenn sich Wellen überschlagen, haben sie auch diese Form. Beim Einströmen von warmem ins kalte Wasser entstehen diese Wirbel, überhaupt ist die Form des Wirbels eine grundlegende Form, die überall in der Natur auftaucht, nicht nur im Wasser, sondern auch in Wolken und Wetterausbildungen, in Gesteinsschichten, Darmschlingen, Gehörgängen usw. usw. Was macht die Natur mit diesen vielen Skalarantennen? Bezieht sie darüber ihre Informationen für ihr komplexes Zusammenspiel? Sind sie Sensoren oder sogar Sinnesorgane der Natur? Viele Fragen, die

Abb. 3.11 Mäander, oben Hakenmäander, unten konzentrischer Mäander

es lohnt, genauer zu erforschen. Vielleicht der fehlende Schlüssel für die Chaosforschung? Sicherlich könnte man sich eine übergeordnete Kommunikation in der Natur über diese Skalarantennen vorstellen. Übrigens, auch die Chakras, eine Art Drüsen im Energiekörper, sind Wirbel, Energiewirbel, sie dienen als Skalarantennen im energetischen Bereich und somit als Verbindungsglied zwischen energetischer und materieller Ebene."

Die Mäander ließ Al*y* wieder verschwinden, stattdessen tauchte vor uns eine Art Girlande auf (Abb. 3.12).

Abb. 3.12 Möbius Spule

"Jetzt werden wir wieder etwas technischer. Dies ist eine sogenannte Möbius-Spule. Sie hat ihren Namen von August F. Möbius, der das nach ihm benannte 'Möbius-Band' entdeckt hat, welches eine einseitige Fläche realisiert. Die Möbius-Spule ist auch eine Skalarantenne, was wir sofort feststellen können, wenn wir aus unserem ersten Beispiel die bifilare Wicklung an beiden Enden anfassen und stramm ziehen, natürlich ohne den Eisenkern darin. Es entsteht eine Möbius-Spule. Warum ich gerade dieses Beispiel gewählt habe, hat einen besonderen Grund, nämlich die Ähnlichkeit zur DNS. Am besten können wir das sehen, wenn wir ein langes, mehrfach verdrehtes Möbius-Band herstellen. Die Form entspricht der Doppelhelix der DNS. Wir sehen, selbst hier im genetischen Bereich begegnen wir Skalarantennen. Es gibt Ansätze, die davon ausgehen, daß der genetische Code nicht in erster Linie über die DNS bestimmt wird, sondern daß die DNS als Antenne zu höheren Schwingungsbereichen dient, in denen der Urbauplan, die Blaupause, zu finden ist. Über diesen Weg werden die genetischen Voraussetzungen geschaffen, die für die Entwicklung einer Person in ihrem Leben benötigt werden. Im fernöstlichen Sprachgebrauch würde man sagen, daß das Karma einer Person in dieser Weise in die Festlegung des genetischen

Codes eingreift und die Voraussetzungen zur Erfüllung des individuellen Lebensplanes schafft."

"Heißt das, daß wir als radionische Probe im Grunde genommen nur die Doppelhelix einer Person benötigen, um mit deren IDF kommunizieren zu können?" fragte unser 'Professor'.

"Ganz recht, beim Menschen wird die Verbindung zum IDF über ein Skalarantennenpaar hergestellt, die eine Antenne im Gerät, die andere Antenne in der Probe. Ob wir als Probe nun Blut nehmen, wie in den ersten Jahrzehnten der Radionik, oder Haare, Speichel, Fingernägel, Hautschuppen o.ä. verwenden, spielt dann keine Rolle. Selbst Bilder eignen sich, da mit dem Bild die persönliche Schwingungsstruktur erfaßt wird, die wiederum genügend Skalarantennen enthält, um die Verbindung herzustellen."

Die Frau neben mir schüttelte den Kopf und fragte: "So ganz habe ich das noch nicht verstanden. Die Probe ist doch von der Person getrennt. Wird denn die Verbindung zur Person über die Wellen hergestellt? Und muß ich dann für jede Messung eine neue Probe verwenden? Dann wird die Messung doch sehr zeitaufwendig. Wenn die betreffende Person auf der anderen Seite der Erde lebt, dauert es doch sehr lange, bis die Wellen mit den Informationen hin und hergeflossen sind. Wie komme ich dann schnell an eine Probe, wenn ich die Meßwerte ein paar Tage später kontrollieren will?"

Einen Augenblick überlegte Al*y*, dann sprach er etwas bedächtiger: "Das sind mehrere Fragen auf einmal, aber ich denke, ich kann sie mit einem Beispiel beantworten. Dazu werden wir einen Ausflug in die Quantenphysik machen, aber keine Angst, ich werde mich bemühen, es so zu erklären, daß Sie nicht erst Quantenphysiker werden müssen, um die Zusammenhänge zu erkennen. Zunächst müssen wir aber die Welt der Newtonschen Physik hinter uns lassen und nach vorne schauen. Wir haben gesehen, daß wir Skalare nicht unberücksichtigt lassen dürfen. Erinnern wir uns an unseren Ebenenplan. Dort hatten wir die Ur-Idee, die Vision, die Information, die Intuition, die Symbolik, kurz unser Bewußtsein in der oberen Ebene gefunden, ebenso wie den Skalar. Aus unserer bisherigen Betrachtung ergibt sich daher, daß wir unser Bewußtsein in die Betrachtungen und Formeln miteinbeziehen müssen. Die Wissenschaft der letzten zweihundert Jahre hat krampfhaft versucht zu beweisen, daß der Mensch und sein Bewußtsein keinerlei Auswirkung auf das Universum haben.

Newton meinte, daß das Universum mit oder ohne uns Menschen vollkommen gleich funktionieren würde. Newtons Weltbild glich mehr einem mechanischen Uhrwerk, das immer weitertickt, unabhängig von Menschen und deren Bewußtsein. Auch habe der Mensch keinerlei Einfluß auf die festgeschriebenen physikalischen Gesetze. Die Welt sei eine objektive Welt, in der die Menschen sich nur zu entfalten hätten. Wenn ein Baum im Wald umfällt und niemand in der Nähe ist, um es zu hören, würde der fallende Baum dann ein Geräusch abgeben? Newton kümmert sich nicht um solche Fragen, die Äste zerbrechen beim Aufprall und wir sind nur die 'Roboter', die die Newton'schen 'Äpfel' einsammeln.*

Die Quantenphysik hat den Beobachter wenigstens wieder ins Bild gebracht. Auf Grund einiger Experimente, die Newtons 'Apfelkarren' ins Wanken gebracht haben, haben sich nicht weniger als sieben verschiedene Interpretationen der Quantenphysik ergeben. Diese sieben sind so verschieden wie die folgenden Aussagen: 'Wir schaffen unsere eigene Realität, sobald wir uns rühren'; 'Das Universum ist sehr unbestimmt' (ergo, iß den Nachtisch zuerst, wer weiß was kommt); ' Alles ist

---

*Dieser Teil der Newtonschen Arbeit ist nur ein kleiner Teil und wurde von der Wissenschaft übernommen, weil man es so haben wollte. Gerechterweise sei gesagt, daß Newton auch Esoteriker war und begann das Licht als Grundprinzip zu sehen, wie es heute in der Biophotonenforschung aktuell ist. Diese Arbeiten wurden aber zurückgehalten.

möglich' (aber nicht wahrscheinlich); 'Wir leben alle in unserer eigenen parallelen Welt' (Raumschiff Enterprise läßt grüßen) und noch drei weitere. Ich spreche hier nicht von einer völlig ausgeflippten Wissenschaft, nein, es sind Diskussionen auf höchst wissenschaftlicher Ebene. Welches Experiment kann aber solch einen Wirbel in der Wissenschaft ausgelöst haben?" fragte Aly, ohne daß er wirklich eine Antwort darauf erwartet hätte.

"Es führt uns wieder zurück zu Einstein. Er war fest von einer objektiv existierenden, vom Bewußtsein unbeeinflußten Welt überzeugt. Nichts konnte seiner Meinung nach schneller sein als das Licht und damit schloß er gleichartige Wechselbeziehungen aus, die offenbar zwischen unverbundenen subatomaren Vorgängen oder Teilchen bestanden. Es war nämlich aufgefallen, daß sich subatomare Zwillingsteilchen gleich verhielten, unabhängig davon, wie weit sie voneinander entfernt waren. Dies hätte aber bedeutet, daß sich diese Teilchen mit einer Geschwindigkeit verständigt hätten, die schneller als das Licht hätte sein müssen, und eine solche Kommunikation war nach seiner Überzeugung nicht möglich. Ebenso lehnte er die Ansichten von Niels Bohr und Werner Heisenberg ab, die die Meinung vertraten, daß alle Quanten nur in ihrer Wellenform existierten und erst durch ihre Beobachtung zu Teilchen materialisierten, bzw. daß es nicht möglich wäre, vorher zu sagen, ob ein Quant als Welle oder Teilchen gemessen werden würde. Zusammengenommen bedeutete das, daß auch Zwillingsteilchen erst dann entstanden, wenn sie beobachtet wurden, und dabei war nicht sicher, ob sie als Welle oder Teilchen auftreten würden. Wie sollten sie sich dabei aber gleich verhalten, wenn sie nicht miteinander kommunizierten?

Nach Einsteins Auffassung der Quantenphysik war eine derartige Kommunikation nicht möglich. Er trat mit einem gedanklichen Experiment den Gegenbeweis an, das als EPR-Experiment oder EPR-Paradox bekannt wurde, benannt nach den

Autoren Einstein, Podolsky und Rosen, die es 1935 veröffentlichten. Ich werde dieses Experiment sehr vereinfacht darstellen, damit Sie es nachvollziehen können, denn in Wirklichkeit betrachteten sie die 'Spins' von Protonen. Spätere Versuche wurden dann mit Photonen durchgeführt, was in den Ergebnissen aber vergleichbar ist.

Nach einer kurzen Verschnaufpause setzte Al*y* seine Erläuterungen fort: "Ich werde dieses Experiment daher mit Hilfe des Lichtes erklären. Wie Sie sicher wissen, läßt sich Licht entweder als Welle oder als Teilchen messen, nie aber als beides zur gleichen Zeit. Das Verhalten von Licht als Welle ist völlig unterschiedlich zu dem als Teilchen. Wenn es als Welle gemessen wird, dann verhält es sich z. B. auch wie eine Welle im Meer, die einen Baumstamm auf und ab hebt, aber ihn nicht vorwärts treibt. Messen wir das Licht als Teilchen, verhält es sich mehr wie eine Billardkugel, die angestoßen wird, abprallt und wieder andere 'Kugeln' anstößt. Gemäß der Quantentheorie kann Licht solange weder als Welle noch als Teilchen gemessen werden, bis der Beobachter sich entschieden hat, als was er es messen will. Einstein hielt diese Folgerung von Bohr, daß die Eigenschaften von Welle oder Teilchen erst durch den Beobachter festgelegt würden, für besonders fragwürdig und hoffte, mit seinem Experiment dem Spuk ein Ende zu bereiten."

Inzwischen ging Al*y* so sehr in seinem Thema auf, daß er fast so aussah wie Einstein auf manchen Bildern: "Das gedankliche Experiment funktioniert folgendermaßen. Stellen wir uns vor, wir hätten eine einzelne Lichtquelle, die wir spalten könnten und die wir auf dem Mond aufbauen. Beide Seiten dieser 'gespaltenen' Lichtquelle senden ihr Licht in die genau entgegengesetzte Richtung. Um beide Teile des Lichtes messen zu können, bauen wir zwei Meßstationen auf, z. B. eine hier auf der Erde, die andere auf der entgegengesetzten Seite des Mondes im Weltall in der gleichen Entfernung wie die vom Mond zur Erde, dies entspricht etwas mehr als 1 Lichtsekunde (365400 km kürzester Abstand). Das EPR-Experiment behauptete nun, daß, wenn ein Teil dieses gespaltenen Lichtes als Welle gemessen würde, auch der andere Teil als Welle auftreten würde. Würde ein Teil als Teilchen gemessen, würden sich ebenfalls beide Seiten als Teilchen verhalten.

Wird das Experiment nun gestartet, erreicht der eine Teil des Lichtes die Erde nach ca. 1 Sekunde und unsere Wissenschaftler sitzen voller Erwartung hier und fragen sich, ob sie das ankommende Licht als Welle oder als Teilchen messen? Wie wir vorher gesehen haben, vertrat die Gegenseite der Quantenphysiker die Meinung, daß erst bei der Beobachtung oder Messung die Entscheidung fällt, ob das Licht als Welle oder Teilchen auftritt. Beim Teilchen müßten beide Teile des Lichtes als Teilchen auftreten, also auch die andere Seite, die inzwischen mehr als 2 Lichtsekunden entfernt ist und an unserer zweiten Meßstation ankommt. Natürlich gilt dies auch für den Fall, wenn das Licht als Welle gemessen wird. Hier meinten nun Einstein, Podolsky und Rosen die Gegenseite packen zu können. Denn das würde bedeuten, daß sich die Lichtteilchen untereinander über mehr als 2 Lichtsekunden Entfernung blitzartig verständigen müßten, welchen Zustand sie einnehmen sollten, Teilchen oder Welle? Da aber nach Einstein nichts schneller als das Licht sein konnte, wäre diese Rückmeldung nie bei dem anderen Lichtteilchen angekommen. Damit schien der Beweis erbracht, daß die Eigenschaft der Lichtteile, ob Welle oder Teilchen, bereits beim Aussenden festliegen mußte, da es sonst bedeuten würde, daß es eine überlichtgeschwindigkeitartige Kommunikation gäbe. Dies war nach seinem Grundsatz der speziellen Relativitätstheorie nicht möglich."

"Das besagt ja noch gar nichts, es war doch nur ein gedankliches Experiment, konnte dies denn nicht praktisch durchgeführt werden?" warf ein junger Mann von der rechten Seite ein.

"Nein, zu diesem Zeitpunkt war es nicht möglich, da die geeigneten technischen Geräte und andere Voraussetzungen fehlten. John S. Bell, theoretischer Physiker am CERN, dem europäischen Forschungszentrum bei Genf, entwickelte einen Versuch, mit dem es möglich sein mußte, das EPR-Experiment praktisch zu überprüfen. Dazu mußten Photonen, also Lichtquanten, so schnell auseinanderfliegen, daß jede normale Kommunikation der Teilchen untereinander ausgeschlossen war. Andererseits mußten die Geräte der Versuchsanordnung so präzise und schnell sein, daß sie die notwendigen Operationen, also das Messen der Photonen an ihren Endpunkten, innerhalb von milliardstel Sekunden durchführen konnten. Zu dieser Zeit, 1964, waren aber die Versuchseinrichtungen, die zur Verfügung standen, noch nicht ausreichend, so daß eine Durchführung des Bell'schen Versuchs ausblieb. Erst 1982, als die Forschungsanlagen den erforderlichen Stand erreicht hatten, gelang es Alain Aspect und seinen Mitarbeitern am Institut für Optik der Pariser Universität, den Bell'schen Versuch durchzuführen und damit die These von Einstein, Podolsky und Rosen zu widerlegen."

Al*y* blickte in die Runde und ich meinte einen gewissen Triumph in seinem Gesicht feststellen zu können. "Wie verständigen sich denn die Photonen nun wirklich untereinander", fragte ich etwas provokatorisch.

"Über dieses Thema haben sich zahlreiche Wissenschaftler die Köpfe heißgeredet", fuhr Al*y* unbeirrt fort, "Theorien dazu gibt es genug. Erste Ansätze zu einem neuen Denken und Verständnis auch dieser Zusammenhänge brachte der Physiker David Bohm, der auch mit Einstein engen Kontakt hatte, in einer Abhandlung, die er 1952 veröffentlichte. Darin beschrieb er ein hypothetisches, neues Feld, das er 'Quantenpotential' nannte. Er ging davon aus, daß dieses Quantenpotential das gesamte Universum durchdringe. Der Unterschied zu uns bekannten Feldern wie elektrischen oder magnetischen bestehe darin, daß das Quantenpotential nicht über die Entfernung schwächer werde, sondern überall die gleiche Intensität behalte. Die Wirkung sei zwar subtil, aber überall gleichermaßen wirksam. Damit transformierte Bohm das Verständnis der Zusammenhänge auf eine höhere Ebene, die Ebene der Information. Das IDF, das uns ja nun schon geläufig ist, ist mit dem Quantenpotential gleichzusetzen. Die Kommunikation in diesen Bereichen erfolgt aber nicht mehr in Abhängigkeit von Teilchen oder Wellen, sondern zeitlos. Wir erinnern uns, in dieser Ebene ist die Dualität aufgehoben, die Pole Raum und Zeit fallen in einem Punkt zusammen, dem Skalar.

Aus diesen Überlegungen ergab sich, daß die bisherige Meinung der klassischen Naturwissenschaft nicht zutreffen konnte, die besagt, daß sich der Zustand eines Systems aus der Summe der Wechselwirkungen seiner Teile ergibt. Die These vom Quantenpotential stellte diese Meinung auf den Kopf, da sie nun besagte, daß das Verhalten der Teile eines Systems vom Ganzen organisiert wird. Dies gab also der Ganzheit den Status der primären Realität. Wie schon eben gesagt, ist in dieser Ebene die Polarität aufgehoben und somit auch die Örtlichkeit. Aus unserem täglichen Leben wissen wir, daß alles seinen Platz hat. Da aber in dieser Ebene die Örtlichkeit nicht existiert, fallen demnach alle 'Plätze' in einem Punkt zusammen. Nichts ist mehr voneinander getrennt oder unabhängig, alle Punkte im Raum werden allen anderen Punkten im Raum gleich. Diese Eigenschaft bezeichnen die Physiker als 'nicht- örtlich'. Dies erklärt nun auch die Kommunikation der Photonen untereinander, aber nicht nur der Photonen, versteht sich."

Jetzt schien der Frau neben mir einiges klar geworden zu sein, denn sie faßte ganz begeistert zusammen: "Dann sind ja auch die Probe und die Person ständig miteinander verbunden, Zeitverluste gibt es nicht und ich kann immer mit derselben Probe weiterarbeiten."

"Jawohl", nickte Al*y* bestätigend, "damit ist wohl Ihre Frage beantwortet. Und Ihre auch", und dabei sah er mich an. Meine Nachbarin und ich nickten ebenfalls.
"Gut, was bleibt noch zu sagen, daß natürlich die Signale der

Radionikgeräte in dem Augenblick im IDF einer Person ankommen, wenn sie gesendet werden. Das heißt aber auch, daß jede radionische Analyse oder Diagnose immer nur eine Momentaufnahme ist. Diese Momentaufnahme bezieht sich aber immer auf den Moment, den wir gerade messen, auch wenn wir z. B. einen Moment in der Vergangenheit messen. Da, wie wir gesehen haben, in dieser Ebene die Zeit in denselben Punkt fällt wie der Ort, spielt auch sie bei der Messung keine Rolle mehr. Wir müssen nur darauf achten, daß wir die Punkte, die wir analysieren wollen, ganz gleich, ob in Raum oder Zeit, genau bezeichnen, wie wir das mit unserem Skalar '2' gezeigt haben. In der Radionik werden dazu die 'Raten' verwendet, diese sind nichts weiter als Bezeichnungen für Punkte im IDF oder im Quantenpotential, deren Informationsgehalt wir abfragen wollen."

"Muß man denn immer mit diesen 'Raten' arbeiten, und was ist, wenn man die passenden Raten nicht findet", wollte ich nun wissen.

"Die Entstehung der Raten müssen wir aus der Geschichte der Radionik betrachten. Bis vor zehn Jahren gab es nur Radionikgeräte mit Skalen, auf denen man die Raten als Zahlenwerte einstellen mußte. Dies war manchmal sehr umständlich, besonders dann, wenn die benötigten Raten noch nicht existierten. Natürlich beschreiben diese Raten nur Punkte im IDF, die wir auch verbal ausdrücken könnten. Da es aber nur Zahlen auf den Geräten gab, mußte man eine eigene Sprache, eine radionische Zahlensprache, verwenden, um mit dem IDF in Verbindung zu treten. Radionikgeräte wie meines hier sind die ersten Geräte, mit denen Klartexte verwendet werden können, wir sprechen dann von sogenannten 'Wortraten'."

Eine Weile überlegte Aly, ob er auch nichts vergessen habe, dann hellte sich sein Gesicht auf und er sagte: "Eine wichtige Funktion der Radionikgeräte ist die Fähigkeit, als 'Wahrscheinlichkeitsorganisierer' oder '-beschleuniger' zu arbeiten. Erinnern wir uns an die Aussage von Bohr, daß sich Teilchen erst dann manifestieren, wenn sie beobachtet werden. Ein gutes Beispiel dafür ist die Betrachtung der Atome. Früher dachten wir, daß Atome so aussehen wie das Sonnensystem, mit dem Kern in der Mitte und den Elektronen, die um diesen Kern kreisen. Inzwischen hat sich das Bild des Atoms geändert. Anstelle eines Kerns, um den die Elektronen als kleine Teilchen kreisen, stellen sich die Wissenschaftler die Elektronen eher wie eine Wolke vor, mehr als 'Wellenteilchen' oder Quanten, die sich in dem Moment zu einem festen Punkt manifestieren, wenn man nach ihnen sucht." Aly hielt einen Moment inne.

Bedächtig fuhr er fort: "Denken Sie einmal über die Seltsamkeit dieser Aussage nach. Diese Elektronen scheinen einen 'sechsten Sinn' dafür zu haben, sich gerade dort zu manifestieren, wo man nach ihnen Ausschau hält. Stellen Sie sich vor, sie würden dies mit Ihrem Auto machen. Meistens schwirrt es in einem 'Fastzustand' herum und manifestiert sich nur in dem Moment, wenn Sie nach Ihrem Auto Ausschau halten. Falls das zuträfe, müßten wir uns fragen, wie es kommt, daß sich auf dem Auto Staub ansammelt, wenn wir nicht danach Ausschau halten oder gerade damit fahren. Ich frage mich, was geschehen würde, wenn wir unsere starren Erwartungen und Absprachen über diese, unsere Welt aufgeben würden?

Aber weiter. In der Quantenphysik hat man sich also geeinigt, daß die Elektronen als Wolke um den Atomkern kreisen. Diese Wolken können in dem Augenblick zusammenfallen, wenn man nach ihnen sucht. Dazu gibt es bisher nur eine Einschränkung, die statistisch ermittelt wurde. Es gibt Stellen, an denen die Wahrscheinlichkeit, daß sich dort ein Elektron als Teilchen manifestiert, größer ist als an anderen Stellen. In unserem Autobeispiel würde das bedeuten, daß Ihr Wagen sehr wahrscheinlich an der Stelle sein wird, wo Sie ihn abgestellt haben, wenn Sie danach suchen, es sei denn, Sie parken ihn länger als 15 Minuten unbeobachtet im Halteverbot in der Münchener

Innenstadt." Alle lachten, vielleicht hatten sie schon eine ähnliche Erfahrung gemacht.

"Alles ist möglich, aber nicht alles ist wahrscheinlich. Alles, was überhaupt möglich ist, geschieht jetzt in diesem Augenblick und zwar gleichzeitig in diesem Meer aller Möglichkeiten. Alles ist möglich, aber nur ein Ereignis geschieht jetzt in diesem Moment an diesem Ort. Aus allen Möglichkeiten im Universum nehmen Sie jetzt hier an diesem Vortrag teil und versuchen, es zu verstehen und Nutzen für sich daraus zu ziehen. Was trägt dazu bei, daß sich gerade diese Situation bei Ihnen manifestiert und nicht eine andere, z. B. daß ein UFO vorbeifliegt, nur um irgendetwas zu nennen?" Aly schmunzelte leicht bei dieser Bemerkung und es war nicht genau zu erkennen, ob er dies ernst meinte oder nur einen Scherz machen wollte.

"Und so können Radionikgeräte als 'Wahrscheinlichkeitsorganisierer' gesehen werden", fuhr er fort, "denn sie ermöglichen es Situationen und Dingen, sich eher zu manifestieren. Manchmal benötigt es einen Quantenphysiker, um die Gewichtigkeit dieser Aussage voll zu schätzen."

Ich schaute zu unserem 'Professor' hinüber, der jetzt eher wie ein Zwanzigjähriger wirkte. Bei ihm fanden Alys Worte sichtbar volle Zustimmung.

"Wir sehen, daß unser Bewußtsein verantwortlich dafür ist, was um uns herum geschieht. Das, worauf wir unsere Aufmerksamkeit fokussieren, manifestiert sich. Dies geht nicht nur den Elektronenwolken so. Wenn wir unseren Tages- und Lebensablauf genau beobachten, können wir immer wieder feststellen, daß genau die Situationen auf uns zukommen, die wir kreiert haben. Aber Vorsicht, wenn wir etwas mit aller Gewalt verhindern wollen, fokussieren wir auch unsere Aufmerksamkeit, nämlich auf das, was wir nicht wollen, und deshalb geschieht es doch! Dies wird auch manchmal das 'Gesetz von der Umkeh-

rung der Bemühung' genannt. Sie kennen doch sicher die Aufforderung, daß Sie sich keinen weißen Elefanten vorstellen sollen, oder?"
Ein leises Kichern und Murmeln ging durch die Reihen der Zuhörer. Den anderen ging es sicher so wie mir, sie hatten prompt den weißen Elefanten vor ihrem inneren Auge vorbeilaufen sehen.

"Nun, was macht Ihr Elefant?" fragte Al*y* etwas belustigt. "Das ist das Prinzip. So können Sie alles in dieser Welt manifestieren, Elektronen in Atomen, Ihren Traumpartner, ein eigenes Haus usw. Wie aber schon früher erwähnt, funktioniert das nur, wenn es im Sinne des Ganzen erfolgt, wir wissen jetzt warum. Dies gilt selbstverständlich auch für den Einsatz der Radionikgeräte als 'Wahrscheinlichkeitsbeschleuniger'. Sicherlich gibt es immer wieder Versuche, diese Regel zu umgehen und nur zum eigenen Profit solche Systeme auszunutzen. Das mag auch eine Weile gut gehen. Aber Vorsicht, das Ganze organisiert seine Teile und wir könnten dabei 'umorganisiert' werden, um es milde auszudrücken. Beispiele dafür gibt es genug."

Al*y* machte jetzt ein ernstes Gesicht und schwieg eine Zeit lang. Seine Worte klangen in uns nach. Er blickte in die Runde und erkundigte sich: "Sind noch Fragen?"

Johannes hatte lange nichts mehr gefragt und schien sich auch nicht so recht zu trauen, bis er dann doch seine Frage stellte, die ihn offenbar schon etwas länger beschäftigte: "Ich weiß nicht, ob diese Frage hierher paßt, aber mich würde es interessieren, wieso sich Materie so fest anfühlt."

"Danke für diese Frage, sie gibt mir Gelegenheit, noch etwas tiefer in die Ebenen einzusteigen, die wir ja in ihrer Dreiteilung schon vereinfacht kennengelernt haben. Wir beginnen wieder in der Entwicklung, wie vorher, nämlich mit der Idee, der Vision, dem Quantenpotential, den virtuellen Bildern oder 'Wellenteilchen', den Quanten." Hierbei ließ Al*y* wieder einen Ebenenplan aufleuchten, der allerdings etwas differenzierter war als der, den wir schon kannten (Abb. 3.13). "In der Esoterik spricht man heute gern von höheren und niedrigeren Schwingungsraten, d.h. die oberen Ebenen sind die feineren, höheren Schwingungsraten, die unteren Ebenen die tieferen, langsameren, gröberen Schwingungen.

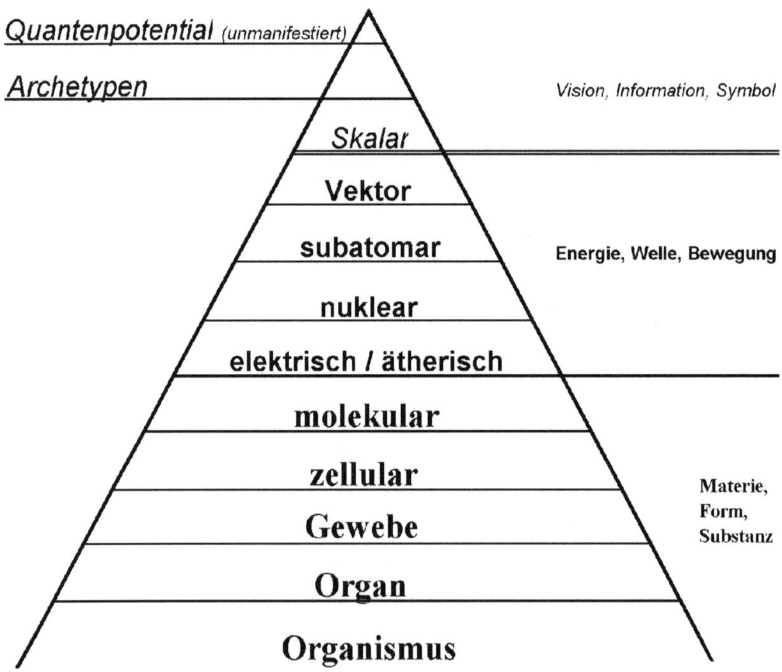

Abb. 3.13 Aufbau der Entwicklungsebenen vom unmanifestierten zum materiellen, grobstofflichen Bereich (vergl. Abb. 2.01)

In diesen oberen Ebenen finden wir auch die archetypischen Strukturen, die beim Erfassen unserer Ideen einwirken können. Hieraus entwickeln sich die Skalare und damit wird festgelegt,

um welche Entwicklung es sich handelt. Der Skalar bekommt eine Bedeutung, sozusagen eine Arbeitsanweisung, wie der Bauplan, die 'Blaupause', umzusetzen ist."
"Wer gibt denn diese Anweisung?" fragte vor mir ein Herr.

"Zum einen sind wir dies natürlich selbst auf Grund unserer Visionen und Ideen. Zum anderen liegt die endgültige Entscheidung in einer höheren Instanz. Wir sprachen darüber, daß alles dem Besten des Ganzen dienen soll. Welchen Namen wir diesem Ganzen geben, ob wir es höheres Bewußtsein, Universale Intelligenz, Gott, ICH BIN oder anders nennen, dies hängt ab von der philosophischen oder religiösen Richtung, aus der wir kommen. Es ist der Teil des höheren Selbstes, der vor und nach dem Tode existiert, der alles umfaßt und alles ist. Wir können davon ausgehen, daß dieser Teil in unserem Dasein voll bewußt agiert und unserem Leben Bedeutung gibt. Dieses Thema ist allerdings so umfangreich und vielschichtig, daß es den Rahmen unseres Vortrages sprengen würde und wir es bei einer anderen Gelegenheit wieder aufgreifen müssen."

Aly nickte dem Herrn freundlich zu und fuhr mit seiner Erklärung fort: "Die Bedeutung, die der Skalar erhalten hat, ist jetzt maßgebend für die Ausbildung der Vektoren und die entsprechenden Schwingungs- oder Energiemuster. Diese Muster können sehr einfach wie in unserem Beispiel mit den zwei Vektoren sein und sich als Kraft oder elektromagnetisches Feld ausbilden. Sie können umfangreicher sein wie bei der Sinfonie oder dem Hausbau. Sie können aber auch sehr komplex sein, wie bei der Entwicklung eines Lebewesens. Die skalaren Informationen werden nun über die Vektoren weitergetragen, so ähnlich wie in unserem Beispiel mit den Radiowellen, die Sprache und Musik transportieren.

Wir befinden uns jetzt im energetischen Bereich, also im Bereich der Wellen, der Bewegung, in dem duale, polare Entwicklungsprozesse gestartet werden und ablaufen. Hier finden wir auch die morphischen Felder wieder, wie sie Sheldrake definiert hat. Diese Felder haben allerdings eine sehr enge und direkte Verbindung mit der Ebene darüber, wir könnten sagen, morphische Felder haben zwei Aspekte, einen vektoriellen, aber auch einen skalaren.

Erinnern wir uns an die Kugel, die Idee, die sich in der epigenetischen Landschaft nach unten bewegt, hindurch durch unsere Persönlichkeitsstruktur hin zur Form. Die vektorielle Struktur formt die Muster im subatomaren, dann im atomaren Bereich, dieses ergibt das elektrische oder ätherische Feld. Hieraus erfolgt der nächste Schritt ins Materielle. Das Zusammenfallen oder Kollabieren der Wellenstrukturen schafft die materielle Form, die Teilchen, die sich zusammenfügen zu Molekülen, chemischen Verbindungen, zur DNS, zu Zellen, Geweben, Organen und Organismen. Damit haben wir den Endpunkt der Entwicklung erreicht, z. B. die Entstehung eines Lebewesens."

"Ist dies immer der Endpunkt einer Entwicklung?" fragte jemand rechts hinter mir.

"Das hängt von der Art der Entwicklung ab. Eine Form kann natürlich auch die Form des Zusammenlebens mit einem Partner, der Familie, im Beruf, im Verein usw. sein. Damit sind nicht nur alle sozialen Systeme erfaßt, auch die Erde in ihrer Gesamtheit, Sonnensysteme, Galaxien, ja letztendlich das gesamte Universum oder sogar Systeme von Universen, soweit unsere Phantasie reicht.

Jede Form löst wieder einen neuen Prozeß aus, der die jeweilige Art der Form stabilisiert, wenn sie sich bewährt hat, oder verschwinden läßt, wenn sie ausgedient hat oder nichts taugt. In unserem Beispiel mit der Entstehung einer Sinfonie hatten wir gesehen, daß das Ende einer Entwicklungskette die nächste in Gang setzt. Dies kann zur Weiterentwicklung, zur Korrektur oder zur Abschaffung führen. Sheldrake spricht in diesem Zusammenhang von morphischer Resonanz. Je starrer dabei die Formen sind, die entstehen, desto härter werden sie. Einen Stein oder einen Felsen empfinden wir z. B. als hart. Er hat eine starre Struktur. Wasser empfinden wir als wesentlich weicher, wenn wir hineingreifen, teilt sich das Wasser und umspült unsere Hand, versuchen Sie das mit einem Felsen. Aber fallen Sie einmal aus hundert Meter Höhe auf eine Wasserfläche, dann ist sie wie Beton. Ebenso schneiden mit Diamanten bestückte Schneidköpfe lange Tunnels in die Berge. Demnach ist die Festigkeit der Materie abhängig von unserem Standpunkt, sie ist relativ zu sehen. Weiche Formen sind beweglich und anpassungsfähig, sie haben flache Chreoden, harte haben tiefeingeschnittene Chreoden und sind sehr hart, starr und träge.

Mit der Radionik setzen Sie die Impulse, die Form zu verändern, zu korrigieren oder verschwinden zu lassen. Auf welcher Ebene Sie eingreifen, hängt davon ab, was Sie bezwecken wollen. Sie können auch auf mehreren Ebenen eingreifen. Wir wissen ja inzwischen, daß sich die Information selbst nicht verbraucht. Auf der skalaren Ebene ist sie überall sofort verfügbar, auf der vektoriellen Ebene nimmt nur die Intensität des Trägers, z. B. der Welle, ab, nicht aber die Information, im materiellen Bereich steckt die Information in jeder Form. Wie der Name schon sagt, alles ist InFormation."

"Kann ich denn auch Informationen bzw. Skalare aussenden?" fragte ich.

Bevor Al*y* darauf einging, ließ er den erweiterten Ebenenplan wieder verschwinden. Dann antwortete er: "Natürlich, jeder Mensch ist dazu in der Lage, ob er nur seine Phantasie spielen läßt und virtuelle Bilder erzeugt, oder ob er gezielt Informationen über seine Gedanken sendet. Dabei dienen die Hirnfrequenzen gewissermaßen als Trägerwellen. Diese Frequenzen lassen sich mit einem Elektro-Enzephalographen, dem

EEG, wie Sie ihn vielleicht schon in einem Krankenhaus gesehen haben, messen. Normalerweise ist eine unserer beiden Gehirnhälften aktiver als die andere Seite. Wenn wir aber beide Seiten gleichzeitig, gleichstark und mit der gleichen Frequenz aktivieren, dann können wir im Grunde genommen 'Wunder' vollbringen. Wer dabei in der Lage ist, sich in vorhandene Felder und IDFs 'einzuklinken', kann sich diesen Vortrag hier anhören, ohne 'körperlich' anwesend zu sein.

Dr. Robert Beck aus den USA brachte in den 60er Jahren solche Fähigkeiten verschiedenen Menschen bei, und zwar mit einem sehr empfindlichen Bio-Feedback-Gerät, das er entwickelt hatte. Er spielte eine Frequenz von 7,83 Hz in das eine Ohr einer Person und schloß an das andere Ohr das Bio-Feedback-Gerät an. Durch die Hilfe von bestimmten Vorstellungsübungen lernten Seminarteilnehmer bei ihm, wie sie selbst diese Frequenz innerlich erzeugen konnten.

Die Bedeutung dieser Frequenz hatte sich aus seinen Forschungen mit parapsychisch Begabten, mit Geistheilern und Kahunas in Hawaii ergeben. Er hatte deren Gehirnwellen während ihrer 'Arbeit' gemessen und herausgefunden, daß sich alle, unabhängig von ihrer Glaubensausrichtung, auf die Gehirnfrequenz von 7,83 Hz einstimmten. Die Hohlraumfrequenz der Erde beträgt auch 7,83 Hz. Dies ist die Resonanzfrequenz Erde-Luft-Ionosphäre, die in den 50er Jahren von Prof. W.O. Schumann von der TU München entdeckt wurde. Diese Frequenz hat auch der Hippocampus, ein Teil des Gehirns, der direkt hinter den Augen liegt. Von dort wird unsere Aufmerksamkeit und Konzentrationsfähigkeit gesteuert. Bei seinen Versuchen entdeckte Beck, daß er vielen Menschen beibringen konnte, außergewöhnliche Dinge zu vollbringen, indem er mit ihnen trainierte, diese Frequenz von 7,83 Hz selbst zu erzeugen.

Einige dieser Personen entwickelten z. B. die Fähigkeit, Dinge an weit entfernten Orten zu sehen oder Dokumente in Tresoren zu entziffern. Genauso gut ist es damit möglich, das zu tun, was wir vorher gesagt hatten, hier teilzunehmen, ohne wirklich dabei zu sein. Die Arbeit von Dr. Beck mußte allerdings abgebrochen werden, da sie als Sicherheitsrisiko eingestuft wurde und die 'normale' Bevölkerung dies nicht lernen sollte", sagte Al*y* etwas verstimmt. "Alles in allem, wir sind alle fähig, selbst Informationen und Skalare auszusenden, vielleicht müssen wir aber erst etwas üben. Radionik-Geräte sind so konzipiert, daß sie die intuitiven und sensitiven Fähigkeiten eines jeden Menschen unterstützen, verstärken und weiterentwickeln. Mit der Zeit und der Übung werden wir irgendwann auch diese Hilfsmittel beiseite legen und alles aus uns heraus bewirken."

Al*y* schaute wieder in die Runde und ich merkte, daß er hier abschließen wollte.

"So, ich denke, wir sollten an dieser Stelle zunächst eine Pause machen, um dann etwas genauer auf die Bedienung von Radionik-Geräten und das Analysieren von Inneren Datenfeldern einzugehen. Lassen Sie uns vorher aber noch einmal einige wichtige Punkte zusammenfassen:

1. Information ist wie die Macht der Vision, die Imaginations- oder Schöpferkraft, aber sie kann nicht mit herkömmlichen Methoden gemessen werden.

2. Informationen sind keine elektromagnetischen Schwingungen, sondern Skalare, die von Radionikgeräten mittels Skalarantennen ausgesendet oder empfangen werden.

3. Jegliche Information, die in ein Radionikgerät eingegeben wird, kommt in dem Augenblick am Zielort an, wenn das Gerät auf Balancieren geschaltet wird.
4. Das Gehirn ist ebenso in der Lage, Skalare in Wellen bzw. Wellenmuster umzusetzen und auszusenden und damit auf die Entfernung zu wirken.

5. Radionikgeräte benutzen die genannten Prinzipien, um Informationen, Skalare, zu senden und zu empfangen. Sie sollen die intuitiven Fähigkeiten der damit arbeitenden Personen unterstützen, verstärken und weiterentwickeln.

Vielen Dank, daß Sie so aufmerksam zugehört haben, es war vielleicht etwas viel, aber wir können es ja evtl. noch einmal wiederholen oder vertiefen, bis später."

Ich fühlte mich etwas vollgestopft mit all diesen Informationen, aber ich hatte wenigstens die grundlegenden Dinge verstanden. Es schien wichtig zu sein, die Prinzipien dieser Technologie zu verstehen, aber was mir persönlich wichtiger war, war die Frage, wie komme ich an ein solches Gerät. Ich wollte gerade noch diese Frage stellen, als das Telefon klingelte und ich aus meinem Traum gerissen wurde. Natürlich hatte sich die andere Seite nur verwählt und ich entschloß mich, ab sofort das Telefon über Nacht leise zu stellen.

Das Verhalten der Teile eines Systems wird vom Ganzen organisiert, die Ganzheit ist die primäre Realität

Kapitel 4

Arbeiten mit Radionik-Geräten

Das Ganze war inzwischen ein richtiges Abenteuer geworden. Stell Dir vor, jemand der mir in meinen Träumen Unterricht gab! Am folgenden Tag dachte ich über das viele Geld nach, das ich während meines Studiums ausgegeben hatte. War es alles umsonst gewesen? Ich konnte das, was ich bisher gehört hatte, nicht direkt bestätigen, aber ich war sicher, daß ich irgendwie an ein solches Instrument kommen könnte, um mich selbst mit diesem Thema auseinanderzusetzen. Abends, als ich wieder meine Schlafmaske aufgesetzt hatte und begann, in den Schlaf zu sinken, versuchte ich mir einzuprägen, daß ich Aly nach einem solchen Instrument auf dieser Ebene fragen wollte. Aber als ich den nun schon gewohnten Klang seines Vortrages hörte, entschwand dieser Vorsatz wieder meiner Aufmerksamkeit.

“Als nächstes müssen wir uns nun mit der praktischen Anwendung der Radionik-Geräte befassen. Wie Sie aus der Geschichte der Radionik schon wissen, gibt es viele verschiedene Radionik-Geräte, mit denen wir arbeiten können. Sicher schwört jeder auf sein Gerät. In England würde z. B. kein Radioniker, der auf sein Jahrzehnte altes Gerät eingespielt ist, einen Gedanken daran verschwenden, sich ein computergestütztes Radionik-Gerät zu kaufen, wie ich es benutze. Ich meinerseits bin inzwischen so sehr auf diese neue Technik eingeschworen, daß ich sie nicht mehr missen möchte. Daher kommt es auch, daß ich mich am besten mit diesem Gerät auskenne, das Sie im Film schon kennengelernt haben, das SE-5. Die Beispiele der praktischen Anwendungen werde ich daher verständlicherweise mit Hilfe dieses Gerätes erklären. Natürlich lassen sich diese leicht auf andere Radionik-Geräte übertragen, wenn es sich nicht gerade um die Verwendung der sogenannten Wortraten handelt.

Nun aber zu meinem Gerät. Die Buchstaben 'SE-5' stehen für 'Subtile Energie - 5. Modell'. Ursprünglich war dieses Gerät entwickelt worden, um subtile Energiefelder messen und balancieren zu können. Daher erhielt es auch den Beinamen 'Biofeld Analysator'. Aus der weiteren Radionik-Forschung erkannte man aber sehr bald, daß diese Biofelder nur mittelbar angesprochen werden, nämlich durch die übergeordneten Informationsbereiche. Diese erhielten die Ihnen schon bekannte Bezeichnung IDF, Innere Daten-Felder *(Intrinsic Data Fields)*. Somit erhielt auch das SE-5 einen neuen Beinamen, 'IDF-Analysator' *(Intrinsic Data Field Analyzer)*. Sie können es sich vorstellen wie ein Sende- und Empfangsgerät, das in der Lage ist, auf der einen Seite Informationen aus dem IDF abzurufen und auf der anderen Seite Fehlinformationen zu korrigieren.

Klingt noch ein bißchen verworren, nicht wahr?" Ich nickte. "Gut, lassen Sie es uns Stück für Stück betrachten", fuhr er fort. "Dazu greifen wir noch einmal den Begriff des IDF auf und betrachten ihn von einer anderen Seite. Dabei werden wir noch einmal verschiedene Punkte wiederholen, um die Gesamtzusammenhänge zu verdeutlichen.

Zu Anfang dachten wir, daß diese Felder eine Form von feinstofflicher Energie seien, die daher 'Subtile Energie-Felder' genannt wurden. Wir haben seitdem herausgefunden, daß wir hier mit überhaupt keiner Form von energetischen Feldern arbeiten. Zutreffender wird es heute als ein reines Informationsfeld bezeichnet, das bei allen Kreationen der Natur existiert und feststellbar ist, sowie auch bei allen Teilen dieser Kreationen, bis hin zu den Atomen, aus welchen alles gebildet wird. Wie wir alle wissen, ist nichts wirklich fest, selbst dann nicht, wenn es sich bei unserer Berührung so anfühlt. Im Innern befinden sich die winzigen Atome, die sich mit unglaublicher Geschwindigkeit in allem, was wir kennen, bewegen.

Aber woher weiß ein Atom, wie es die Elektronen von so großer Anzahl und auf so mannigfaltige Arten bewegen soll, um bestimmte Elemente hervorzubringen und Moleküle von bestimmter Form und zu einem bestimmten Zweck zu bilden? Der englische Biochemiker und Zellbiologe Dr. Rupert Sheldrake beschäftigte sich bei seinen Forschungen jahrelang mit dieser Frage und kam zu dem Ergebnis, daß der Auslöser für die Bildung einer Form ein Feld sei, das er 'morphisches Feld' nannte. Dieses morphische Feld enthält alle Informationen, die erforderlich sind, damit die Atome, Moleküle, Zellen usw. wissen, wie sie sich zusammenfinden müssen, damit eine bestimmte Form entsteht, z. B. ein Mensch. Dieses morphische Feld ist also wie ein Bauplan zu betrachten. Eigentlich ist der Begriff 'Feld' nicht ganz zutreffend, da dieser Begriff in der Physik eindeutig definiert ist und in unserem Fall nicht das richtige Verständnis bringen kann. Für den informationellen Bereich, über den wir ja schon gesprochen haben, gibt es allerdings bisher keine umfangreichen Forschungsergebnisse und somit auch keine passenden Begriffe. In manchen Fällen wird daher auch der Begriff 'Attraktor' verwendet wie in der Chaostheorie.

Trotzdem werden wir aber im weiteren Zusammenhang vom Inneren Daten-Feld (IDF) sprechen. Wie schon gesagt: Jede Formbildung wird von diesen IDFs bestimmt. Die Informationen dieser IDFs codieren die Energiestrukturen, die wiederum Ausgangspunkt zur Bildung der materiellen Form sind. Da die übergeordnete informationelle Struktur früher nicht bekannt war, ging man davon aus, daß es sich bei den formbildenden Auslösern um Energiefelder handeln müsse. Manche Forscher nannten diese daher auch Lebens-Felder oder kurz L-Felder, weil sie in allen Formen von Leben, beseeltem wie unbeseeltem, zu finden sind.

Wie wir schon gehört haben, sind diese Felder so subtil, daß Experimente durch Gedanken beeinflußt werden können. Dies ist ein Grund, weshalb es manchmal schwierig ist, hundertprozentig wiederholbare Experimente mit subtilen Feldern oder irgendeiner anderen Art von Experimenten im subatomaren Bereich zu bekommen, wie wir es aus den vorher beschriebenen Versuchen schon wissen. Demnach wären allein die Gedanken der daran beteiligten Personen in der Lage, das Experiment zu beeinträchtigen! Selbst die etablierten Wissenschaftler beginnen dies bei Versuchen mit atomaren und subatomaren Teilchen zu erkennen. Manche Wissenschaftler beginnen zu vermuten, daß diese Teilchen eine Art Persönlichkeit haben, weil sie sich manchmal so 'schlecht benehmen'", schmunzelte er.

Ich kicherte in mich hinein bei der Vorstellung von Atomen, die miteinander sprechen und Streiche planen, die sie den Wissenschaftlern spielen wollen.

"Stellen wir die Behauptung auf, daß jedes lebende Ding im Universum eine solches Inneres Daten-Feld besitzt?" Ohne auf eine Erwiderung zu warten, antwortete er: "Ja. Und nicht nur das, sondern auch jedes 'nicht-lebende' Objekt wie ein Stein oder Metall verfügt über ein solches IDF. In gewisser Weise ist alles in unserem Universum lebendig, weil alles aus sich bewegenden Atomen besteht, die wiederum von diesen Informationsfeldern aus gesteuert werden.

Betrachten wir z. B. eine Pflanze." Er drückte einen Knopf auf seiner Fernbedienung, und vor uns erschien eine Zeichnung von einem Blatt mit einem leichten Schimmer um seinen Rand herum (Abb. 4.01) "Mit einer bestimmten Foto-

Abb. 4.01 Kirlianfotografie eines Blattes (skizziert)

technik, die *Kirlian - Fotografie* genannt wird, kann man ein Foto von z. B. einem Blatt machen, und um den ganzen Rand herum können Sie einen schimmernden Lichtschein sehen. Diese 'Korona' oder 'Aura' des Blattes ist sozusagen das L-Feld dieses Blattes und ist auch noch eine Weile zu sehen, nachdem man einen Teil des Blattes entfernt hat (Abb. 4.02). Diese energetische Form ist in der Tat das vorphysische Abbild des Blattes, vergleichbar dem Plan eines Architekten, der ja auch bereits das sehr reale Bild des fertigen Gebäudes in seiner Vorstellung trägt und aufs Papier bringt. Die Imagination oder Vorstellungskraft des Architekten ist also hier dem energetischen Abbild ähnlich.

Abb. 4.02 Kirlianfotografie eines Blattes mit abgeschnittener Spitze (skizziert). Die energetische Form, das L-Feld des Blattes, bleibt nach wie vor bestehen

Wie aber kommt der Architekt zu seiner Vorstellung, woher nimmt er seine Idee? Und wer sagt dem Energiefeld des Blattes, welche Form es annehmen soll?

Hier sind wir dann wieder beim Inneren Daten-Feld, denn sowohl in der energetischen als auch in der materiellen Ebene kann nichts gebildet werden, das nicht im IDF bereits als Ur-Idee existiert."

Allmählich fühlte ich mich schon richtig vertraut mit all diesen neuen Ideen, und durch die häufigen Wiederholungen nahm mein Verstand die Informationen mühelos auf.

Aly fuhr fort: “Radionikgeräte können benutzt werden, um die Stärke und Reinheit dieses IDFs zu messen. Nehmen wir z. B. das Herz eines Hundes. Man sollte annehmen, daß, wenn das Innere Daten-Feld des Hundeherzens stark wäre, das Herz in der Lage sein müßte, sich selbst in gewisser Weise seinen gesunden Zustand zu erschaffen und zu erhalten. Es wäre voller Vitalität und Energie, wie dies in der Natur üblicherweise der Fall ist.

Entsprechend, wenn das Herz ein schwaches Inneres Daten-Feld hätte, wäre es möglicherweise nicht so gesund. Man müßte einen zugelassenen Tierarzt aufsuchen um sicherzugehen, oder, im Falle eines Menschen, eine anerkannte medizinische Autorität wie einen zugelassenen Arzt. Auf diese Weise wäre sowohl Ihr Verstand zufrieden und zugleich würden Sie nicht die Machtstruktur des orthodoxen, medizinischen Systems durchbrechen”, sagte er mit einem Augenzwinkern.

“Lassen Sie es uns noch von einer anderen Seite aus betrachten. Wenn Sie einen Obstbaum analysierten, und Sie fänden im Inneren Daten-Feld einen hohen Wert bei Bakterien, bedeutet dies dann, daß dieser Baum Bakterien hat? Da wir nicht physisch durch ein Mikroskop blicken, können wir nicht sehen, ob in diesem Baum Bakterien sind oder nicht, aber wir haben einige sehr interessante Korrelationen gefunden. Es scheint so, daß bei einem niedrigen Wert im Inneren Daten-Feld auf der physischen Ebene wenig oder gar nichts gefunden wird. Gelegentlich wurde sogar die Beobachtung gemacht, daß selbst bei einem hohen Meßwert im IDF auf der physischen Ebene keine Bakterien gefunden wurden. Wir haben diese Ergebnisse als ‘Miasmen’* bezeichnet, und man kann sie sich als eine Art Bauplan vorstellen, bei welcher das ‘Bauprojekt’ noch nicht bis zum physischen Stadium fortgeschritten ist.

Es scheint, als ob alles im Universum sein individuelles IDF hat, so individuell und lesbar wie Ihr Fingerabdruck.

---

* vergl. Miasmenlehre nach Hahnemann

So sollten wir davon ausgehen, daß hier Bakterien präsent sind, die wir in dem entsprechenden IDF messen können. Die einzige Art es ganz sicher herauszufinden ist, einen Teil dieses Baumes zu nehmen und ihn unter dem Mikroskop zu betrachten. Wenn Sie diesen Vergleich gemacht haben, werden Sie bald lernen, darauf zu vertrauen, daß, wenn bestimmte Meßwerte im Informationsfeld gefunden werden, diese auch eine aktuelle Beziehung zum Physischen haben.

Es gibt jemanden, der sein Radionik-Gerät dafür verwendet, den Inhalt von Edelmetallen zu analysieren, die er für die Schmuckherstellung benutzt. Dies ist eine sehr genaue Messung und er hat herausgefunden, daß es extrem zuverlässig ist, das Informationsfeld zu messen, um den Inhalt des physischen Metalls zu erkennen."

Ich konnte spüren, mit welcher Begeisterung Aly hinter dem stand, was er sagte. Voller Elan machte er weiter:

"Das Erstaunliche an Radionikgeräten ist, daß sie die Stärke dieser subtilen Felder nicht nur aufdecken und ausmessen können, sondern sie können die Inneren Daten-Felder auch balancieren. Wie ist dies möglich? Eigentlich ist dies ein natürliches Phänomen, welches berechenbare Gesetze und Prinzipien anwendet.

Kommen wir noch einmal auf den Vergleich mit der Rundfunk- und Fernsehübertragung zurück. Die meisten Fernsehstationen können nicht nur Informationen aussenden, sondern über Satellit oder Richtfunkstrecke auch empfangen, z. B. bei Sportveranstaltungen. Unsere Körper scheinen in einer ähnlichen Weise zu arbeiten, jedoch mit einem viel höheren Grad an Leistungsfähigkeit. Ständig senden und empfangen wir Informationen mit unseren fünf Sinnen ebenso wie mit unserem 'sechsten Sinn', alles zur selben Zeit. Wie oft ist es Ihnen schon passiert, daß Sie mit etwas beschäftigt waren wie Geschirrspülen oder Putzen, dabei dachten Sie an jemanden, hatten vielleicht noch ein Auge auf die Kinder und sahen möglicherweise obendrein noch fern oder hörten Musik, alles gleichzeitig?" fragte er und seufzte tief. "Dann klingelte das Telefon, und es war genau die Person, an die Sie gerade gedacht hatten? Das menschliche System ist in der Lage, viele Dinge gleichzeitig zu tun.

Radionikgeräte sind wahrlich fein einstellende und verstärkende Systeme, die einige von den Dingen, die Sie vielleicht bereits tun, bewußt machen können. Mit Hilfe solcher Geräte können wir uns sehr genau auf jede Information innerhalb des Universums einstellen, unabhängig von der Entfernung!

Ich habe einen Freund, der im Urlaub ein Auto gemietet hatte. Er hatte die Schlüssel im Wagen eingeschlossen und lief zu einem Hotel, um einen Schlüsseldienst zu rufen. Der Schlosser bat ihn, dort im Hotel zu warten, er würde ihn dort abholen. Er kam auch, sie fuhren zusammen zu dem Auto, doch das Auto war verschwunden. Der Schlosser hatte Mitleid mit meinem Freund und bot ihm an, ihn zu seinem Hotel zurückzubringen.

Nachdem mein Freund die Polizei verständigt hatte, die ihm wenig Hoffnung machen konnte, saß er einige Stunden da und brütete über sein Schicksal. Dann fiel ihm ein, daß er sein Radionik-Gerät bei sich hatte und beschloß, mit ihm einen Versuch zu starten. Er stellte sich vor, daß, wenn das Auto ein IDF besäße, er dieses auch müßte messen können. Er nahm eine Karte von der Gegend, und mit der sogenannten Scanning-Technik fand er den Ort mit dem höchsten Meßwert. Er rief ein Taxi und wies den Fahrer an, ihn zu der Stelle zu bringen, die er auf der Karte gefunden hatte. Es stellte sich heraus, daß es eine Baustelle war, wo ein Hochhaus gebaut werden sollte, und tatsächlich stand das Auto genau dort auf dem Parkplatz! Mein Freund rief die Polizei, und diese forderte bei der Vermietungsfirma einen neuen Schlüssel an. So war alles wieder in Ordnung, aber diese Sache hätte auch anders ausgehen können", sagte Aly und machte eine kurze Pause, um einen Schluck Wasser zu trinken.

Ich sah mich um und bemerkte, daß einige Leute sehr beeindruckt waren von dieser Geschichte, andere schauten eher ungläubig. Ich fühlte mich so dazwischen, vielleicht eher unvoreingenommen. Nach dem bisher Gehörten konnte ich mir schon vorstellen, daß sowas funktionierte, aber so ganz überzeugt davon war ich immer noch nicht. Allerdings hatte ich es ja am eigenen Leibe gespürt, mein Rücken fühlte sich wirklich besser an...

"So", fuhr Aly weiter fort, "mittlerweile muß Ihnen dieses Radionikgerät hier vorkommen wie eine Zukunftsentwicklung aus 'Krieg der Sterne'. Ich muß zugeben, daß ich manchmal den Eindruck habe, 'Krieg der Sterne' sei ein bißchen altmodisch. Radionikgeräte können für weit exotischere Projekte benutzt werden. Es gibt viele Anwendungsmöglichkeiten im Geschäftsleben, in der Landwirtschaft, im Bergbau, im Gesundheitswesen und in vielen weiteren Bereichen, und täglich kommen neue hinzu."

Er erkundigte sich, ob bis dahin irgendwelche Fragen seien. Eine Frau in meiner Nähe erschien mir etwas ungeduldig und fragte: "Dies ist alles sehr interessant, aber können Sie uns nun endlich erklären, was Sie mit dem Gerät tun müssen, um das alles zu erreichen, wovon Sie bisher gesprochen haben?" während sie auf das Gerät auf dem Tisch zeigte. Das war mir nur recht, da ich jetzt auch mehr über die Praxis und das Gerät erfahren wollte.

"Natürlich", sagte er, "am Anfang ist es für viele etwas undurchsichtig, was ich an diesem Gerät mache, wenn ich auf irgendwelche Knöpfe drücke, einen Schalter umlege oder auf dem Gerät reibe. Daher lassen Sie uns zunächst einen Blick auf das Gerät selbst werfen." Er klickte nochmal auf die Fernbedienung, und vor uns erschien ein holographisches Bild des SE-5 mit kleinen Zahlen und Begriffen, die zu jeweils einem seiner Teile wiesen (Abb. 4.03).

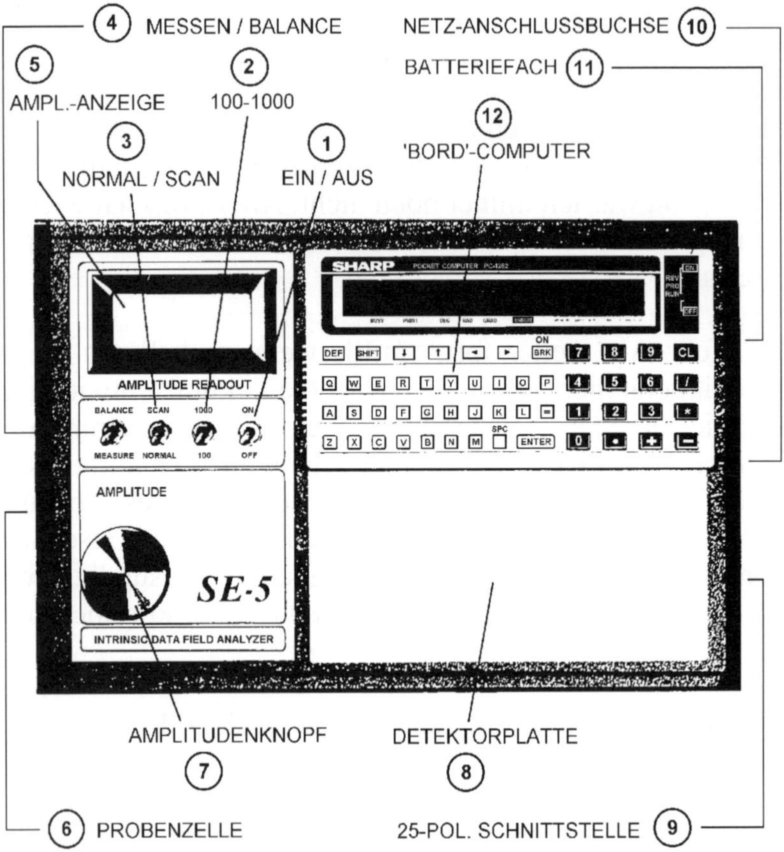

Abb. 4.03 Aufbau und Bedienungselemente des SE-5 IDF-Analysators

“Sie sehen hier ein Übersichtsbild des SE-5. Sie werden vielleicht die vielen Knöpfe vermissen, wie Sie sie bei den anderen Radionik-Geräten gesehen haben. Die Knöpfe sind hier durch den Computer ersetzt. Durch den Computer kommen allerdings auch Anwendungsmöglichkeiten hinzu, die mit anderen Geräten schwieriger durchzuführen sind. Ich werde Ihnen die einzelnen Bedienungselemente und deren Funktion nur kurz erklären. Eine intensive Schulung erhält jeder persönlich, der ein solches Gerät erwirbt. Ich werde daher die einzelnen Punkte nur knapp und stichwortartig erläutern.”

Mit einer Art Lichtzeiger ließ er nun die entsprechenden Punkte aufleuchten, während er sie erklärte:

“Radionikgerät SE-5 (IDF-Analysator)

1. Ein- /Aus- Schalter. Zum Ein- und Ausschalten des Gerätes.

2. 100-1000 Schalter. Bereichsumschaltung von 100 auf 1000. Frühere Geräte hatten andere Meßmodi, und dieser Schalter macht es jenen leichter, die mit den alten Geräten vertraut sind.

3. Normal - Scan-Schalter. Im Normal-Modus dient er zur Messung und Balancierung. Der Scan-Modus diente ursprünglich dazu, neue ‘Raten’ zu entwickeln. Mit dem Scannerstift können auch Raten aus Listen getestet, Testsätze abgefragt oder Gegenstände ausgewählt werden, u.v.a.m.

4. Messen- / Balance- Schalter. Umschalter von Modus Messen (Empfangen / Analysieren) auf Balancieren (Senden). Messen dient zur Analyse des IDF, Abfragen des Informationsfeldes einer Person o.a., Balancieren, um Informationen in das IDF zurückzusenden.

5. Amplitudenanzeige. Diese zeigt den aktuellen Wert als Prozent- (Ber. 100) bzw. Promillangabe (Ber. 1000) bei einer Messung an.

6. Probenzelle. Die Zelle ist ein schmaler Schlitz an der Seite des Geräts, in den eine ‘Probe’ des zu messenden Objektes wie eines Tieres, einer Person oder eines Gegenstandes hineingesteckt wird. Als Proben können dienen Haare, Blut, Speichel usw., die in einem Schutzumschlag eingeschoben werden.

7. Amplitudenknopf. Beim Drehen dieses Knopfes verändert sich die Zahl in der Anzeige von 0 - 100 bzw. von 0 - 1000, je nachdem, welche Skala Sie mit dem Umschalter gewählt haben. Der Knopf wird benutzt zum Abfragen der Meßwerte und zum Einstellen der Werte für die Balancierung.

8. Detektorplatte. Diese wird auch oft als Reibe- oder Stickplatte bezeichnet, weil man mit den Fingern über die Platte reibt, während man den Amplitudenknopf dreht. Der sogenannte 'Stick' ist eine Art Stecken- oder Klebenbleiben auf der Platte und gibt an, wo der aktuelle Meßwert zu finden ist. Bei Erreichen des 'Sticks' wird der Amplitudenknopf nicht weitergedreht und der gefundene Meßwert auf der Amplitudenanzeige abgelesen. Die Reibeplatte ist eine geschliffene Pertinaxplatte mit drei unterlegten Skalarantennen wie ich sie beschrieben habe.

9. 25-polige Schnittstelle (D-Sub). Diese dient unterschiedlichen Zwecken. Zum einen wird sie benutzt, um ein Ausgangskabel oder eine Ausgangsplatte anzuschließen, zum anderen dient sie als Anschluß für ein PC-Programm, um die Bequemlichkeit und Leistungsfähigkeit des Gerätes zu steigern (vergl. Anhang).

10. Netz-Anschlußbuchse. Hiermit kann das SE-5 über ein 9V-Netzteil an eine normale 220V Steckdose angeschlossen werden.

11. Batteriefach. Die Stromversorgung erfolgt über eine 9V-Batterie, die im Batteriefach untergebracht ist und leicht ausgetauscht werden kann. Empfehlenswert ist ein wiederaufladbarer 9V-Akku.

12. 'Bord'-Computer. Hierin sind verschiedene Meß- und Balancierungsprogramme gespeichert, z.B. ein Programm für die Grundanalyse, eins zur Messung verschiedener Standardwerte, u.a. Schüsslersalze, Chakras u.m., ein Affirmationsprogramm, ein Landwirtschaftsprogramm, ein Programm zur Herstellung radionischer Informationsmittel, das Potenzierungsprogramm, und zwei freie Programme zum Schreiben eigener Programme nach Bedarf. Ebenso ist dies das Hauptsteuerungszentrum, in das alles eingetippt werden kann, was analysiert oder balanciert werden soll.

Wie schon gesagt habe ich alle Punkte nur angerissen. Damit wollte ich Ihnen nur einen kurzen Überblick geben, wie dieses Gerät aufgebaut ist und welche Funktionen es hat. Wenn ich Ihnen also später noch die Arbeitsweise von Radionikgeräten am Beispiel dieses Gerätes erkläre und wir die Möglichkeit haben, einige Anwendungen der Radionik näher kennenzulernen, können Sie mir besser folgen und das Drücken der Tasten hat nicht mehr so viel Geheimnisvolles.

Auf den Begriff der 'Raten' sind wir ja bereits eingegangen. Wir werden Sie bei unseren Messungen einsetzen. Erinnern wir uns, radionische 'Raten' sprechen bestimmte Informationspunkte im IDF zur Messung oder Balancierung an bzw. rufen sie auf. Wenn wir z. B. die Belastung eines Organismus durch Röntgenstrahlung über das IDF feststellen wollen, benutzen wir die Zahlenkombination '700321' als 'Rate'. Dies ist quasi der Informationspunkt im IDF dieses Organismus, wo die gewünschte Information der Belastung zu finden ist. Gut, dies werden wir bei den Messungen noch genauer erfahren.

Als nächstes wollen wir uns das Analysieren von Inneren Daten-Feldern näher ansehen."

An dieser Stelle des Traumes wachte ich auf. Schade, ich müßte ein solches Gerät zur Verfügung haben, dann könnte ich das Gehörte und Gesehene sofort ausprobieren. Da ich dies aber nicht hatte, begnügte ich mich damit, meine Erlebnisse niederzuschreiben. Eins war mir aber inzwischen klar geworden, ich wollte und würde radionisch arbeiten. Ich war gespannt auf die nächste Traumlektion, die ich schon sehnsüchtig erwartete.

***Unsere Vorstellungskraft
ist der Architekt unseres Lebens***

Kapitel 5

Analysieren von Inneren Daten-Feldern

Das Thema Radionik` ließ mich nicht mehr los, der Kopf schwirrte mir von Inneren Daten-Feldern, Skalaren und Raten. Ich konnte es immer noch nicht fassen: ein Traumblitzkurs in Radionik. Ich begann, in der Bücherei nach entsprechenden Büchern zu forschen, in Buchhandlungen fragte ich danach, ich wollte tiefer einsteigen. Vor allen Dingen mußte ich herausfinden, wo es Radionik-Geräte gab. In jedem Falle aber wollte ich meine Traumerfahrungen soweit ausschöpfen, wie es nur eben möglich war. Voller Erwartung legte ich mich am Abend wieder mit der Traummaske auf dem Gesicht ins Bett und...

"Gut", fuhr Aly gerade fort, als ich mich wieder auf dem Messestand einfand, "lassen Sie uns endlich anfangen, dieses erstaunliche Werkzeug zu benutzen. Ich will versuchen, die häufigsten Fragen zu beantworten, aber unterbrechen Sie mich ruhig jederzeit, damit ich auf die speziellen Fragen eingehe, die Sie vielleicht haben."

Als er sich mit dem Instrument hinsetzte, fiel mir auf, daß er es so vorsichtig behandelte wie ein liebgewordenes Musikinstrument. Als ich ihn darauf ansprach, antwortete er. "Ja, gewissermaßen trifft das zu. Es ist zwar nicht so, daß das Gerät so zerbrechlich wäre, aber ich behandele es mit der gleichen Sorgfalt wie jedes feine Instrument."

Er schaltete sein Radionik-Gerät ein und erklärte dabei weiter: "Wenn das Gerät eingeschaltet wird, durchläuft es zunächst einen 'Reinigungszyklus', wie wir es nennen, und reinigt dabei automatisch die Proben- oder Meßzelle und dabei alle Informationen, die sich evtl. noch darin befunden haben." Er schaltete nun auch den auf dem Gerät befindlichen Bordcomputer ein. Dann fragte er: “Möchte irgendjemand eine Analyse von mir gemacht haben, oder wäre es Ihnen lieber, ich würde eine Analyse für mich selbst machen?” Alle waren begeistert, wir blickten uns in höflicher Zurückhaltung an und einigten uns schließlich stillschweigend auf einen älteren Herrn, der sich freiwillig zur Verfügung stellen wollte.

“Wie heißen Sie, mein Herr”, fragte Aly, als unser Freiwilliger nach vorn ging. “Hase”, erwiderte der Herr. “Danke, daß Sie sich zur Verfügung stellen, Herr Hase. Normalerweise verwende ich für die Messung irgendeine Probe, wie z. B. Haare, Fingernägel, einen Blutstropfen o. ä., die ich in einem kleinen Zellstofftütchen in die Meßzelle stecke.” Er holte aus einem Koffer einige kleine, durchsichtige Papiertütchen hervor, zeigte sie und steckte dann eins davon in die Zelle und holte es wieder heraus. “Auf dieser Tüte notiere ich, zu wem oder was die darin befindliche Probe gehört. Ich könnte auch ein Foto mit einer Polaroidkamera machen und dieses als Probe verwenden. Hier für diese Vorführung werde ich es jedoch zunächst anders machen.”

Er legte die Tütchen in den Koffer zurück und entnahm ihm stattdessen eine Platte, die an einer Seite so geformt war, daß sie genau in die Zelle paßte, das breitere Stück der Platte wurde von drei kleinen Füßchen gestützt, die auf dem Tisch auflagen. Er steckte die Platte in die Meßzelle (Abb. 5.01).

Abb. 5.01 Erweiterungsplatte (Extenderplatte)

“Dies ist eine Erweiterungsplatte”, erklärte er. “Man benutzt sie im allgemeinen, um Dinge zu analysieren, die nicht in die Meßzelle hineinpassen und von denen man keine Probe nehmen kann oder möchte, z. B. Lebensmittel. Man kann mit ihr aber ebenso Personen durchtesten, von denen man keine Probe nehmen möchte, indem die Person einfach ihre Hand auf die Erweiterungsplatte legt."

Ich hatte bemerkt, wie Herr Hase bei der Erwähnung eines Fotos als Probe etwas die Augenbrauen hob, und auch Al*y* schien es aufgefallen zu sein, denn er sagte: "Ich habe den Eindruck, es fällt Ihnen noch etwas schwer zu verstehen, warum wir auch Haare oder Bilder als Probe verwenden können, stimmt's?" Herr Hase nickte zurückhaltend. "Mit den Haaren ist es ganz einfach. Jede Zelle unseres Körpers befindet sich in ständiger Kommunikation mit jeder anderen Zelle unseres Körpers. Dies wird sehr überzeugend dargestellt in dem Buch 'The Secret Life of Your Cells' (*Das geheime Leben Ihrer Zellen*) von Robert Stoney. Dieses Buch basiert auf einigen Versuchen von Cleave Backster. Backster ist bekannt durch seine Arbeit im Bereich der Gesetzesvollstreckung durch das Einsetzen eines Polygraphen als Lügendetektor. Grundlage für das Polygramm ist der EEG (Elektro-Enzephalograph), welcher als Meßinstrument für Gehirnströme bekannt ist.

Einer von Backster's Versuchen war, daß er etwas Speichel von einem Mann nahm und die Elektroden des Elektro-Enzephalographen quasi an den Speichel anschloß." Al*y* griff wieder nach seiner Fernbedienung und startete ein holographisches Videoband über Backster's Arbeit. Es begann damit, wie Backster dem Mund des Mannes etwas Speichel entnahm, diesen in ein Gefäß mit den Meßelektroden gab und diese an einen EEG anschloß, um eine Messung zu machen. Dann schickte er den Mann ins Nebenzimmer, wo er mit einer versteckten Videokamera beobachtet wurde. Zugleich nahmen sie mit einer anderen Kamera die Ausschläge des EEG auf. Der Mann setzte sich hin und bemerkte auf dem Tisch ein Playboyheft. Nach einigem unschlüssigen Hin und Her zwischen Ja, dann Nein, dann wieder Ja entschloß er sich endlich, das Heft zu nehmen und durchzublättern. Während dieses Entscheidungsprozesses sahen wir einige Schwankungen bei der EEG - Nadel, aber noch gar nichts gegen den Augenblick, als er zu der Großaufnahme von Bo Derek kam. Die Nadel begann wie wild auszuschlagen, hin und her, bis sie sich wieder beruhigte, nachdem der Mann weitergeblättert hatte. Der EEG reagierte über die Speichelzellen aus einigen Metern Entfernung!

Um diesen Punkt noch weiter zu untermauern, versuchten sie es dann mit dem Speichel einer Frau, die sie etwa 8 km weit weg in einen 'Rotlichtbezirk' schickten. Jedes Mal, wenn sie von einem der Zuhälter oder einer Hure angesprochen wurde, spielten die Nadeln des EEG, 8 km entfernt, verrückt und schlugen bis über die Grenzen der Skala aus.

"Dies zeigt uns", fuhr Aly fort, "daß unsere Zellen selbst dann noch in der Lage sind, Nachrichten zu empfangen, wenn sie physisch gar nicht mehr mit unserem Körper verbunden sind. Nun, mit Radionikgeräten messen wir nicht eigentlich das Haar. Es hat nichts mit einer Haar-Analyse zu tun. Das Haar dient uns lediglich als eine Art Stimmgerät, um das Instrument, das Radionikgerät, auf das betreffende IDF einzustimmen.

Erinnern Sie sich an die alten UKW-Radios, bei denen mit einem Knopf die Sender exakt eingestellt werden mußten? Wenn der Sender richtig eingestellt war, wurde dies angezeigt durch ein "Magisches Auge" oder durch ein Anzeigeinstrument, bei welchem der Zeiger bei optimalem Senderabgleich in der Mitte, auf '0', stehen mußte. Die Abstimmung auf die einzelnen Sender, kapazitiv oder induktiv, erfolgte über sogenannte Schwingkreise, die ihre Eigenfrequenzen mit der entsprechenden Senderfrequenz in Übereinstimmung bringen mußten. So konnte man unterschiedliche Sender empfangen, ohne daß sie sich gegenseitig störten.

Diese Sender senden alle gleichzeitig ihre Frequenzen und Radioprogramme in ihr näheres Umfeld, meistens von einer

Anhöhe aus oder über hohe Sendemasten. Der Grund, warum wir nun einzelne Sender daraus einstellen können, liegt darin, daß wir die genannten Schwingkreise durch Drehen des Knopfes auf den gewünschten Sender abstimmen. Wir können daraus sehen, daß ein Radio mehr ist als nur eine einfache Kabelübertragung, z.B. wie beim Telefon, das an beiden Enden mit Mikrofon und Kopfhörer verbunden ist.

Na, klingt etwas technisch, nicht wahr?" fragte Aly schmunzelnd. "Das alles können Sie jetzt getrost wieder vergessen, merken Sie sich nur: Wenn wir das Haar, den Blutstropfen oder das Foto in die Meßzelle stecken, so stellt es das SE-5 sozusagen auf Sie als Sender oder Empfänger ein.

Demnach gibt es Sinn, daß Haare oder Blutstropfen dies vermögen, da diese als Körperzellen ja die gleiche Information tragen wie der Körper selbst. Aber weshalb kann man auch Fotos verwenden? Ganz einfach: Die Schicht eines fotografischen Films besteht aus Silberbromidkristallen, die sich entsprechend dem Lichteinfall ordnen. Diese Struktur der Silberbromidkristalle ist ein kristallines Abbild der Informationsstruktur des fotografierten Objekts und damit wieder abgestimmt auf dessen Sender. Mit anderen Worten, dieses geometrische Muster, welches die Silberbromidkristalle bilden, sieht nicht nur so aus wie Sie, im Falle, daß *Sie* fotografiert wurden, sondern gibt Sie mit Ihrem gesamten Informationsgehalt wieder.

Dies ist der Grund, weshalb die Angehörigen vieler Naturvölker sich nicht fotografieren lassen wollen. Sie fühlen, daß dies etwas von ihrem Geist wegnimmt. Wenn wir eine Polaroidkamera benutzen, haben wir eine sehr geeignete Probe von unserem IDF, und zwar deshalb, weil die Filmemulsion auch in der Fotografie noch enthalten ist - während sie bei anderen Aufnahmeverfahren beim Negativ bleibt, also im Positiv nicht mehr vorhanden ist. Diese funktionieren auch, aber Polaroidfotos sind auf jeden Fall besser.

Einfach, nicht wahr?” fragte er. “Natürlich spielt es für das Funktionieren des Gerätes keine Rolle, ob Sie dies wissen oder nicht, aber ich wollte es doch zumindest erläutert haben. Nun weiter. Wir haben das Gerät also eingeschaltet, und ich werde jetzt erklären, wie wir eine Messung durchführen. Dies ist die Grundlage für alles, was wir tun, passen Sie also bitte gut auf.

Bevor ich nämlich gleich endlich damit beginnen werde, eine Analyse für Herrn Hase zu machen, möchte ich Ihnen kurz demonstrieren, wie der Meßvorgang selbst abläuft.”

Al*y* bat den hinter mir stehenden Mann, der sich gerade eine Zwischenmahlzeit aus der Tasche geholt hatte: “Würden Sie mir bitte mal für einen Augenblick Ihren Apfel leihen? Sie bekommen ihn in wenigen Minuten zurück - vielleicht sogar mit verbesserter Qualität”, fügte er mit einem Augenzwinkern hinzu. Al*y* bekam den Apfel, legte ihn auf die Erweiterungsplatte und fuhr fort: “Nun haben wir also ein Meßobjekt, und es fehlt nur noch, w a s wir eigentlich messen wollen. Ich schlage daher vor, daß wir einfach die allgemeine Vitalität dieses Apfels messen. Hierfür gebe ich über die Tastatur des Bordcomputers ‘9-49 ALLGEMEINE VITALITÄT’ ein. Die Zahlen 9-49 stellen die numerische Repräsentation der Aussage ‘Allgemeine Vitalität’ dar, oder man könnte sagen, ‘9-49’ ist die ‘Rate’ für die ‘Allgemeine Vitalität’.

Bei einigen Systemen steht ein Plus-Zeichen vor den ‘Raten’ als Symbol, daß es sich um Positiv-Raten handelt, also solche, die einen hohen Wert erbringen sollten, in diesem System sind das max. 100%. Wenn kein Zeichen oder ein Minus-Zeichen vor den ‘Raten’ steht, bedeutet dies, daß es sich um Negativ-Raten handelt, die entsprechend einen niedrigen Wert ergeben sollten, im besten Falle also 0%.

Nehmen wir z. B. die ‘Rate’ 18.5-62 für SCHMERZ, so würden wir uns natürlich wünschen, daß das Meßergebnis bei 0% liegt, oder jedenfalls so niedrig wie möglich. Merken wir uns also hier schon einmal folgendes:

1. Positiv-Raten stehen für alles, wovon möglichst viel da sein sollte - allgemeine Vitalität, Harmonie, Leistungsfähigkeit eines bestimmten Organs, etc.; Negativ-Raten stehen für alles, was am besten gar nicht da wäre - Schmerzen, Parasiten, Schocks, Gifte etc.

2. Entsprechend gilt als erste Regel für den Meßvorgang: Positiv-Raten messen wir von 100% abwärts, Negativ-Raten messen wir von 0% aufwärts.

Um noch einmal kurz auf die 'Raten' einzugehen: Wie die 'Zahlen-Raten' entstanden sind, haben Sie in dem Film über die Entwicklung der Radionik schon erfahren. Sie sind im Laufe der letzten 50-75 Jahre entwickelt worden, und zwar meist empirisch, was ein hübscherer Name für 'Herumprobieren' oder die 'Versuchs- und Irrtum-Methode' ist. Beim SE-5 können wir ebenso reine 'Wort-Raten' verwenden, d.h. wir schreiben lediglich den Namen der Rate hin, ohne Zahlen. 'Zahlen-Raten' sind international gleich, also sprachunabhängig, Wortraten werden in der jeweiligen Landessprache verwendet.

Doch nun zurück zu unserer Messung. In der Anzeige des Computers steht noch immer '9-49 ALLGEMEINE VITALITÄT'. Da es sich hierbei um eine Positivrate handelt, drehe ich den Drehknopf ganz nach rechts, sodaß in der Anzeige 100.0 erscheint. Meine linke Hand bleibt am Drehknopf, und während meine rechte Hand nun beginnt, über die Reibeplatte zu streichen, dreht die linke den Drehknopf langsam nach links, also gegen '0' - sehen Sie?"

Die Zahlen in der Amplitudenanzeige nahmen langsam ab, 99, 98, 97 etc., und als die Anzeige bei 79,4 war, blieb Alys Hand plötzlich an der Reibeplatte hängen. "Sehen Sie", sagte Aly, "ich kann buchstäblich meine Finger nicht mehr über die Platte bewegen. Dieser ‘Stick’ - Effekt war ja schon von Abrams entwickelt worden, wurde aber auf einer Reibeplatte erstmalig von Ruth Drown verwendet. Auch die Geräte von Delawarr und Copen arbeiten mit einer Stickplatte.

Was Sie wissen sollten, ist, wie der Stick funktioniert. Unter der Reibeplatte befinden sich die schon beschriebenen Skalarantennen, die beim Messen das Meßsignal verstärken, wenn eine Art Resonanzpunkt erreicht wird. Dieser Punkt ist dann erreicht, wenn der in der Anzeige erscheinende Wert mit dem tatsächlichen Wert der gemessenen Rate übereinstimmt. An diesem Punkt senden die Skalarantennen ein verstärktes Signal, das über die Fingerkuppen aufgenommen wird. Dieses geschieht über die sogenannten Pacini-Körperchen, in den Fingerkuppen befindliche Mechanorezeptoren, welche wiederum eine neuro-muskuläre Reaktion hervorrufen, die die vom Vegetativum gesteuerten feinen Muskeln veranlaßt, aktiv zu werden und somit den ‘Stick’, das Hängenbleiben an der Platte, zu verursachen. Das hört sich vielleicht kompliziert an, bewirkt aber letztendlich nichts weiter, als daß man das Gefühl hat, die Platte sei plötzlich stumpf geworden.”

Jemand fragte: “Ist das ähnlich wie beim Pendeln?” “Ja”, antwortete Al*y*”, vom Prinzip her ist es das gleiche. Aber Sie müssen kein perfekter Pendler oder Rutengänger sein, damit es funktioniert. Durch die Verstärkung des Signals über die Skalarantennen und durch den sehr wichtigen Umstand, daß Sie - anders als beim Pendeln - während des Messens nicht auf die Anzeige schauen müssen, ideal ist es sogar, wenn Sie die Augen dabei schließen, ist es für viele Menschen wesentlich einfacher, mit Hilfe des Sticks zu messen. Obendrein wird die Möglichkeit der Beeinflussung des Meßergebnisses durch den Messenden wesentlich verringert.

Doch zurück zu unserem Apfel”, fuhr Al*y* fort. “Wir haben also ausgemessen, daß die Vitalität des Apfels bei 79,4% liegt. Wenn wir davon ausgehen, daß das Optimum bei 100% liegt, könnte der Wert durchaus etwas besser sein. Lassen Sie uns also sehen, was wir tun können. Um die Vitalität des Apfels zu steigern, drehe ich jetzt den Drehknopf zurück auf 100%, denn das ist unser Wunschwert, und schalte den Messen-/Balance-Umschalter auf 'Balance'. Mit anderen Worten, ich gehe aus der Empfangs- in die Sendefunktion und sende dem Apfel die Information '100% Vitalität'. Nach ca. 60 sec. Wartezeit schalte ich zurück in die Meß- bzw. Empfangsfunktion und messe nach, wieviel der Apfel davon angenommen hat, d. h. also wieweit der Wert der Vitalität inzwischen gestiegen ist."

Aly wiederholte das Reiben und Drehen wie beim vorherigen Meßvorgang und sagte dann: "Inzwischen liegt der Wert bei 92%, also versuchen wir es ruhig noch einmal, stellen wieder auf 100%, schalten auf 'Balance' und warten eine halbe bis ganze Minute." Nach erneutem Nachmessen sagte er: "So, nun haben wir bereits einen Wert von 98,7%, damit wollen wir uns zufriedengeben. Nicht immer erreicht man die vollen 100%, aber trotzdem denke ich, daß Sie Ihren Apfel jetzt mit Genuß und Gewinn verzehren können", schmunzelte er und gab den Apfel an seinen Besitzer zurück.

"Nun aber endlich zu Ihnen, Herr Hase. Bisher habe ich Ihnen anhand des Apfels lediglich vorgeführt, wie Messen und auch Balancieren generell vor sich gehen. Wenn ich nun dazu übergehe, eine Analyse für einen Menschen zu machen, muß ich etwas anders beginnen, generell mache ich dies übrigens auch bei Tieren so und in den meisten Fällen auch bei Pflanzen.

Sie müssen sich darüber klar sein, daß man mit Hilfe von Radionikgeräten und einer Probe von jemand oder etwas jede, aber auch wirklich jede, Information aus dem IDF des Systems, zu welchem die Probe gehört, abfragen kann. Dies setzt natürlich ein äußerst verantwortungsvolles Umgehen mit diesem Verfahren voraus, eine hohe Ethik, die über die derzeitigen Begriffe von Moral und Ethik hinausgeht, da sie nicht nur den

Menschen, sondern auch die gesamte Schöpfung einbezieht, Tiere, Pflanzen und auch die sogenannte 'tote' Materie. Dies muß die Grundhaltung der radionischen Arbeit sein, da Sie damit in Freiräume von Personen oder anderen Systemen eindringen können, in denen Sie normalerweise gar nichts zu suchen haben, es sei denn, das System läßt dies zu. Ob es dies zuläßt, Ihnen also quasi eine Eintrittserlaubnis erteilt oder nicht, finden Sie durch die '*Einstiegsmessungen*' heraus, die wir deshalb *zwingend* vor jeder Analyse duchlaufen müssen." (Abb. 5.02)

Hier betätigte Al*y* erneut seine Fernbedienung, und auf dem Bildschirm vor uns erschien eine Liste von 11 Raten unter der Überschrift '*Einstiegsmessungen*'.

EINSTIEGSMESSUNGEN **! *conditio sine qua non* ! ***

ADDDRMVNOWAM	**Schutzrate 100 % und**	**000 %**
+100-0	**Energie Reinheit**	**>85 %**
13-78	**Störungen Ber. A (phys.)**	**< 5 %**
29-80	**Störungen Ber. B (emot.)**	**< 5 %**
50-57	**Störungen Ber. C (ment.)**	**< 5 %**
70-79	**Störungen Ber. D (spirit.)**	**< 5 %**
53-28	**Störfelder**	**< 5 %**
39-59	**Barrieren**	**< 5 %**
+ 9-49	**Allgemeine Vitalität**	**>85 %**
+43-28	**Säure/Basen Gleichgewicht**	**a.W.**
+37-93	**NaCl - Haushalt**	**a.W.**

Abb. 5.02 Die Einstiegsmessungen müssen vor einer Analyse oder Balancierung durchgeführt werden (conditio sine qua non)

"Hier sehen Sie eine Auflistung unserer Einstiegsmessungen. Entscheidend dafür, ob Sie in ein System hineinmessen dürfen oder nicht, sind vor allem zwei dieser Raten, nämlich die erste und die achte. Deshalb will ich auf diese beiden zuallererst eingehen.

---

* conditio sine qua non = unerläßliche Bedingung

Die erste Rate, die Sie hier sehen, besteht nur aus Buchstaben und dient als Schutzrate. Sie wird als einzige zweimal gemessen, nämlich einmal bei 100%, einmal bei 0%. Ebenso wird diese Rate, anders als alle anderen, gemessen, o h n e den Amplitudenknopf zu benutzen, denn Sie müssen exakt bei 100% und exakt bei 0% den Stick spüren. Ist dies nicht der Fall, dürfen Sie bei dieser Person bzw. in diesem System an diesem Tag nicht weitermessen oder balancieren, Sie können es stattdessen bei einer anderen Person oder aber mit derselben Person an einem anderen Tag erneut versuchen. Die Schutzrate darf jedenfalls n i c h t balanciert werden.

Die achte Rate 'Barrieren' wird von 0% gemessen, weil wir natürlich hoffen, daß keine Barrieren da sind. Barrieren können sowohl auf der Seite der zu messenden Person liegen als auch auf der Seite des Messenden selbst, z. B. wenn jemand eigentlich in Ruhe gelassen werden möchte oder Vorurteile gegen das Verfahren hat, oder wenn die messende Person insgeheim Widerstände hegt, u. U. sogar ohne daß es ihr selbst bewußt ist. Das Meßergebnis dieser Rate sollte nicht höher als 5% liegen.

Liegt der Wert höher, kann man versuchen, ihn herunterzubalancieren, indem man den Amplitudenknopf auf 0% dreht und auf 'Balance' schaltet. Gelingt es jedoch nicht spätestens beim zweiten oder dritten Balancierungsversuch, unter 5% zu kommen, ist auch hier die Messung für diese Person an diesem Tag beendet; wir d ü r f e n hier nicht weitermachen, und für das weitere Vorgehen gilt das bereits oben Gesagte.

Die übrigen Raten dieser Liste erläutere ich in Stichworten:

Energieeinheit - wird von 100% gemessen. Der Wert sollte nicht unter 85% liegen, da dies sonst zu Ungenauigkeiten bei den Meßergebnissen führen kann. Wir können einen schlechten Wert zu steigern versuchen.

Störungen Bereich A	(physisch)	}	werden von 0%
Störungen Bereich B	(emotional)	}	gemessen, sollten
Störungen Bereich C	(mental)	}	nicht höher als 5%
Störungen Bereich D	(spirituell)	}	liegen

Liegen diese Werte über 5%, können wir versuchen, sie zu senken.

Sowohl bei der '*Energiereinheit*' als auch bei den '*Störungen A bis D*' gilt folgendes: Liegen die Meßergebnisse nicht innerhalb des erforderlichen Bereichs, ist ein Weitermessen nicht verboten; liegen sie jedoch weit außerhalb der gesteckten Grenzwerte und lassen sich nicht balancieren, ist ein Weitermessen wenig sinnvoll, denn dies kann zu größeren Meßungenauigkeiten führen, auch ein Balancieren ist dann u. U. nicht sinnvoll, kann aber manchmal zum Anheben des gesamten Niveaus doch ratsam sein. Um einen möglichst guten Ansprechpunkt zu erhalten, sollten die Störungen A - D so tief wie möglich liegen. Dies entspricht dem Einstellen des CRP (Critical Rotation Point, wie er von Abrams und de la Warr bekannt ist).

Störfelder - Dieser Wert bezieht sich auf verschiedene Arten von Störfeldern wie u. a. geopathogene Zonen, z. B. Wasseradern, Gitternetze, Magnet- oder elektrische Felder usw., die entweder den Meßplatz oder die Probe betreffen. Dieses Meßergebnis sollte für eine einmalige Messung an einem bestimmten Platz nicht höher als 5%, für einen ständigen Meßplatz jedoch nicht über 0,5% liegen. Liegt dieser Wert zu hoch, messen wir ihn auch noch einmal, nachdem wir die Probe herausgenommen haben. Sinkt der Wert dann deutlich ab, liegt die Störung nicht im Meßplatz, sondern in der Probe, und wir werden bei der weiteren Analyse noch näher darauf eingehen müssen.

Allgemeine Vitalität - Diese setzt sich, speziell beim Menschen, zusammen aus den drei Aspekten 'physische Vitalität', 'geistige

Vitalität' und 'Lebenswille'. Ein physisches Gebrechen hat demnach nicht unbedingt einen niedrigen Meßwert zur Folge, ebensowenig wie Jugend oder 'Kerngesundsein' in jedem Fall auf einen hohen Meßwert schließen lassen. Dieser Wert sollte über 85% liegen.

Säure-Basen Gleichgewicht	}	werden von 100%
Natrium-Chlorid-Haushalt	}	gemessen

Diese Werte geben vorab z. B. einen allgemeinen Eindruck über die Ernährungssituation der Person, die gemessen wird. Liegt der Wert über 85%, können wir recht zufrieden sein.

Nachdem ich Ihnen dies nun ziemlich ausführlich erklärt habe, wird die Messung selbst relativ schnell gehen; ich möchte nur darum bitten, daß jemand für mich die Meßergebnisse notiert." Dafür stellte ich mich gern zur Verfügung.

Bevor Al*y* mir einen Stift reichte und ein Blatt Papier, auf welchem die soeben besprochene Tabelle abgedruckt war, schaltete er das Gerät auf dem Tisch aus und erklärte: "Sie erinnern sich - durch jedes Ein- und Ausschalten des Gerätes wird der sogenannte Reinigungsprozeß in Gang gesetzt, und alle Informationen, die vielleicht noch von dem Apfel in der Meßzelle gespeichert waren, werden nun gelöscht." Er schaltete das Gerät wieder ein und fuhr fort: "Herr Hase, darf ich nun wohl um Ihre Hand bitten?" Ein leises Schmunzeln ging durch die Reihen der Zuschauer, aber natürlich wollte Al*y* lediglich, daß Herr Hase seine Hand auf die Erweiterungsplatte legte, was er auch tat.

Dann ergänzte Al*y* noch: "Sie können sich vorstellen, daß es eine Menge Zeit und Mühe kosten würde, müßten wir alle Raten, die wir messen wollen, von Hand in den Computer eintippen.Zum Glück sind jedoch die bereits erwähnten Standardprogramme fest in dem kleinen Bordcomputer abgelegt, sodaß wir sie nur aufzurufen brauchen. So rufe ich beispielsweise jetzt das Grundanalysenprogramm auf, das mit den '*Einstiegsmessungen*' (engl. Intake Clearances) anfängt."

Hierauf begann Al*y* mit seinem Reiben und Drehen, wie wir es bereits vorher gesehen hatten, die Meßergebnisse sagte er mir, während er testete, und ich schrieb sie auf. Tatsächlich war er nach weniger als einer halben Minute mit den elf Raten fertig und verkündete: "Alles in Ordnung, nun kann die eigentliche Analyse beginnen.

Innerhalb der in diesem Computer fest gespeicherten Programme kann ich durch Tastendruck von einer Rate zur nächsten weiterschalten. Nach den '*Einstiegsmessungen*' komme ich dadurch weiter zur eigentlichen Grundanalyse.

In der Anzeige erscheint jetzt 'BIOFIELD SYSTEM' (*Biofeld System*). Die Idee des Biofeldes kommt hauptsächlich aus dem Medizinsystem der Chinesen. Akupunktur und Akupressur sind u. a. zwei Aspekte des chinesischen Systems. Das Biofeld System als Hauptgruppe wird hier im Programm weiter in Form von Untergruppen abgefragt, z. B.

Polaritäten - Hiermit ist gemeint das Gleichgewicht zwischen den positiven und negativen Energien in unserem Energiefeld.

Feinstoffliche Körper - Diese umfassen Ihren emotionalen, ätherischen, mentalen, kausalen und spirituellen Körper.

Chakras - Ihre Chakras sind Energiezentren im Körper, welche Energie aus den kosmischen oder spirituellen Ebenen in physische Energie umwandeln.

Gerichtete Energien - Ferner gibt es noch Energien, die vertikal, horizontal oder spiralförmig ausgerichtet sind.

Meridiane - Dies sind Bahnen, auf welchen sich die Akupunktur-Punkte befinden und feinstoffliche Energien fließen.

Elemente - Nach den fernöstlichen Systemen sind in unserem Körper fünf Energien vorhanden, welche im Gleichgewicht sein müssen, damit alles gut funktionieren kann. Im chinesischen sind dies Holz, Feuer, Erde, Metall, Wasser, in der Ayurveda Erde, Wasser, Feuer, Luft, Äther."

Al*y* erklärte weiter: "Die Grundanalyse umfaßt 26 Hauptgruppen oder Sektionen. Die Sektionen 1 - 19 enthalten in der Grundanalyse nur positive Raten, die Sektionen 20 - 26 in der Grundanalyse nur negative Raten. Alle Sektionen unterteilen sich wiederum in die Untergruppen.

In unserer Anzeige steht nun immer noch 'BIOFIELD SYSTEM'; dies ist die erste Sektion, welche die eben besprochenen Raten enthält. Zunächst messe ich das 'BIOFIELD SYSTEM' gesamt." Er rieb über die Platte und drehte am Knopf wie zuvor bei den anderen Messungen. "Aha, ich bekomme den Stick bei 68%. Hieraus schließe ich, daß irgendetwas in dieser Sektion nicht in Ordnung ist. Wenn ich mindestens 85% gemessen hätte, hätte ich mir die Untergruppen dieser Sektion u. U. sparen können. So aber schalte ich weiter und messe die einzelnen Raten dieser Sektion, wie wir sie eben kennengelernt haben, um herauszufinden, an welcher Stelle des Biofeld Systems der Schwachpunkt liegt."

Er fügte noch hinzu: "Normalerweise würde ich die Raten der Grundanalyse alle messen, unabhängig vom Meßergebnis bei der Überschrift der einzelnen Sektionen, besonders dann, wenn ich über das Meßobjekt wie Mensch, Tier, Pflanze noch nichts weiß. Damit bekomme ich einen ersten Gesamtüberblick."

Al*y* ließ mit seiner Fernbedienung die Liste der Raten des Biofeld Systems im Raum erscheinen und so konnten wir die nächsten Schritte verfolgen: '+100-00-100 Polaritäten'. Er hatte fast sofort den Stick bekommen: “Liegt bei 99,9%, dies bedeutet, daß in diesem Bereich nicht die Störung liegt”, sagte Al*y* und schaltete erneut eine Rate weiter. “Bei ‘+91-41 Feinstoffliche Körper’ habe ich 90%, das ist immer noch gut! Aber hier, bei ‘+9062775 Chakras’, liegt der Wert nur bei 67%. Auf diesen Bereich sollte ich auf jeden Fall näher eingehen, denn dieser Wert liegt sehr niedrig. Normalerweise würde ich mir hier jetzt nur einen Vermerk machen und zunächst in der Grundanalyse fortfahren, um später auf die Werte einzeln einzugehen, die sich als zu niedrig herausgestellt haben. Hier für die Vorführung genügt es, daß ich Ihnen gleich hier schon zeige, wie ich nun weiter vorgehe.”

Nachdem Al*y* die Liste wieder hatte verschwinden lassen, holte er aus seiner Tasche ein dickes, weißes Buch hervor, auf welchem ‘Biofeld Forschungshandbuch’ stand. “In diesem Buch sind zu allen Raten der Sektionen der Grundanalyse viele weitere, feiner unterteilte Raten enthalten, über 14000 Stück insgesamt. Um jetzt den eben gemessenen Wert näher zu untersuchen, schlage ich in diesem Buch die Sektion 1 ‘Biofeld System’ auf und finde unter der Untergruppe ‘Chakras’ eine Auflistung aller einzelnen Chakras und einige zusätzliche Raten, insgesamt 20. Um herauszufinden, wo genau die Störung im Bereich der Chakras liegt, werden wir gleich diese Raten einzeln untersuchen, aber ich sehe, daß dort noch jemand eine Frage hat.”

Eine Frau, die etwas weiter hinten stand, bat: “Könnten Sie bitte die einzelnen Chakras noch etwas näher erläutern?”

“Ja”, antwortete Al*y*, “dieses Thema ist sehr komplex, daher möchte ich es nur kurz anschneiden. Stellen Sie sich die Chakras als Drüsen des Energiekörpers vor. Sie sind Energiezentren, die in direktem Zusammenhang mit den entsprechenden Drüsen des physischen Körpers stehen und diese und auch unsere Organe steuern. Es gibt sieben Hauptchakras und viele weitere

Neben- und Unterchakras. Darüber hinaus sind sie aber auch noch mit anderen Lebensbereichen verbunden, z. B. hat das Wurzelchakra hauptsächlich mit unserer Überlebensenergie zu tun und das Sakralchakra mit unserer Sexualität. Das Nabelchakra hat viel mit unserer Willenskraft zu tun. Das Herzchakra ist das Energiezentrum der Liebe. Das Halschakra hat mit unserer Fähigkeit zu tun, uns durch unsere Stimme auszudrücken. Das Stirnchakra liegt in der Mitte der Stirn zwischen den Augenbrauen und ist das 'Fenster der Seele', oder das Zentrum unserer Imagination. Man nennt es auch das 'Dritte Auge'. Das Kronenchakra verbindet uns mit der spirituellen Energie. Fragen Sie in Ihrem Buchladen nach, es gibt sehr gute und ausführliche Bücher darüber."

Aly hatte in der Zwischenzeit das dicke Buch aufgeschlagen, um die Liste mit den 20 Raten unter der Überschrift 'Chakras' noch einmal einzeln zu messen.

"Diese Raten nun alle einzeln ins Gerät einzutippen, um sie durchzumessen", fuhr er fort, "wäre eine ziemliche Fleißarbeit und auch sehr zeitaufwendig. Deshalb werde ich ein Schnellmeßverfahren anwenden, das ich Ihnen jetzt zeige. - Dafür möchte ich allerdings nun doch eine Haarprobe verwenden, Herr Hase, den Grund dafür werden Sie gleich sehen. Darf ich?" fragte er und griff nach einer Schere, um an einer unauffälligen Stelle ein paar Haarspitzen abzuschneiden. Er durfte, steckte die 'Beute' in eins der Zellstofftütchen und schob dieses dann statt der Erweiterungsplatte in die Meßzelle, nicht ohne indes vorher Herrn Hases Namen auf dem Tütchen vermerkt zu haben. Dann entnahm er dem Koffer eine etwas kleinere Platte, die jedoch ein klein wenig größer war als die Papiertütchen, an ihr befestigt war ein Kabel, welches in einem Metallstift endete.

"Dieses hier ist die sogenannte Scanner-Platte mit Scanner-Stift", sagte Aly, während er die Platte unter die Tüte in die Meßzelle steckte (Abb. 5.03). "Ich schalte nun das Gerät vom

Modus 'Normal' auf 'Scan'. Diesen Umschalter benutze ich als Verstärker für den Scannerstift, der nun die Raten meiner Liste abtastet", erklärte er. "Den Amplitudenknopf stelle ich auf 85%, sodaß ich nur bei den Raten einen Stick fühle, die *unter* diesem Wert liegen. Im Unterschied zu sonst drehe ich also während der Messung nicht am Amplitudenknopf, sondern habe einen Fixwert eingestellt. Dies geht auch nicht anders, da ich sonst drei Hände haben müßte.

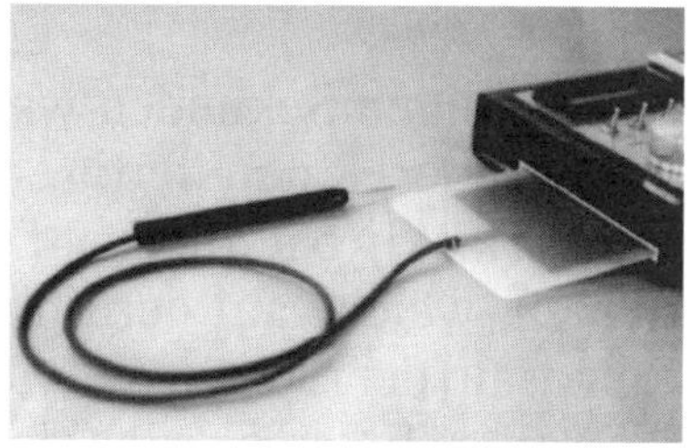

Abb. 5.03 Scannerplatte mit Scannerstift

Die Messung verläuft nun folgendermaßen: Während ich wie vorher mit meiner rechten Hand über die Reibeplatte streiche, 'frage' ich mit dem Scannerstift in der linken Hand die einzelnen Positionen auf der Liste 'ab'. Dabei spielt es keine Rolle, ob ich mit der Spitze des Scannerstiftes das Wort oder die Zahlen-Rate berühre. Zusätzlich konzentriere ich mich zugleich auf das, was der Scannerstift berührt. Bleibe ich mit der rechten Hand auf der Platte hängen, bedeutet dies, daß der Meßwert für diese Rate auf jeden Fall unterhalb meines eingestellten Fixwertes, in diesem Fall also unter 85%, liegt. Ich werde mir an alle Positionen, bei denen ich einen Stick fühle, einen Vermerk machen und diese anschließend in der üblichen Weise nachmessen, um den genauen Meßwert zu erhalten."

Mit dem Scannerstift war Aly in weniger als einer halben Minute mit den Positiv-Raten auf der Liste der Chakras fertig. "Vier Positionen, und zwar Halschakra, Nabelchakra, Wurzelchakra und Balance liegen unter 85% und bekommen einen Vermerk", ließ er uns wissen. Nun drehte er den Amplitudenknopf auf 15% und erklärte: "Für die noch verbleibenden Raten, die Negativ-Raten, stelle ich einen anderen Schwellwert ein, denn dies sind Raten, die bestenfalls bei 0% liegen sollten.

Deshalb möchte ich alle Raten herausfinden, die über 15% liegen, denn von 0 aus gesehen ist 15 die Grenze des Tolerierbaren, alles was höher liegt, sollte näher untersucht werden.”

Nach einigen Sekunden war er auch mit dem Abscannen der letzten vier Raten fertig, und hiervon erhielten drei einen Vermerk. Al*y* bat mich, auf einer Leerfolie eine Tabelle einzurichten, welche auf der linken Seite die gefundenen Negativ-Raten, auf der rechten die entsprechenden Positiv-Raten enthalten sollte. Es ergab sich dadurch folgendes Bild, das auf die Wand projiziert wurde.

-43-28	Aura Störung	+2837859	Halschakra
-73731014	Aura Schock	+2266565	Nabelchakra
-73740014	Aura Unbalance	+5626565	Wurzelchakra
		+2970309	Balance

Al*y* hatte inzwischen wieder von Scan- auf Normalmodus zurückgeschaltet und begann, die einzelnen Raten in das Computerfenster einzutippen und nacheinander auf gewohnte Weise den genauen Meßwert für jede zu ermitteln, den ich dann in die Tabelle eintrug. Dazu erklärte er: “Hier sehen Sie also in Kurzform, was normalerweise ausführlicher wäre, denn mit der kompletten Grundanalyse, unterstützt durch die Scanning-Methode, hätte ich am Ende natürlich eine wesentlich längere Liste dieser Art mit allen Raten, die sich bei der Messung als nicht gut genug herausgestellt hätten. Aber ich möchte Ihnen ja nun zeigen, wie man ein speziell auf Herrn Hase abgestimmtes Programm einrichtet. Dafür verwende ich die freien Programme im Bordcomputer als individuelle Anwenderprogramme.

Der kleine Computer merkt sie sich für uns und wir können sie jederzeit wieder zum Nachmessen oder Balancieren abrufen, bis wir durch Schreiben eines neuen Programmes die alten löschen. Wir richten beide verfügbaren Programme ein, eins für die Positiv-Raten und eins für die Negativ-Raten. Beim Einrichten sagt uns das Einrichtprogramm Schritt für Schritt, was wir tun müssen."

Al*y* begann die beiden Anwenderprogramme zu schreiben und tippte alles in den Computer ein, was das Einrichtprogramm von ihm erwartete. Plötzlich hielt er inne und sagte in die Runde: "An dieser Stelle muß ich Ihnen allerdings noch etwas sehr Wichtiges erklären. Wir sprachen vorhin schon über die Frage der Ethik in der Anwendung der Radionik, und daß man in so tiefe Bereiche damit vordringen kann, daß man selbst nicht immer überblicken kann, ob das, was wir tun, genau das Richtige im Sinne des Ganzen ist, evtl. auch aus Sicht karmischer Zusammenhänge, die wir ja nicht überschauen können. Um nun diese allerletzte Verantwortung an eine 'höhere Instanz' abzugeben, ein Christ würde es vielleicht ausdrücken mit 'Nicht mein, sondern Dein Wille geschehe,' wurde eine Wort-Rate entwickelt, die bei jeder Balancierung mitgesendet werden muß. Sie lautet 'Zum Besten Des Ganzen' oder abgekürzt 'Z.B.D.G.' und bedeutet soviel wie, daß all das, was wir in unser Programm hineinschreiben, dann und nur dann sich realisieren soll, wenn es auch wirklich 'Zum Besten des Ganzen' ist. Um diesem 'Z.B.D.G.' mehr Nachdruck zu verleihen, schreiben wir es nicht nur an den Anfang jedes unserer selbst geschriebenen Programme, sondern bei längeren Programmen pro angefangene acht Raten einmal, sodaß wir dies beim Eingeben unserer Raten berücksichtigen müssen."

Als Al*y* die Programme fertig hatte, machte er eine kurze Pause, um einen Schluck Wasser zu trinken, dann fuhr er fort: "Mit dieser Programmierung steht mir jedes der beiden Programme gleich zweimal zur Verfügung, zum einen als Meßprogramm, wie wir es schon kennengelernt haben, zum anderen als Balancierungsprogramm, bei dem die Raten nacheinander automatisch gesendet werden. Dies wollen wir nun tun, um für Herrn

Hase den Bereich Chakras/Aura wieder ins Gleichgewicht zu bringen, oder dies zumindest zu versuchen. Sie erinnern sich: ein Radioniker will nicht manipulieren, er ordnet sein Handeln immer dem 'Besten des Ganzen' unter.

Bevor wir aber Programm 1 für die Positiv-Raten und Programm 2 für die Negativ-Raten starten, müssen wir messen, wie lange diese Programme gesendet werden sollen. Dazu gebe ich in den Computer 'Balancierungsdauer Prog. 1' ein und messe in der bereits gewohnten Weise von '0' aus bis zum Stick die Zeit in Minuten. Dasselbe mache ich anschließend für Prog. 2."

Er tippte die Frage in den Computer und stellte die erforderlichen Zeiten fest, erst für Progr. 1. dann für Progr. 2. Darauf teilte er die Ergebnisse mit: "Für Progr. 1 benötigen wir 17 min, für Progr. 2 sind es 10 min."

Mit feierlichem Gesicht sagte er dann: "Nun kann es losgehen. Für das automatische Balancieren mit Progr. 1 müssen wir das Gerät folgendermaßen einstellen: Wir haben in Progr. 1 nur Positiv-Raten eingegeben, d. h. der Amplitudenknopf muß auf '100' stehen. Weiterhin schalten wir um auf 'Balance' und jetzt starten wir Progr. 1 als Balancierungsprogramm. Jede der von mir eingegebenen Raten wird nacheinander gesendet. Wenn das Programm einmal durchgelaufen ist, ertönt ein Signal, und es beginnt wieder von vorne, also mit der ersten Rate, bis wir es nach der gemessenen Zeit von 17 min beenden."

Aly sah in die Runde, als erwarte er eine Frage, als keine kam, fuhr er fort: "Mit dem Progr. 2 verfahren wir sinngemäß, nur daß wir hier den Amplitudenknopf auf '0' stellen müssen, da wir es ja dann mit Negativ-Raten zu tun haben. Progr. 2 lassen wir natürlich nur 10 min laufen, wie ich es vorher gemessen hatte. Ich starte jetzt die Balancierung für Progr. 1. Während die Balancierung läuft, können Sie sich alles hier etwas näher anschauen. Die komplette Grundanalyse finden Sie auf den Tafeln an den Wänden (vergl. Anhang A). Sie werden sehen, daß Sie mit der Grundanalyse einen 'Grundcheck' erhalten, der schon einen ziemlich genauen Überblick über die Hauptschwachstellen in einem System wie dem Menschen vermittelt, v. a. können wir auch Querverbindungen zwischen den einzelnen Bereichen erkennen. Dies hilft uns, Analyse und Balancierung ganzheitlich anzugehen und uns nicht an einzelnen Stellen, vielleicht vergeblich, abzumühen. Vergessen Sie dabei aber bitte nicht, daß sich alle hier abgefragten Daten immer auf das Innere Daten-Feld beziehen und nicht auf die aktuelle physische Verfassung."

Die Zuhörer begannen sich auf dem Stand zu verteilen, und die Szene begann vor meinem inneren Auge zu verschwimmen. Während ich gerade noch wahrnahm, wie Al*y* das Progr. 2 startete, erwachte ich im nächsten Moment in meinem Bett, um festzustellen, daß es bereits recht spät war.

Mein Traum war so intensiv gewesen, daß ich nicht einmal bemerkt hatte, daß meine Frau leise aufgestanden war. Bevor ich ihr aber nun folgte, um ihr beim Frühstückmachen zu helfen, raffte ich schnell noch alle Erinnerungen von meinem inneren Abenteuer zusammen, um sie aufzuschreiben.

Z.B.D.G.
Zum Besten Des Ganzen

Kapitel 6

Radionik in der Forstwirtschaft

Als ich in der nächsten Nacht wieder auf den Messestand im Traum zurückkehrte, fand ich Aly, als er gerade ein Glas Wasser trank, jedenfalls sah es aus wie Wasser. Er schien in Gedanken versunken, machte aber dabei einen sehr aufmerksamen und konzentrierten Eindruck. Als er sich wieder uns zuwandte, erklärte er: "Einer meiner Mitarbeiter hat um meine Unterstützung gebeten. Er hat ein Problem mit einer Verwaltungsstelle, die versucht, den Verkauf biologisch angebauter Lebensmittel, biologischer Lebensmittelergänzungsstoffe und Kräuter zu unterbinden. Durch eine interne Absprache der großen Nahrungsmittelproduzenten und der pharmazeutischen Industrie sollen auch die biologischen Produktionszweige unter Kontrolle gebracht werden, um einen größeren Gewinn zu erzielen.

Meine Möglichkeiten, diese Bestrebungen zu stoppen, sind zwar gering, aber ich hoffe, eine Art homöopathischen Effekt zu erzielen. Obwohl meine Aktivitäten nur sehr klein sein können, denke ich doch, daß sie eine maßgebliche Änderung des gesamten dahinterstehenden Systems bewirken werden.

Ich lege Ihnen sehr ans Herz, daß auch Sie ein wachsames Auge auf staatliche und kommunale Stellen haben. Auf diesem Planeten gibt es leider viel zu viele dieser Stellen, die sich gütlich an der Arbeit der anderen tun wie in einem Selbstbedienungsladen und die oftmals das Gegenteil von dem veranlassen, was eigentlich ihre Aufgabe wäre. Ich werde sicher bald zurück sein, um unser Gespräch fortzusetzen. Während meiner Abwesenheit können Sie sich aber anhand unserer holographischen Multimediaanlage einen sehr interessanten Bericht über Radionik-Anwendungen in der Agrar- und Forstwirtschaft ansehen."

Aly drückte wieder einige Knöpfe seiner Fernbedienung und es begann der angekündigte Film...

Radionik in der Agrar- und Forstwirtschaft

Dr. Albert Abrams, der Entdecker und Entwickler der ERA-Methode, der späteren Radionik, arbeitete ausschließlich im human-medizinischen Bereich, was auch nicht erstaunlich ist, da er von Hause aus Arzt war. Natürlich ist die Methode auch im Veterinärbereich gut anwendbar und daher erstrecken sich die Anwendungsgebiete inzwischen nicht nur auf Menschen, sondern auch auf Haustiere wie Hund, Katze, Vogel usw., auf landwirtschaftliche Tierhaltung (Pferde, Kühe, Schweine, Hühner, Bienen usw.) und kleine und große Wildtiere.

Wenn aber der Grundgedanke von Abrams stimmte, mußte die ERA-Methode sinngemäß auf alles Leben anzuwenden sein. Curtis P. Upton, der Sohn eines Mitarbeiters von Thomas A. Edison, suchte daher eine Möglichkeit der Anwendung bei Pflanzen. Er modifizierte die Geräte von Abrams und verwendete als Proben zunächst Blätter der Pflanzen, die er untersuchen und behandeln wollte. Das dazu entwickelte Gerät arbeitete aber auf einer höheren kontinuierlichen Radiofrequenz als das von Abrams und war mit Röhrenverstärkern bestückt. Es wurde bekannt als U.K.A.C.O.-Gerät, benannt nach der von Upton und einigen anderen gegründeten Firma. Im weiteren Verlauf dieser Arbeit bis in die 60er Jahre wurden nicht nur einzelne Pflanzen radionisch behandelt, sondern auch große Felder und Plantagen. Hierzu dienten als Proben Luftaufnahmen der entsprechenden Gebiete. Als immer mehr Farmer die “Black Box” einsetzten, wurde die Arbeit von Upton und seinen Leuten gestoppt. Durch den Einsatz der Radionik verwendeten die Farmer immer weniger Spritzmittel, wodurch der Umsatz der chemischen Industrie zurückging. Unter dem Druck der Industrie mußte Upton seine Aktivitäten stark zurücknehmen.

Die Ergebnisse seiner radionischen Behandlungen waren beachtlich (Abb. 6.01).

County—Lancaster
Crop Treated—Field Corn
Owner—Edw. Bollinger
Procedure—By U.S.D.A. Method

Radionically Treated Area			Untreated Area (Check)		
	No. Silks Examined	*No. Silks Damaged by Japanese Beetles*		*No. Silks Examined*	*No. Silks Damaged by Japanese Beetles*
Row No. 1	100	12	Row No. 1	100	68
Row No. 2	100	10	Row No. 2	100	55
Row No. 3	100	9	Row No. 3	100	52
Row No. 4	100	9	Row No. 4	100	50
Totals	400	40		400	225

Results: 82% Japanese Beetle Control based on Silk Damage
Surveyors: John Ilgenfritz
Paul Albright
B. A. Rockwell

*Abb. 6.01 Ergebnisse der Behandlung von Getreide, USA 1952. Verbesserung von 82% gegenüber dem unbehandelten Getreide **

Auch die Delawarr Laboratories waren schon im Agrarbereich tätig, allerdings in kleinerem Rahmen. In Deutschland arbeitet seit mehreren Jahren das Institut für Resonanztherapie (IRT) im Bereich der Behandlung von Wäldern und Agrarflächen. Das IRT wurde 1988 gegründet und hat seinen Sitz in Lünen, Westfalen. Schon vor der Gründung des IRT, ab 1986, liefen Laborversuche mit Pflanzen und ein Feldversuch in Krefeld. Bei den Tests ließ sich z. B. schon sehr gut die Reaktion von radionisch fernbehandelten Pflanzen feststellen. Bei der sogenannten Leitwertmessung zeigte sich immer eine ähnliche Kurve, außer unmittelbar nach Beginn der Behandlung. Hier reagierten ca. 60% der Pflanzen mit einer deutlichen “Sprungantwort” (Abb. 6.02).

---

*aus "Report on Radionics", E.W. Russell;
Verlag C.W. Daniel, Essex, England

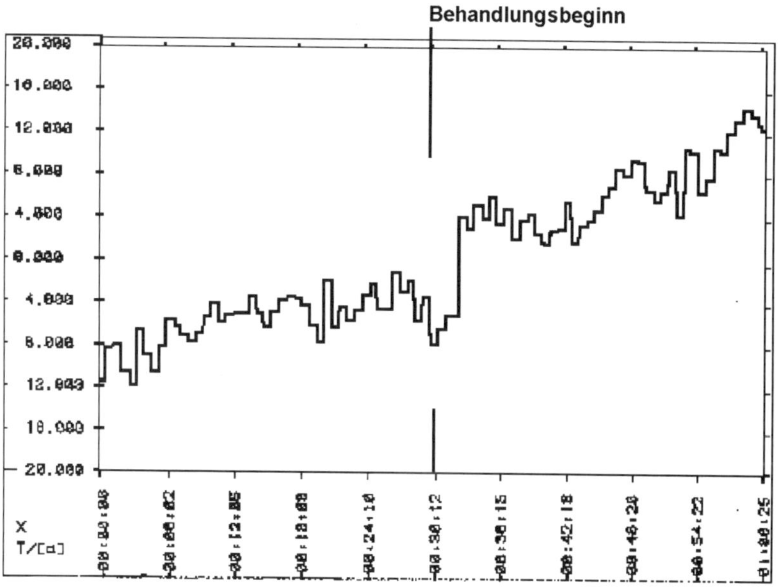

Abb. 6.02 Bei Leitwertmessungen an Pflanzen zeigte sich, daß ca. 60% der Pflanzen beim Einschalten der radionischen Fernbehandlung mit einer Sprungantwort reagierten.

Nach erfolgreichen Vorversuchen zusammen mit den Delawarr Laboratories, England, konnten 1987/88 bei den ersten Waldversuchen überzeugende Ergebnisse von unabhängigen Sachverständigen und Instituten festgestellt werden. Seit 1990 werden Auftragsbehandlungen durchgeführt und damit kommen auch die ersten Aufträge aus dem europäischen Ausland. 1990 sind es schon 7400 ha behandelte Fläche. Der Behandlungserfolg ist je nach Gebiet unterschiedlich und lag bis 1990 bei 33% bis 88% Verbesserung. Mit Aufträgen auch aus dem östlichen Europa werden bereits Waldflächen mit über 40000 ha behandelt.

Zur radionischen Behandlung von großflächigen Ökosystemen sind im Vergleich mit den humanen und veterinären Anwendungen andere Vorgehensweisen vom IRT erarbeitet worden, wobei auch die verwendeten Bezeichnungen dem speziellen Verfahren angepaßt wurden. Das Institut spricht z. B. nicht von morphischen Feldern oder Inneren Daten-Feldern, sondern von Attraktoren, weil ein Feld im allgemeinen Verständnis Raum und Zeit impliziert. Ein Attraktor dagegen hat eine engere Beziehung zu mathematischen Modellen wie z. B. der Chaostheorie und der fraktalen Geometrie. Der Attraktor stellt demnach die direktere Verbindung zur Informationsebene, zum IDF, dar.

Natürliche Anpassung von Ökosystemen bei der heutigen Umweltverschmutzung extrem erschwert

Als Proben verwendet das IRT Resonatoren, die dem Original so ähnlich wie möglich sind, z. B. Luftaufnahmen oder topographische Landkarten. Wichtig ist ebenso, das Verhalten der Ökosysteme zu kennen. Systeme, z. B. Wälder, die sich noch den Umweltbedingungen anpassen können, bleiben innerhalb eines für sie bestimmten Spielraumes intakt, haben eine hohe Vitalität. Systeme, die sich nicht anpassen können, werden krank bzw. sterben ab. Die Anpassungszeiträume lagen bisher bei Hunderten oder Tausenden von Jahren. Die ungünstige, dramatisch schnelle Entwicklung der letzten Jahre stellt eine völlig neue Situation dar, die aufgrund der hohen Umweltbelastung eine Anpassung der Systeme fast unmöglich macht. Das System erhält aus dem IDF, dem Attraktor, keine Antwort auf die total unbekannte Situation, es kann sich nicht mehr anpassen. Die Resonanztherapie liefert nun die organisierende Information, die das System in die Lage versetzt, sich wieder anpassen zu können, sich zu reorganisieren. Das bedeutet natürlich nicht, daß die Umwelt weiterhin so verschmutzt werden darf wie bisher, denn dann wäre irgendwann auch die Reorganisationsfähigkeit des Systems erschöpft. Als organisierende Information kann nur das angeboten werden, was das System “interessiert”, womit es kompatibel ist. Das System ist grundsätzlich mit der Information kompatibel, die seine Funktionsfähigkeit erhöht. Dies drückt sich dann in besserer Vitalität aus. Weiterhin müssen diese Informationen für eine gewisse Zeit ständig wiederholt (repetiert) werden. Durch die Kompatibilität und die Repetition wird eine hohe Attraktion (“Feldstärke”) des Informationsfeldes erreicht und damit die Wahrscheinlichkeit, daß das System diese Information realisiert, wesentlich erhöht.

Welche Informatoren (Informationen) müssen angeboten werden, damit sie dem System helfen, sich zu reorganisieren, und wie müssen die geeigneten Resonatoren aussehen, um eine optimale Informationsübermittlung zu gewährleisten?

Nach Mandelbrot ist Selbstwiederholung einer einfachen Struktur das zugrundeliegende Prinzip vieler Formen und komplexer Strukturen in der Natur. Mandelbrot zeigte, daß durch ständiges Wiederholen einer einfachen mathematischen Operation eine komplexe Struktur entsteht (fraktale Mathematik), seien es die einfachen fraktalen Strukturen eines Farn- oder Ahornblattes (Abb. 6.03) oder seien es komplexere Gebilde. Hierbei ist sehr gut das Prinzip zu erkennen, daß die Ordnung des Ganzen in seinen Teilen wiederzufinden ist.

Informationswert von Fraktalen und Symbolen

Wie Fraktale haben auch Symbole einen hohen Informationswert. Forschungen des IRT ergaben, daß besonders alte Symbole einen komplexen Informationsgehalt repräsentieren, der von der Natur verstanden wird, z. B. hebräische Buchstaben, Sanskrit oder Runen, um nur wenige zu nennen. Diese Symbole sind über die Jahrtausende so oft gebraucht worden, daß sie eine sehr starke Attraktion besitzen. Fraktale und Symbole werden vom IRT als Informatoren verwendet.

Farn						Blatt					
a_{11}	a_{12}	a_{21}	a_{22}	b_1	b_2	a_{11}	a_{12}	a_{21}	a_{22}	b_1	b_2
0,0	0,0	0,0	0,17	0,0	0,0	0,64987	-0,013	0,013	0,64987	0,175	0,0
0,84962	0,0255	-0,0255	0,84962	0,0	3,0	0,64948	-0,026	0,026	0,64948	0,165	0,325
-0,1554	0,235	0,19583	0,18648	0,0	1,2	0,3182	-0,3182	0,3182	0,3182	0,2	0,0
0,1554	-0,235	0,19583	0,18648	0,0	3,0	0,3182	-0,3182	0,3182	0,3182	0,8	0,0

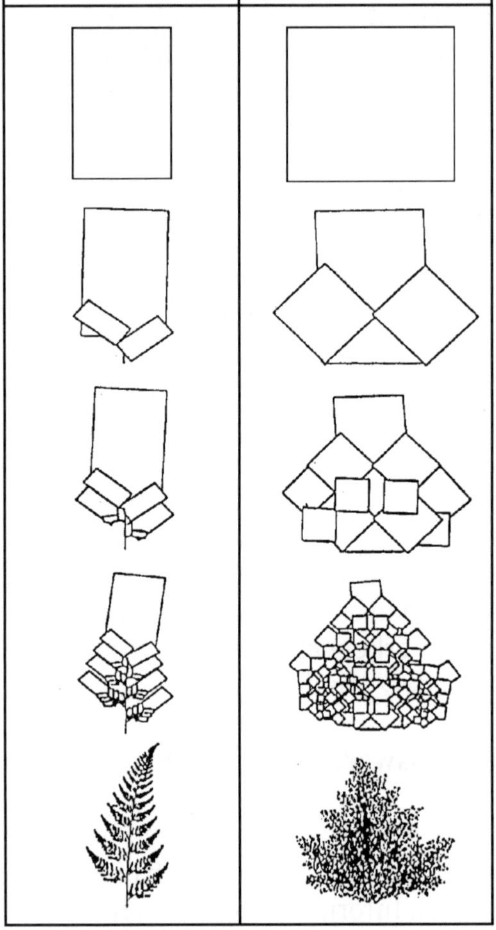

Abb. 6.03 Am Beispiel der Fraktale eines Farnkrautblattes und eines Ahornblattes ist das Prinzip zu erkennen, daß die Ordnung des Ganzen in seinen Teilen wiederzufinden ist

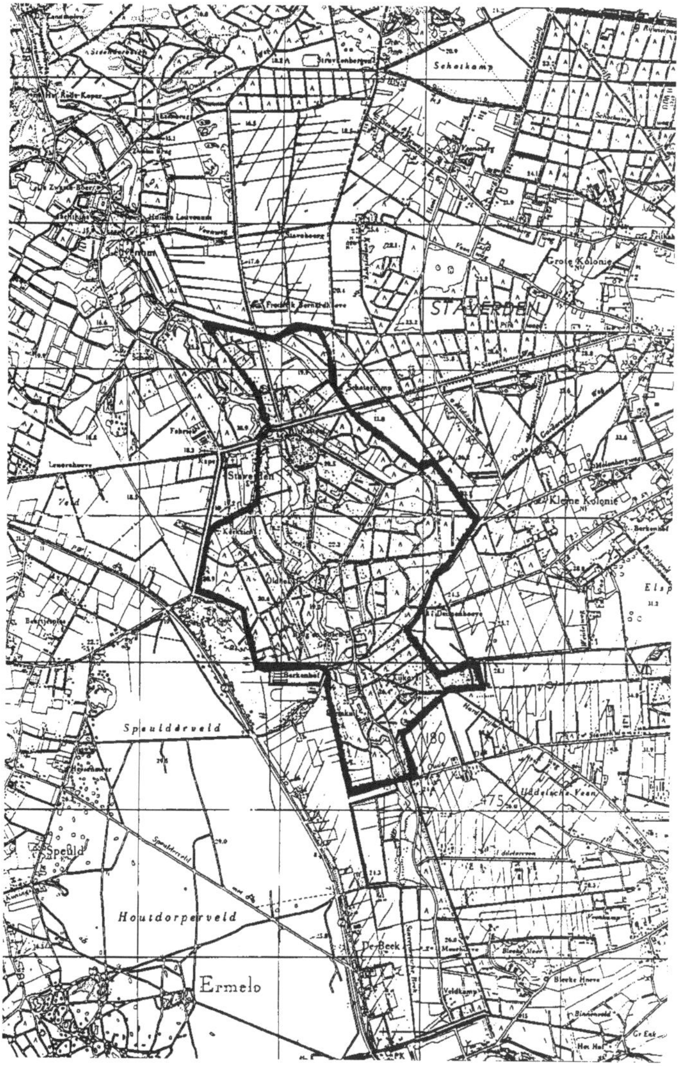

Abb. 6.04 Auszug aus einer topographischen Landkarte, Staverden-NL, mit eingezeichnetem Behandlungsgebiet, ca. 350 ha Behandlungsfläche

Die oben erwähnten Luftaufnahmen oder detaillierten topographischen Landkarten (Abb. 6.04) dienen dabei als Resonator. Wie von Abrams und de la Warr bekannt, müssen diese Proben, Resonatoren, in den CRP (Critical Rotation Point) gedreht werden. Bei den ersten Behandlungen größerer Flächen stellte das IRT fest, daß dies allein nicht ausreicht. Um die Informationen klarer in das IDF des Waldes übertragen zu können, entwickelte das IRT ein spezielles Verfahren zur Transformation des Resonators. Hierzu werden die Karten und Fotos mit Hilfe eines Digitalizers in einen Computer eingelesen und auf dem Monitor über affine Transformationen (mathematische Formeln) in geeignete Resonatoren umgeformt (Abb. 6.05). Wann der optimale Transformationsgrad erreicht ist, kann z. B. mit einem Radionik-Gerät ausgetestet werden, in gleicher Weise wird der richtige Informator, z. B. das Symbol usw., bestimmt.

Behandlung über das "Holon"

Die Behandlung eines Waldes läuft nun folgendermaßen ab. Zusammen mit den örtlichen Forstbehörden oder dem Auftraggeber führt das IRT eine detaillierte Analyse der Ausgangssituation durch. Der nächste Schritt ist die Bestimmung des "Holons". Ein "Holon" ist die Ganzheit, in die das in Auftrag gegebene Behandlungsgebiet eingebettet ist. Wenn z. B. der Auftrag nur für einen Teil eines größeren Ökosystems, z. B. Wald, erteilt wurde, ist es dennoch erforderlich, das System in seiner Gesamtheit zu behandeln. Nachdem im weiteren geeignete Resonatoren erstellt wurden, wird getestet, welche Informatoren mit dem Projekt kompatibel sind. Mit diesen Ergebnissen wird dann der Therapieplan aufgestellt.

Das IRT arbeitet z. Zt. mit 14 Behandlungsstationen, in denen die Projekte verteilt werden. Diese Stationen bestehen aus je einem Radionik-Gerät und einem Portfolio-Rechner mit spezieller Software (Abb. 6.06). Ein Behandlungsprogramm dauert

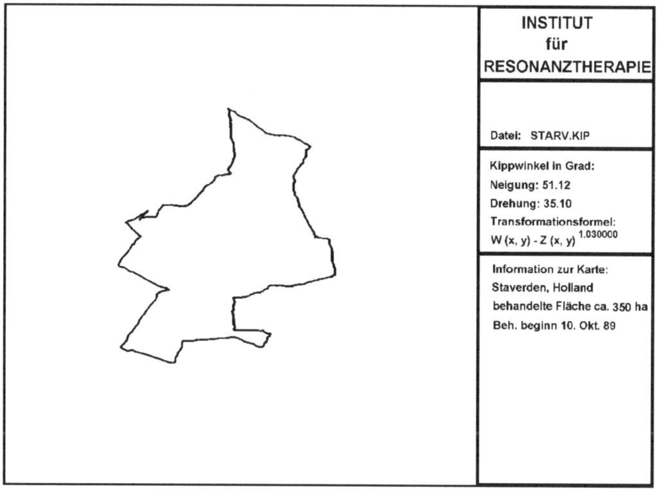

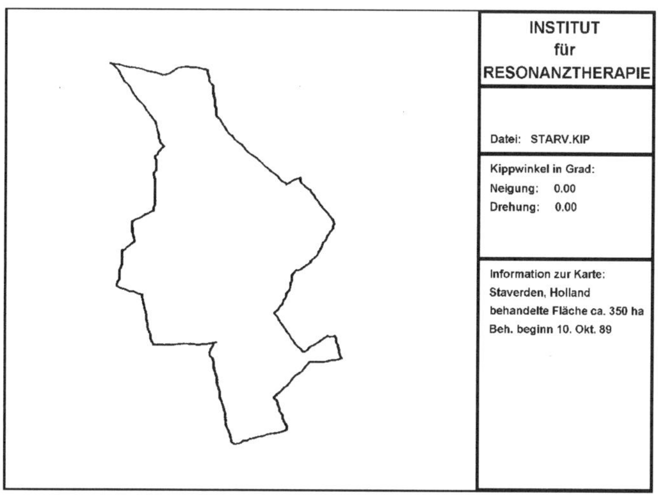

Abb. 6.05 Transformation des Resonators aus Abb. 6.04. Unten der Original-Resonator, oben der an den CRP angepaßte Resonator.

im allgemeinen ca. zwei bis vier Stunden täglich und wird fünfmal wöchentlich von zwei Therapeutinnen ausgeführt. Abhängig von der Jahreszeit und der Reaktion des behandelten Gebietes wird ein neues Behandlungsprogramm erstellt nach erneuten Tests wie oben beschrieben. Dabei stellt sich auch heraus, wann zwischen den Behandlungszyklen Pausen wichtig sind, um dem Behandlungsgebiet die Gelegenheit zu geben, die empfangenen Informationen umzusetzen.

Abb. 6.06 Behandlungsraum des Instituts für Resonanztherapie

Zur Therapiekontrolle wird ein Projekt mindestens zweimal pro Jahr besucht, einmal im Jahr wird eine allgemeine Vitalitätskontrolle durchgeführt. Zu dieser Kontrolle gehören eine jährliche Wiederholung der Waldschadensaufnahme, die Aufnahme von Vegetation und Naturverjüngung, Boden- und Blattanalysen, Feinwurzeluntersuchungen, Lichtwertmessungen, energetische Messungen vor Ort und Baumtests an Kontrollbäumen. Hierzu parallel wird eine Fotodokumentation angelegt.

Bei den derzeitig starken Umweltbelastungen benötigt ein Wald mindestens drei Jahre der Behandlung, bis er in der Lage ist, die Regulationsprozesse wieder selbst durchzuführen. Das Ergebnis der Behandlung zeigt sich in der Zunahme der Eigenkräfte auf vielen Ebenen wie Bodenleben, Humusqualität, Vegetationsvielfalt, Naturverjüngung, bessere Nährstoffversorgung der Bäume und Zunahme der Blattmasse. Interessant ist auch, daß sogar das Wild die Behandlung zu spüren scheint und sich Nahrung und Lagerplätze auf den behandelten Flächen sucht.

Projekte Staverden, Welna und Keppel, Zentralholland

Einige der ersten ausländischen Aufträge waren die Projekte Staverden, Welna und Keppel in den Niederlanden (Zentralholland am Rande der Veluwe). Die Wälder dort bestehen zum überwiegenden Teil aus Eichen, Buchen, Kiefern und Fichten. Verantwortlich für das Waldsterben ist hier ein mittlerer bis starker Stickstoffeintrag aus der Luft (und aus dem Wasser). Die Behandlungen begannen im Oktober 1989 und wurden von niederländischen Sachverständigen über Lichtwertmessungen an ausgewählten Bäumen kontrolliert.

Die Lichtwerte wurden mit einem sogenannten Kronenmeter gemessen, d. h. je weniger Blattmasse, desto durchlässiger die Baumkrone und umso höher, also schlechter, der Lichtwert.

1992, nach drei Jahren der Behandlung, war eine deutliche Verbesserung des gesamten Behandlungsgebietes erreicht. Die Vitalität der behandelten Eichen in Welna verbesserte sich um 27%, die der unbehandelten blieb nahezu unverändert. Betrachtet man die Entwicklung über die gesamte Behandlungszeit, läßt sich ein deutlicher Trend erkennen. Der Trend zu besseren, niedrigeren Lichtwerten ist bei den behandelten Eichen sehr gut an der starken Neigung der Trendkurve zu erkennen (Abb. 6.07). Bei den unbehandelten Eichen ist die Kurve dagegen sehr flach.

Die Vitalität der unbehandelten Buchen in Staverden war 1992 im Vergleich zu 1989 um 80% schlechter. In der gleichen Zeit verbesserten sich die behandelten Buchen um 5%. Diesen krassen Unterschied zeigt die Trendkurve deutlich auf (Abb. 6.08). Hier verläuft die Kurve nicht mehr nur flacher, wie im Eichenvergleich Welna, sondern kehrt sich sogar um (Anstieg statt Abfall).

Alles in allem ist also nach Ablauf der Behandlung in diesen Gebieten ein positiver Verlauf in der Entwicklung dieser Wälder zu erkennen und damit ergeben sich auch stark verbesserte Zukunftschancen.

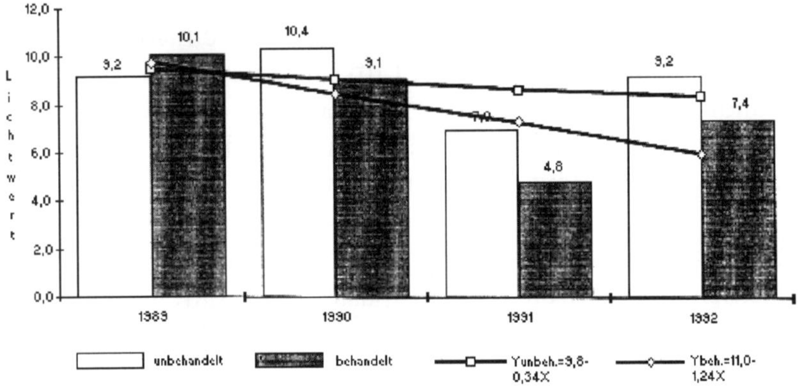

Abb. 6.07 Die starke Neigung der Trendkurve bei den behandelten Eichen zeigt die positive Entwicklung des Waldes nach dreijähriger Behandlung

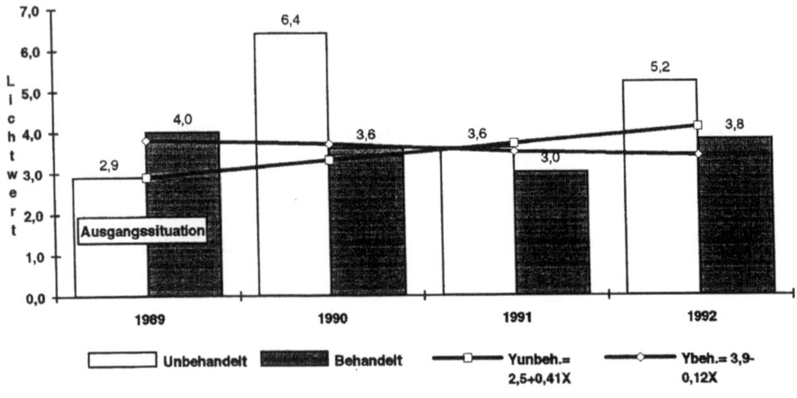

Abb. 6.08 Bei den behandelten Buchen zeigt die Neigung der Trendkurve die deutliche Verbesserung an. Dies wird verstärkt durch die schlechte Entwicklung der unbehandelten Buchen (Steigung der Trendkurve)

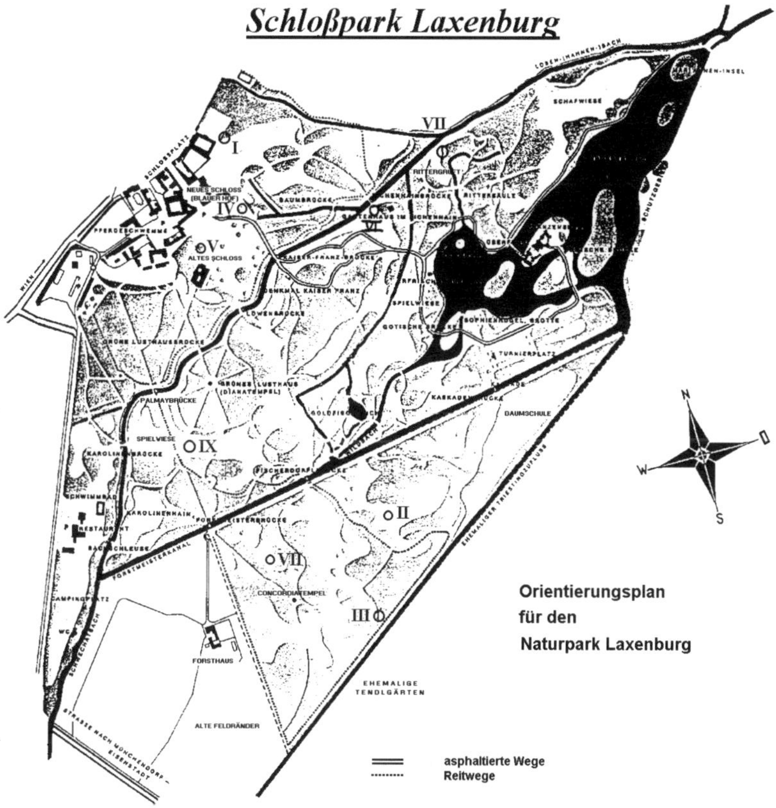

*	I	Platanengruppe - Schloß
*	II	Kaisereiche - Wiese
*	III	Linden - Baracken
*	IV	Kastanienallee - Schloß
*	V	Lindengruppe - Altes Schloß
*	VI	Eichen - Eichenhain
*	VII	Alteichen - Rittergruft
*	VIII	Eichen - Lichtung
*	IX	Eichenallee - Spielwiese

Abb. 6.09 Übersicht der Kontrollpunkte im Projekt Park Laxenburg ca. 17 km südlich von Wien, Österreich

Projekt Park Laxenburg, Niederösterreich

In der Ausstellung “Holz-Zeit” in Murau, Steiermark, Österreich, von April bis Oktober 1995 wurde ein anderes Projekt des IRT vorgestellt. Behandlungsobjekt war der Schloßpark Laxenburg, ca. 17 km südlich von Wien, für den die niederösterreichische Landesregierung 1990 einen Behandlungsauftrag erteilte. Dieser Schloßpark ist eine etwa 250 ha große, ebene Parklandschaft und dient seit Anfang der 60er Jahre als Erholungsraum mit rund 1 Million Besuchern pro Jahr. Um die Auswirkungen der radionischen Behandlung besser erfassen und verfolgen zu können, wurden neun Kontrollpunkte ausgewählt, die mit 45 Kontrollbäumen einen repräsentativen Querschnitt des gesamten Parks boten (Abb. 6.09). Hierbei handelte es sich um 25 Eichen, 10 Linden, 5 Kastanien und 5 Platanen. Als Gradmesser des Vitalitätszustandes wurden die Kronenzustandsform, der Zustand der Wipfelregion und der Mistelbefall verwendet. Die Kontrollen wurden jedes Jahr zum gleichen Zeitpunkt im September vorgenommen.

Abb. 6.10a Zustand der Linden zu Beginn der Behandlung im Projekt Park Laxenburg.

Die Ergebnisse nach einer Behandlungszeit von drei Jahren zeigen einen deutlich positiven Einfluß auf die Vitalität der Parkbäume. So verbesserte sich z. B. die Kronenzustandsform, ausgedrückt im mittleren Verlichtungsgrad, für die Kontrollbäume gesamt um 20,7% im Vergleich zum Ausgangsjahr. Bei der Eiche allein betrug die Verbesserung sogar 34,4%. Die höchste Steigerungsrate war bei der Linde mit 37,9% zu verzeichnen, dies läßt sich sehr deutlich schon mit bloßem Auge erkennen (Abb. 6.10). Die Kastanie zeigte 15,4% Verbesserung, nur bei der Platane ist in der genannten Zeit ein Abfall von 3,3% erfolgt (Abb. 6.11). Beachtlich ist auch ein starker Rückgang des Mistelbefalls bei den Eichen mit 33,3%.

Abb. 6.10b Drei Jahre nach Behandlungsbeginn zeigen die Linden eine mit bloßem Auge erkennbare Verbesserung

Die Vergleiche dieser Ergebnisse mit dem Waldzustandsbericht für ganz Österreich läßt für den Park Laxenburg eine deutlich bessere Zustandsentwicklung erkennen. Dies ist noch beachtenswerter dadurch, daß der Park durch seine Lage klimatisch und niederschlagsmäßig gegenüber der Umgebung benachteiligt ist. Nach Aussage des Gutachtens durch den staatlich geprüften Forstwirt Dipl.-Ing. Strohschneider liegt für den Park Laxenburg “ein positiver Einfluß auf die Vitalität der Parkbäume vor, der durch eine durchschnittlich natürlich zu erwartende Vitalitätsentwicklung nicht zu erklären ist”.

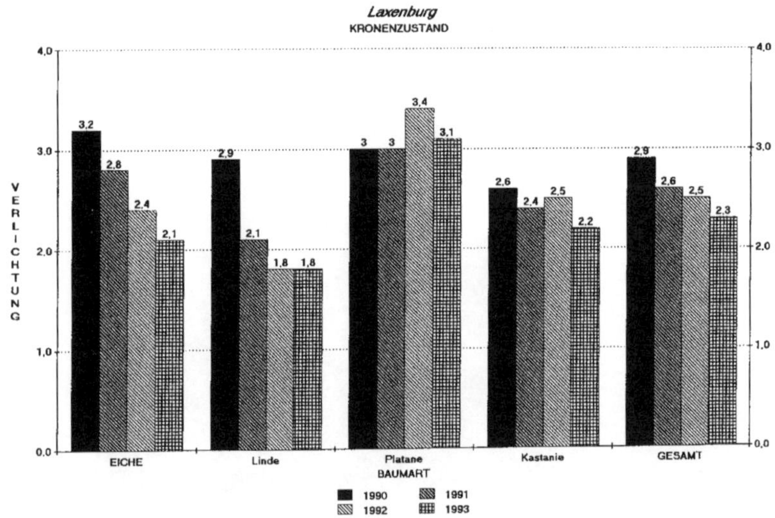

Abb. 6.11 Verbesserung des Kronenzustandes verschiedener Baumarten nach drei Jahren der Behandlung bis zu 37,9% (Ausnahme ist die leichte Verschlechterung der Platanen mit 3,3%) bezogen auf das Ausgangsjahr

Die Arbeit des Instituts geht weiter mit Aufträgen in Rußland, Tschechien und anderen europäischen Ländern. Dabei werden die zu behandelnden Waldgebiete immer größer, inzwischen teilweise über 40000 ha je Projekt.

Sicherlich ist diese Art der Waldbehandlung ein Weg, die Situation der durch unsere Umwelt geschädigten Waldgebiete zu verbessern. Das Wichtigste bleibt aber trotz allem, unsere Umwelt erst gar nicht in diesem Maße zu schädigen, da bei der weiteren Verschlechterung unserer Wälder auch die Radionik nur noch eine Feuerwehrrolle übernehmen kann.

ENDE

Der Film hatte mich sehr beeindruckt. Ich war erfreut, daß nicht nur Menschen und Tiere über das IDF angesprochen werden konnten, sondern sogar riesige Wälder. Wie es mir ergangen war, als Aly mich behandelt hatte, wußte ich ja und jetzt fragte ich mich, wo überhaupt die Grenzen eines solchen Verfahrens lagen. Ich kam zu dem Schluß, daß das Leben doch mehr Geheimnisse hatte und interessanter war, als ich mir je vorgestellt hatte. Mit diesen Gedanken kam ich langsam ins Wachbewußtsein zurück und machte mich sofort daran, das Gehörte und Gesehene so gut es ging festzuhalten und aufzuschreiben. Ich war gespannt darauf, was Aly noch weiter über dieses Thema berichten konnte, hoffentlich war er wieder zurück, wenn ich mich das nächste Mal in meinen Traum begab.

Das Wichtigste ist und bleibt,
unsere Umwelt erst gar nicht zu schädigen

Teil II
Anwendungen der Radionik

(am Beispiel des SE-5)

In der nächsten Nacht, als ich wieder in meinen luziden Traum einstieg, fand ich Al*y* immer noch nicht wieder am Stand. Da er noch nicht zurück war, sah ich mich etwas genauer um, vielleicht konnte ich noch mehr über Radionik erfahren. Ein kleines Notizbuch auf dem Tisch erregte meine Aufmerksamkeit, darauf stand von Hand geschrieben “Anwendungen des SE-5”, eine Goldgrube. Genau darüber wollte ich mehr wissen. Ich versetzte mich in eine Art luziden Trance-Zustand, um mein fotografisches Gedächtnis zu aktivieren, und begann, das Notizbuch im einzelnen durchzugehen. Es begann ......

Alle Anwendungen des SE-5 beginnen stets mit denselben Startroutinen. Diese bestehen aus folgenden Schritten: Ableiten evtl. statischer Aufladungen (statischer Elektrizität) des Anwenders durch eine geeignete Erdung; Einschalten des SE-5; Einschalten des Bordcomputers; Abwarten des Reinigungszyklus (ca. 5 sec.). Beim Reinigungszyklus werden in der Meßzelle evtl. noch vorhandene Informationen, z. B. von der letzten Probe, gelöscht. Die Schalter werden wie folgt eingestellt: Ein/Aus-Schalter auf *ON*, Betriebsmodus-Schalter Messen/Balance auf *MEASURE,* Meßmodus-Schalter Normal/Scan auf *NORMAL* und Meßbereichsumschalter 100/1000 auf *100.*

Wenn eine Probe verwendet wird, wird diese jetzt in die Meßzelle geschoben (in den unten angeführten Anweisungen wird näher auf die Möglichkeit verschiedener Proben eingegangen).

ALLE EINSTIEGSMESSUNGEN (Schutzrate, Barrieren, Störungen etc.) MÜSSEN ALS ERSTES DURCHGEFÜHRT WERDEN, BEVOR WEITERGEARBEITET WERDEN DARF! (vergl. Kap. 5, Einstiegsmessungen).

Zu Beginn vieler Einstellungen, speziell bei Balancierungsprogrammen, tauchen immer wieder die vier Buchstaben Z.B.D.G. auf. Sie bedeuten ***Zum Besten Des Ganzen*** und sind meine Art, dem Höchsten zu sagen: "Fördere und unterstütze die Veränderung, wenn es angemessen ist und dem Besten des Ganzen dient."

Kapitel 7

Potenzieren, Herstellen radionischer Informationsmittel

Potenzieren bedeutet in diesem Zusammenhang, ein bestimmtes Informationsfeld (IDF) einer Substanz aufzuprägen wie z. B. Wasser, Alkohol, Rohrzucker-Kügelchen (Globuli) u. a. In der Homöopathie geschieht dies i. a. durch Mischen einer Substanz wie Schwefel mit Alkohol (*sulfur*). Anschließend wird die Mischung mehrmals kräftig geschüttelt. Ein kleiner Teil dieser Verdünnung wird nun herausgenommen, mit Alkohol verdünnt und wieder geschüttelt, wieder ein Teil verdünnt, geschüttelt usw. usw. Je mehr die Grundsubstanz (Urtinktur) verdünnt und geschüttelt wird, desto höher steigt die Potenz, die Substanz wird potenziert. Bei homöopathischen Mitteln mit einer Potenz von D 23 und höher ist von der Ursubstanz analytisch nichts mehr nachweisbar. Die Bezeichnung gibt an, wie oft eine 10fache Verdünnung (D = lat. decem / 10) und Verschüttelung durchgeführt wurde, im Beispiel demnach 23 mal. Trotz dieser hohen Verdünnungen bleiben die entsprechenden IDFs völlig intakt und sind hoch aktiv.

Das im SE-5 verwendete Potenzierungsprogramm bildet diesen Prozeß nach und macht es sehr leicht, vorhandenen Substanzen die entsprechenden IDFs einzuprägen. Einige ausländische Hersteller von Homöopathica setzen inzwischen das SE-5 ein, um ihre Mittel damit herzustellen. Sie haben herausgefunden, daß sie diese Mittel immer genau und für den aktuellen Bedarf herstellen können und sie darüber hinaus eine lange Lagerfähigkeit haben. **

** Radionisch hergestellte Mittel sind informationelle Nachbildungen der gewünschten Mittel und beziehen sich nur auf das IDF, sind also nicht mit pharmazeutischen, homöopathischen oder anderen Mitteln vergleichbar, somit auch nicht medizinischer Art.

Zur Herstellung eines radionischen Informationsmittels, hier z.B. einer informationellen Nachbildung eines Homöopathicums, gehen Sie wie folgt vor:

1. Schalten Sie SE-5 und Bordcomputer wie gewohnt ein. Da wir nur ein radionisches Mittel herstellen wollen, benötigen wir keine Probe, die Meßzelle bleibt leer. Als Beispiel verwenden wir das Homöopathicum *sulfur*, hier in der Potenz D 200.
2. Stellen Sie sich eine Trägersubstanz bereit, z. B. ein Fläschchen mit einer Alkohol- oder Kochsalzlösung, Globuli, Wasser o. ä. Sie können auch einen Edelstein verwenden, je nachdem, für welchen Anwendungsfall die Information von *sulfur* verwendet werden soll. Wenn Sie nicht sicher sind, ob die verwendete Substanz rein ist, führen Sie erst das Reinigungsprogramm durch (Sie finden es im Anschluß an den Potenzierungsvorgang).
3. Drücken Sie nun auf dem Bordcomputer nacheinander die Tasten <DEF> und <H>. In der Anzeige erscheint die Aufforderung " TYPE IN NAME AND POTENCY THEN PUSH ENTER " ("Gib Name und Potenz ein, dann drücke ENTER")
4. Geben Sie nun über die Tastatur das gewünschte Mittel ein, in diesem Falle: 6361 sulfur D 200 (lassen Sie zwischen Bezeichnung und Potenz ein Leerzeichen mit der Taste <SPC>). Wenn Sie die entsprechende Rate nicht zur Verfügung haben, reicht auch die Ratenbezeichnung, hier *sulfur*, da sie eindeutig definiert ist.
5. Kontrollieren Sie, ob Sie alles richtig eingegeben haben, ggf. korrigieren Sie es.
6. Stellen Sie jetzt die von Ihnen gewählte Trägersubstanz auf die Detektorplatte (s.o. Pkt. 2).
7. Stellen Sie den Amplitudenknopf so ein, daß die Anzeige des SE-5 100,0 (%) anzeigt.
8. Schalten Sie von Messen- auf Balancieren-Modus um (Schalter 4).

9. Drücken Sie nun die <ENTER> Taste auf dem Bordcomputer, in der Anzeige erscheint "WAIT" ("Warte").
10. Nach ca. 11 Sekunden hören Sie einen doppelten Piep-Ton, der radionische Potenzierungsvorgang ist abgeschlossen.
11. Nehmen Sie die informierte Trägersubstanz von der Detektorplatte und schalten Sie zurück in den Meßmodus.

Herzlichen Glückwunsch, Sie haben soeben ein radionisches Homöopathicum hergestellt!

Noch einige Hinweise:

Manche Substanzen halten die Informationen besser als andere, z. B. hält destilliertes Wasser die Informationen nicht so gut. Gibt man jedoch etwas Meersalz hinzu, erhöht sich die Speicherfähigkeit erheblich. Auch andere Lösungen mit hohem Mineralanteil sind sehr gut geeignet, Mineralien halten die Informationen bedeutend besser und länger als Flüssigkeiten. Sehr gut geeignet sind auch Globuli (Rohrzucker-Kügelchen). Um die IDFs möglichst unbegrenzt speichern zu können, ist es wichtig, die potenzierten Substanzen zu schützen. Das Beste ist, sie in getönten Glasflaschen aufzubewahren und nicht direktem Sonnenlicht auszusetzen. Ebenso sollten diese Flaschen keinen starken Erschütterungen ausgesetzt werden, dürfen nicht hinunterfallen. Starke Magnetfelder wie z. B. die von Lautsprecherboxen können die Informationen verändern.

Um die erforderliche Potenz für eine Person zu testen, arbeite ich gerne mental. Die Probe stecke ich in die Meßzelle, und während ich die Frage nach der richtigen Potenz in Gedanken behalte, drehe ich den Amplitudenknopf von 0,0 aufwärts bis zum Stick und lese den Wert ab. So teste ich ebenfalls, ob eine D, C, M, LM, MM oder andere Potenz benötigt wird. (Bei der mentalen Messung wird die Aufmerksamkeit auf dem Punkt gehalten, der ausgemessen werden soll, es wird sozusagen der 'innere Bildschirm' als Ersatz für die Eingabe am Computer benutzt)

Natürlich läßt sich dieses Austesten auch mit dem SE-5 durchführen. Dies geschieht wie folgt:

1. Die Probe steckt in der Meßzelle
2. Die Eingabe in den Computer lautet "Mittel in Potenz D?"
3. Amplitudenknopf auf 100,0 (%)
4. Messen, ob ein Stick zu spüren ist. Wenn ja, ist die D-Potenz richtig. Wenn nein, Messung wiederholen mit der Eingabe C, M, LM o. a. anstatt des D. Der Stick zeigt die richtige Potenz an.
5. Die neue Eingabe zum Feststellen der Potenzhöhe z. B. einer LM-Potenz lautet "Höhe der LM-Potenz?"
6. Jetzt von 0,0 ausgehend den Amplitudenknopf aufwärts drehen bis zum Stick. Der nun in der Anzeige stehende Wert ist die Höhe der Potenz, z. B. 12,0 bedeutet in dem Beispiel eine Potenz LM 12

Nach dem gleichen Verfahren können natürlich auch Nosoden ausgetestet werden. Soll das potenzierte Mittel auf eine Person bezogen werden, muß vor dem Starten des Potenzierungsvorgangs die entsprechende Probe in die Meßzelle gegeben werden.

Beim Herstellen von sehr hohen Potenzen muß darauf geachtet werden, daß diese unbedingt in einer störungsfreien Umgebung gelagert werden, da sonst die Möglichkeit besteht, daß sich die Potenzen verändern. Dies gilt besonders für Potenzen über MM 1.

Nun zu dem bereits oben angeschnittenen Punkt, Substanzen zu reinigen. Es kann jegliche Art von Substanzen und Stoffen gereinigt werden. Der Ablauf entspricht dem bereits oben beschriebenen Potenzierungsvorgang (Schritte 1-11). Der Unterschied ist, daß die Eingabe, wie dort unter Punkt 4 beschrieben, kein Homöopathicum wie sulfur ist, sondern "Lösche alle Informationen". Danach folgen die Schritte 5-11 wie gehabt.

Je nach Stärke der Verunreinigung sind anschließend alle Informationen gelöscht, die Substanz ist informationell neutral oder es sind noch Reste übrig, so daß der Reinigungsvorgang wiederholt werden muß. Zum Nachtesten des Reinigungsgrades gehen Sie bitte wie folgt vor:

1. Schalten Sie das SE-5 auf " Measure ".
2. Stecken Sie die Erweiterungsplatte in den Schlitz der Meßzelle.
3. Stellen Sie die vorher gereinigte Substanz von der Detektorplatte auf die Erweiterungsplatte.
4. Geben Sie in den Computer ein "Informationsgehalt".
5. Messen Sie von 0,0 aufwärts bis zum Stick.
6. Ist das Ergebnis 0,0, ist der Reinigungsvorgang beendet, wenn nicht, wiederholen Sie den Vorgang.

Im allgemeinen reichen 2-3 Durchläufe für die Löschung aller Informationen aus. Wenn Sie nicht alle Informationen löschen wollen, z. B. bei Edelsteinen, bei denen die positiven Energien bestehen bleiben und die negativen gelöscht werden sollen, müssen Sie den Reinigungsvorgang modifizieren, und zwar:

> Geben Sie statt "Lösche alle Informationen" ein:
"Eliminiere negative Energien"

> Verwenden Sie zum Nachmessen die Eingabe:
"Negative Energien".
Der Vorgang ist auch hier beendet, wenn die negativen Energien 0,0 erreicht haben.

Fragen und Antworten:

Frage: Kann ich mehr als ein Mittel in eine Substanz potenzieren?

Antwort: Ja, dies ist möglich. Es können bei der Anwendung aber unterschiedliche Ergebnisse eintreten. Die klassische Homöopathie geht davon aus, daß es immer nur ein richtiges Mittel zu einem bestimmten Zeitpunkt gibt (Similimum). Es gibt aber Vertreter der Ansicht, man könne auch mehrere Mittel zu Komplexmitteln zusammenfassen. Im allgemeinen wird nur ein Mittel zur selben Zeit verwendet.

Frage: Ist das Potenzierungsprogramm (Programm H) unbedingt erforderlich, ich habe dieses Programm nicht.

Antwort: Um die hier beschriebenen Potenzierungsvorgänge durchführen zu können, ist das Potenzierungsprogramm unbedingt erforderlich. Es lassen sich natürlich IDFs auch auf andere Weise in Substanzen einbringen, wie wir im nächsten Kapitel sehen werden.

Kapitel 8

Einbringen von Informationen in verschiedene Trägermaterialien

Das Einbringen von Informationen in verschiedene Trägermaterialien ist in zwei Fällen sinnvoll. Zum einen dann, wenn kein Potenzierungsprogramm zur Verfügung steht, wie es oben beschrieben wurde, zum zweiten, wenn Sie komplette Programme in einem Material speichern wollen. Dies kann z. B. zum Balancieren verwendet werden, wenn Sie keine Zeit haben, mit dem Gerät zu arbeiten, oder es für andere Aufgaben benötigen. Nehmen wir als Beispiel an, Sie haben Ihre Zimmerpflanze analysiert und festgestellt, daß sie mehr Selen und Stickstoff braucht, weil durch diesen Mangel die Pflanze von Schädlingen befallen wurde. Anstatt jetzt mit dem Gerät die Pflanze zu balancieren, können Sie die benötigten Raten z. B. in ein Gefäß mit Wasser einbringen. Mit diesem informierten Wasser gießen Sie die Pflanze in den nächsten Wochen. Damit wird die Pflanze balanciert und das Gerät ist für andere Aufgaben frei. Gehen Sie wie folgt vor:

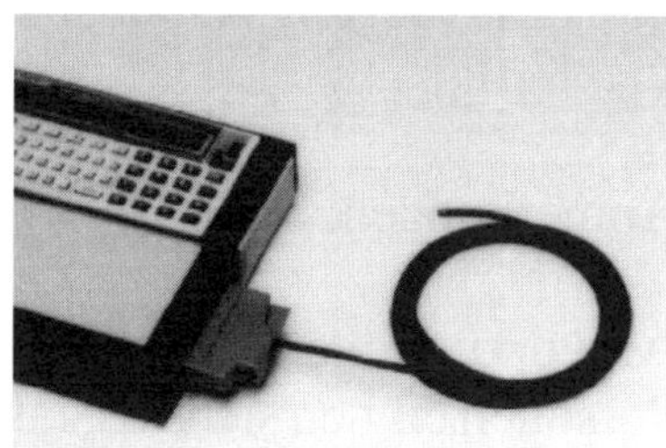

Abb. 8.01 Ausgangskabel

1. Schalten Sie das Gerät wie gewohnt ein
2. Stecken Sie eine Probe in die Meßzelle (hier z. B. ein Blatt der Pflanze) und führen Sie die Einstiegsmessungen durch
3. Stellen Sie nun das Gefäß mit dem Wasser rechts neben das SE-5
4. Stecken Sie das Ausgangskabel (Abb. 8.01) in die 25-polige Buchse an der rechten Seite des SE-5

5. Wickeln Sie das Kabel entweder um das Gefäß oder stecken Sie es in das Gefäß (das Kabel ist wasserdicht!)
6. In unserem Beispiel tippen Sie folgendes in den Bordcomputer "Z.B.D.G. / +17-79 SELEN / +12-19 STICKSTOFF / +ENTFERNE SCHÄDLINGE" (Es ist nicht unbedingt erforderlich, die Vorzeichen + sowie die Worte Selen und Stickstoff mit einzugeben, aber es macht die Arbeit übersichtlicher)
7. Messen Sie (z. B. mental wie oben beschrieben) von 0,0 aufwärts bis zum Stick, wieviel Sekunden das Programm laufen muß, um die Informationen voll in das Wasser zu übertragen
8. Stellen Sie den Amplitudenknopf auf 100,0 (%) und den Schalter 4 von Messen (Measure) auf Balancieren (Balance)
9. Schauen Sie auf Ihre Uhr und warten Sie die gemessene Balancierungszeit ab
10. Schalten Sie zurück auf Messen (Measure) und ziehen Sie das Ausgangskabel aus dem Gefäß, Ihr Gießwasser ist fertig!

Anmerkungen:

Als vorzügliches Trägermaterial zum Informieren mit Raten für Personen eignen sich Kristalle oder Diamantringe. Diese lassen sich in der Tasche mitnehmen, um den Hals hängen oder am Finger tragen. Diese am Körper getragenen Informationsträger geben die ihnen einprogrammierten Informationen an das IDF des Trägers ab. Vor dem Informieren der Steine sollten diese allerdings gereinigt werden wie in Kapitel 7 und 9 beschrieben.

Da die Anzeige des Bordcomputers nur eine sehr begrenzte Anzahl von Raten auf einmal aufnehmen kann, ist es sinnvoll, eine größere Menge von Informationen/Raten in ein Anwenderprogramm einzugeben. Dieses Anwenderprogramm kann jede Rate einzeln aufnehmen und schrittweise senden/balancieren.

Die Laufzeit des Programms wird wieder vorher gemessen und dann auf Position Balancieren (Balance) gestartet. Für die Raten in unserem Beispiel reicht die Anzeige aus, für größere Programme ist das Anwenderprogramm vorzuziehen.

Fragen und Antworten:

Frage: Wieviel Raten sollten zweckmäßigerweise für das Informieren verschiedener Materialien verwendet werden?

Antwort: Das beste ist, die mögliche Anzahl für das betreffende Material mit dem SE-5 zu messen. Hierzu dient die geeignete Fragestellung als Eingabe in das SE-5 oder zur mentalen Messung wie z.B. "Wie hoch ist die mögliche Anzahl Raten für dieses Material?" Die Messung erfolgt wieder von 0,0 aufwärts bis zum Stick. Der abgelesene Wert gibt die gewünschte Anzahl an. Die Anzahl schwankt von Material zu Material, z. B. kann Mineralwasser mehr Informationen aufnehmen als normales Wasser, Diamanten mehr als Quarzkristalle usw.

Frage: Tötet das Gießwasser aus unserem Beispiel die Schädlinge?

Antwort: Normalerweise nicht. Das SE-5 wurde nicht dafür konstruiert, irgendetwas zu töten. Die Schädlinge werden die Pflanze von selbst verlassen, je gesünder die Pflanze wird.

Frage: Heilt das Gießwasser denn die Pflanze?

Antwort: Nein, die Pflanze heilt sich selbst. Sie erhält über das SE-5 nur die Informationen, die ihr fehlen, um sich selbst zu heilen bzw. die Konditionen für eine Selbstheilung zu optimieren.

Kapitel 9

Reinigen von Steinen und Schmuck

Dies ist vielleicht eine der effektvollsten Demonstrationen mit dem SE-5. Dies deswegen, weil meist sofort ein deutlicher Unterschied festzustellen ist. Oft ist der Grund dafür, daß z. B. ein Ring trüb aussieht, nicht darin zu suchen, daß er nur verschmutzt ist, sondern daß er negative Energien und Informationen "gesammelt" hat. Das Reinigen von Schmuck zeigt Ihnen sehr schnell, welch sichtbaren Effekt allein das Korrigieren des IDF in einem Stein mit sich bringt. Ich habe Steine gesehen, die völlig unklar waren und vor meinen Augen durchscheinend und strahlend wurden. Das Reinigen kann erfolgen, wie wir es bereits oben beim Reinigen von Substanzen kennengelernt haben. Nachstehend aber eine einfache Methode, die sich sehr schnell durchführen läßt:

1. Schalten Sie das Gerät wie gewohnt ein
2. Schalten Sie den Bordcomputer wieder aus (auf Off)
3. Stecken Sie die Erweiterungsplatte in die Meßzelle
4. Legen Sie den Stein oder Ring auf die Platte
5. Schalten Sie jetzt das SE-5 aus und warten Sie ca. 5 Sekunden, bis Sie es wieder einschalten. Warten Sie noch einmal ca. 5 Sekunden
6. Schauen Sie sich den Stein oder Ring an. Ist er klar genug? Wenn nicht, wiederholen Sie die Schritte 4-6.

Anmerkungen:

Ich habe herausgefunden, daß ich i. a. 3-5 Mal benötige, bis ein Stein wirklich zu strahlen beginnt. Bei trüben Steinen läßt sich das am besten erkennen. Neue Diamanten ändern sich nur unwesentlich. Der beschriebene Reinigungsvorgang läßt sich bei Metallen wie Gold und Silber genauso durchführen, dies ist allerdings nicht so effektvoll wie bei Steinen.

Fragen und Antworten:

Frage: Wie kann ich einen Stein reinigen, der zu groß ist, um ihn auf die Erweiterungsplatte zu legen?

Antwort: Das Beste ist, Sie machen ein Polaroid-Foto des Steines. Anschließend führen Sie die Einstiegsmessungen durch und starten den Reinigungsprozeß, wie ich ihn für andere Substanzen beschrieben habe (Kapitel 7).

Frage: Wenn ich vergessen habe, die Probe vor dem Ausschalten des SE-5 aus der Meßzelle zu nehmen, löscht dies dann die Probe und macht sie unbrauchbar?

Antwort: Dies kann geschehen. Normalerweise wird die Probe bei einem Mal ausschalten nicht völlig unbrauchbar sein. Messen Sie dies nach mit den Störungsraten in den Einstiegsmessungen. Sind die Werte zu schlecht, besorgen Sie sich eine neue Probe.

Kapitel 10

Kopieren von IDFs eines Materials

Das Kopieren, von dem hier gesprochen wird, ist quasi das Herstellen einer informationellen Replik eines Materials. Das IDF eines Materials wird in ein anderes Material hineinpotenziert.

Kann eine Flasche mit einem Vitaminpräparat ein Leben lang reichen? Mit dem Kopieren der IDFs von einem Material in ein anderes gehen wir auf informationellem Wege in diese Richtung. Dies kann mit verschiedenen IDFs durchgeführt werden.

Eines Tages saßen wir mit einigen Freunden in einem Café und experimentierten mit dem SE-5. Als wir über den Punkt sprachen, wie sich IDFs kopieren lassen, fragte einer der Freunde, ob es möglich sei, in entkoffeinierten Kaffee das Koffein wieder zurückzugeben. Ich sagte, wir sollten es einmal versuchen. Nach diesem Experiment berichtete der Freund, der Kaffee habe ihm wesentlich besser geschmeckt als vorher und nach ca. 10 Minuten fühlte er sich genauso angeregt, als hätte er normalen Kaffee getrunken. Es lag eindeutig auf der Hand, daß das Koffein nur informationell und nicht als Substanz in den Kaffee gegeben wurde.

Ein anderes Mal hatten wir Vitamine in ein Glas Wasser "übertragen" und ein Koster des Wassers bemerkte, daß das Wasser entschieden anders schmeckte als vorher, mehr säuerlich wie bei einem Vitamingetränk. Wir nutzten die Gelegenheit, mit ihm einen Doppelblindtest durchzuführen, gleich zwei Mal. Wir füllten ein weiteres Glas mit Wasser und ließen ihn mit verbundenen Augen mehrfach die beiden Gläser probieren, während wir sie immer wieder vertauschten. Er fand immer das Glas mit dem "Vitamingeschmack" heraus. Zwischendurch tauschten wir das informierte Glas auch gegen eines mit normalem Wasser, da konnte er keinen Unterschied mehr feststellen.

Kopieren Sie nun wie folgt:

1. Schalten Sie das Gerät wie gewohnt ein
2. Stecken Sie die Erweiterungsplatte in die Meßzelle (sie dient uns als “Eingang”)
3. Legen Sie eine Probe des Materials, dessen IDF Sie kopieren wollen, auf die Mitte der Platte, evtl. in einem sauberen Glasgefäß, um die Platte nicht zu verschmutzen (ansonsten reinigen Sie sie anschließend mit einem sauberen, weichen Tuch oder, wenn nötig, mit etwas reinem Alkohol)
4. Legen Sie das Material, in das Sie das IDF kopieren wollen, auf die Reibe- oder Detektorplatte (sie dient uns als “Ausgang”)
5. Rufen Sie das Potenzierungsprogramm auf mit den Tasten <DEF> und <H> auf dem Bordcomputer, in der Anzeige erscheint “TYPE IN NAME AND POTENCY THEN PUSH ENTER” (“Geben Sie Name und Potenz ein, drükken Sie dann ENTER”)
6. Statt Name und Potenz geben Sie ein “Z.B.D.G./KOPIERE INFORMATIONEN VON EINGANG”
7. Schalten Sie den Schalter von Messen (Measure) auf Balance und stellen Sie mit dem Amplitudenknopf 100,0 (%) ein
8. Drücken Sie <ENTER>, die Anzeige zeigt “WAIT” (“Warte”) für ca. 11 sec., anschließend ertönt ein zweifacher Piepton. Der Kopiervorgang ist beendet.
9. Schalten Sie zurück auf Measure und nehmen Sie die Proben von der Erweiterungsplatte und Reibeplatte.

Anmerkungen:

Dieser Vorgang läßt sich auch ohne Potenzierungsprogramm durchführen. Die oben beschriebenen Schritte 1-4 sind identisch. Nun erfolgt die Eingabe in den Computer in der Form "Z.B.D.G. / KOPIERE INFORMATIONEN VON EINGANG NACH AUSGANG", die Einstellungen bleiben wie in Schritt 7 (Balance/100,0). Nach ca. 30-40 Minuten ist der Vorgang beendet, es muß aber nachgemessen werden, ob die Informationen komplett übertragen wurden, entweder mental oder wie oben beschrieben (Kapitel 7, Messung bei 100,0 mit der Eingabe "Informationsübertragung vollständig?"). Wurden alle Informationen vollständig übertragen, liegt der Stick bei 100,0, wenn nicht, muß der Vorgang wiederholt werden.

Fragen und Antworten:

Frage: Läßt sich auf diese Art und Weise alles in Wasser geben (oder was immer das Zielmedium ist)?

Antwort: Mir sind zwei Experimente des amerikanischen Forschers Marcel Vogel bekannt, die das Ganze vielleicht etwas deutlicher werden lassen. Marcel Vogel programmierte Kristalle mit den Informationen von "weißem Licht". Anschließend ließ er Wein in einem Glasrohr spiralförmig um den Kristall herumfließen. Vor dem Versuch hatte er das infrarote (IR-) und das ultraviolette (UV-)Spektrum des Weines gemessen und verglich diese Werte mit denen nach dem Versuch. Der 'potenzierte' Wein zeigte ein IR- und UV-Spektrum wie einer der edelsten Weine. Seine so potenzierten Weine ließ er fünf Jahre lang an Weintests teilnehmen und erhielt dafür Prädikate für die besten Weine.

Später verwendete er Wasser statt Wein und kontrollierte wieder die IR- und UV-Spektren. Sie zeigten das gleiche Ergebnis wie vorher der behandelte Wein. Allerdings schmeckte dieses potenzierte Wasser nur geringfügig nach Wein und dies reichte nicht aus, um Gerüchte aufkommen zu lassen, er könne "Wasser in Wein verwandeln" .....

Ein anderes Experiment wurde meines Wissens an der Harvard Universität in den USA durchgeführt. Hierbei wurde eine Substanz in ein Schälchen gelegt, das auf einem starken Magneten stand. Eine Laserstrahl wurde dicht über das Schälchen geleitet. Am Ende des Laserstrahles ließen sich daraufhin mikroskopisch kleine Spuren der betreffenden Substanz nachweisen. Irgendwie war also das Laserlicht in der Lage, genügend Informationen aufzunehmen und sie mikroskopisch fein zu manifestieren.

Kapitel 11

Den idealen Platz zum Leben finden

Haben Sie sich einmal überlegt, an einen anderen Ort zu ziehen? Wo wäre der beste Ort für Sie? Der richtige Platz für das Gedeihen eines jeden Abschnittes in Ihrem Leben! Hier folgt eine gute Technik, dies herauszufinden. Diese Technik ist aber genauso gut geeignet, den besten Urlaubsort oder einen neuen Standort für eine Firma herauszufinden.

Hier ist sie:

1. Schalten Sie das Gerät wie gewohnt ein
2. Stecken Sie Ihr Bild oder Ihre Haare oder eine andere geeignete Probe in die Meßzelle (wenn nötig, z. B. bei Haaren, stecken Sie diese vorher in ein Zellstofftütchen)
3. Stecken Sie die Scanner-Platte unter die Probe in der Meßzelle
4. Geben Sie in den Computer ein: "Z.B.D.G./BESTER PLATZ ZUM LEBEN" (Sie können hier auch Begriffe verwenden wie schönste, gedeihlichste o. ä.)
5. Schalten Sie von NORMAL- auf SCAN-Modus um
6. Stellen Sie den Amplitudenknopf auf 100,0 (%)
7. Nehmen Sie eine geeignete Landkarte, Sie können z. B. eine Karte der ganzen Welt verwenden, die eines Kontinents, eines Landes, je nachdem, welche Karte für Ihren Zweck das beste Ergebnis bringt. Legen Sie diese Karte links neben das SE-5, so daß Sie mit dem Scanner-Stift die Karte gut umfahren können. Während Sie jetzt auf der Detektorplatte reiben, beginnen Sie mit dem Scanner-Stift in der linken oberen Ecke der Landkarte und fahren mit dem Stift am oberen Rand entlang, bis Sie einen Stick bekom-

men, und markieren Sie diesen Punkt (wenn Sie keinen Stick bekommen, verwenden Sie bitte eine Karte, die einen größeren Bereich abdeckt)

8. Fahren Sie nun mit dem Stift am linken Rand der Karte nach unten, bis Sie wiederum einen Stick bekommen, markieren Sie auch diesen Punkt
9. Ziehen Sie jetzt zwei Koordinatenlinien, ausgehend von den vorher markierten Punkten. Der Kreuzungspunkt der beiden Linien gibt Ihnen den gesuchten Platz an. Wenn Sie eine große Karte verwendet haben, besorgen Sie sich eine Karte im kleineren Maßstab, die das Gebiet um den gefundenen Platz einschließt.
10. Wiederholen Sie die Schritte 7-9 solange, wie es mit dem zur Verfügung stehenden bzw. erhältlichen Kartenmaterial möglich ist. Damit werden Sie sehr nahe an den von Ihnen gewünschten Platz herankommen. Gehen Sie dann selbst zu der gefundenen Stelle und lassen Sie sich von Ihrer Intuition exakt an “Ihren Ort” leiten.

Anmerkungen:

Probieren Sie es aus. Es ist ein schönes Abenteuer und funktioniert sehr gut. Manche Orte sind harmonischer zu unserer persönlichen Schwingung, manche zu unserem beruflichen Aspekt. Wenn Sie den optimalen Ort für sich und Ihren Partner oder sogar für die ganze Familie herausfinden wollen, benutzen Sie die Proben aller Beteiligten, z. B. ein entsprechendes Gruppenfoto. Auf diese Weise erhalten Sie einen ausgewogenen Ort für alle, die zu dieser Gruppe gehören, wobei nicht auszuschließen ist, daß es für Sie allein einen noch besseren Ort gibt.

Fragen und Antworten:

Frage: Kann ich einen solchen Ort auch für einen Freund austesten, oder kann ich das nur im Zusammenhang mit meiner Probe?

Antwort: Natürlich können Sie dies für jeden austesten. Verwenden Sie dann nach Schritt 1 schon eine Probe der betreffenden Person und führen Sie die Einstiegsmessungen durch.

Kapitel 12

Optimieren privater oder geschäftlicher Bedingungen

Wann haben Sie das letzte Mal in der Zeitung nach einem Gebrauchtwagen gesucht oder vielleicht nach einer Wohnung? Oder wollten Sie eine Eigentumswohnung oder ein Haus kaufen? Wie wär's mit einer gezielten Telefonaktion ohne großen Aufwand? Das folgende Verfahren ist der schnellste Weg, um das Ziel zu erreichen. So können Sie Ihre Zeit besser damit verbringen, Ihr neues Auto zu fahren, anstatt danach zu suchen.

Verfahren Sie also wie folgt:

1. Schalten Sie das Gerät wie gewohnt ein
2. Stecken Sie Ihr Bild oder Ihre Haare oder eine andere geeignete Probe in die Meßzelle
3. Stecken Sie die Scanner-Platte unter die Probe in der Meßzelle
4. Schalten Sie von NORMAL- auf SCAN-Modus um
5. Geben Sie in den Computer ein: "Z.B.D.G. / BEST GEEIGNETES FAHRZEUG ZUM GÜNSTIGSTEN PREIS" (oder Gebrauchtwagen, Wohnung, Haus o. ä.)
6. Stellen Sie den Amplitudenknopf auf 100,0 (%)
7. Während Sie nun der Reihe nach mit dem Scanner-Stift die einzelnen Angebote in der Zeitung antippen, reiben Sie mit der anderen Hand auf der Detektorplatte, bis Sie einen Stick bekommen
8. Da mehrere Angebote in Frage kommen können, markieren Sie alle Angebote, bei denen Sie einen Stick bekommen, bis Sie die gesamte Liste durchgetestet haben (wenn Sie wollen, können Sie den Test auch mental unterstützen, indem

Sie beim Antippen jedes Angebotes zusätzlich im Inneren fragen “Ist es dies?”, “Ist es dies?”.... usw.)

9. Gehen Sie nun zurück zu den markierten Angeboten und numerieren Sie diese der Reihe nach
10. Ergänzen Sie bei der Eingabe von Schritt 5 “ANGEBOT 1”. Schalten Sie zurück von SCAN- auf NORMAL-Modus und schalten Sie den Schalter für den Meßbereich von 100 auf 1000
11. Messen Sie nun von 1000 abwärts bis zum Stick und schreiben Sie den Wert neben das Angebot
12. Wiederholen Sie die Schritte 10-11 mit der Eingabe für jedes einzelne Angebot, das Sie markiert haben, z. B. ANGEBOT 2, ANGEBOT 3 usw.
13. Nehmen Sie das Angebot mit dem höchsten Wert und rufen Sie dort an (sollte vielleicht jemand doch vor Ihnen dort angerufen haben, nehmen Sie das zweitbeste Angebot ....)

Anmerkungen:

Natürlich können Sie, wie schon in anderen Kapiteln beschrieben, die Auswahl der markierten Angebote mental durchführen. Beginnen Sie dazu mit den ersten beiden der markierten Angebote und fragen Sie im Inneren “Welches der beiden Angebote ist das bessere, dies oder das?”, dabei tippen Sie mit dem Scanner-Stift jeweils auf das betreffende Angebot und reiben auf der Detektorplatte. Das Angebot mit dem Stick bekommt eine weitere Markierung, z. B. ein Sternchen. Wiederholen Sie dies mit den anderen Angeboten solange, bis nur noch eines übrig bleibt.

Wenn Sie Telefonlisten testen wollen, z. B. aus einem Branchentelefonbuch, gehen Sie so vor wie oben beschrieben. Sie wollen z. B. einen Zahnarzt finden, der Ihren Vorstellungen entspricht. Wenn Sie ein geeignetes Hotel finden wollen, nehmen Sie einen Hotelführer, usw. usw.

Suchen Sie ein bestimmtes Produkt oder eine Dienstleistung, verwenden Sie z. B. ein Nachschlagewerk wie "wer liefert was". Wollen Sie die Effektivität beim Telefonmarketing erhöhen, könnten Sie bei Schritt 5 folgendes in den Computer eingeben: "Z.B.D.G./FIRMA (oder Person), DIE WILLENS UND IMSTANDE IST, ... ZU KAUFEN" (an der leeren Stelle geben Sie den Namen Ihres Produktes oder der Dienstleistung ein).

Fragen und Antworten:

Frage: Kann das Verfahren auch benutzt werden, um Lagerbestände im voraus zu planen?

Antwort: Ja, aber vergessen Sie nicht, daß die Zukunft nicht absolut festgeschrieben ist, sondern immer im Fluß bleibt. Es gibt zwar starke Einflüsse, in welche Richtung sich die Zeit entwickelt, aber das wichtigste ist das Element der Veränderung. Es ist wie ein Joker in unserem Lebensspiel, der das Leben immer wieder aufregend macht. Bei starken Veränderungen des Marktes oder dessen Manipulation entstehen sehr intensive IDFs. Wer in der Lage ist, diese zu lesen, kann weit im voraus die Entwicklungsrichtung mit recht guter Treffsicherheit erkennen, soweit es angemessen ist.

Frage: Gibt es eine Möglichkeit, Geschäftsaktivitäten zu balancieren?

Antwort: Es gibt viele Möglichkeiten, Nutzen aus dem Balancieren mit dem SE-5 zu ziehen. In dem Augenblick aber, wenn Sie feststellen, daß eine Blockade (welcher Art auch immer) dies verhindert, können Sie mit dem SE-5 den Zugang zu dieser Möglichkeit wieder herstellen, indem Sie die Blockade aufspüren und ggf. auflösen (mehr darüber in Kap. 14).

Kapitel 13

Auffinden verlorener Gegenstände (oder Personen) über die IDFs

Dies hat sich für viele Menschen als effektive Methode bewährt, um verlorene Gegenstände, Personen oder anderes wiederzufinden. Es ist ein ebenso lustiges wie nützliches Experiment. Eines Tages rief mich jemand an, um herauszufinden, ob ich in der Lage sei, ein seit Jahren verschwundenes Bild von Picasso wiederzufinden, und es wurde vermutet, daß es sich bei einem Privatsammler befinde. Seit ich meine Aufmerksamkeit darauf gerichtet habe, SE-5 Anwender zu trainieren, führe ich keine eigenen Messungen mehr für andere durch. Ich entschied mich daher, einen Freund anzurufen und ihm diese Geschichte zu erzählen. Nach Rücksprache mit der Galerie erhielt er ein Foto des Gemäldes und eine Liste von über hundert Galerien aus der ganzen Welt, die möglicherweise das Gemälde haben oder wenigstens wissen könnten, wo es zu finden sei.

Mit dem Foto des Gemäldes in der Meßzelle des SE-5 begann er die Liste der Galerien durchzuscannen, um die in Frage kommende Galerie herauszufinden. Nachdem er die Auswahl immer mehr eingeengt hatte, rief er schließlich die übrig gebliebene Galerie an. Dort wußte niemand von diesem Gemälde, aber er bekam die Telefonnummer einer anderen Galerie, die es möglicherweise wissen konnte. Er rief dort an, aber auch die dort befragte Person konnte ihm nichts über den Verbleib des Gemäldes sagen. Ein Kunde der Galerie jedoch, der das Gespräch am Rande mitbekommen hatte, unterbrach das Gespräch mit dem Hinweis, er wisse, wo das Gemälde sich befinde! Zufall? Entscheiden Sie selbst .... nachdem Sie selbst genügend Erfahrungen mit dem SE-5 gemacht haben.

So gehen Sie vor:

1. Schalten Sie das Gerät wie gewohnt ein
2. Stecken Sie ein Bild oder eine andere geeignete Probe dessen, was Sie finden wollen, in die Meßzelle und führen Sie in jedem Fall die Einstiegsmessungen durch
3. Stecken Sie die Scanner-Platte unter die Probe in der Meßzelle
4. Schalten Sie von NORMAL- auf SCAN-Modus um
5. Geben Sie in den Computer ein: "DERZEITIGER AUFENTHALTSORT DES GEGENSTANDES (oder der Person)"
6. Stellen Sie den Amplitudenknopf auf 100,0 (%)
7. Legen Sie in erreichbare Nähe des Scanner-Stiftes eine Landkarte, die den vermuteten Aufenthaltsort beinhaltet
8. Während Sie nun über die Detektorplatte reiben, führen Sie den Scanner-Stift entlang einer Kartenseite, bis Sie einen Stick bekommen, vorausgesetzt, der Aufenthaltsort liegt überhaupt im Bereich dieser Karte. Auf der Linie, die sich mit dem Stick als Koordinate ergibt , ist irgendwo der gesuchte Ort zu finden.
9. Drehen Sie die Karte um 90 Grad und wiederholen Sie die Messung entsprechend
10. Mit dem zweiten Stick erhalten Sie wiederum eine Linie mit dem gesuchten Ort
11. Der Schnittpunkt der beiden gefundenen Linien ist der gesuchte Ort
12. Verwenden Sie nun eine detailliertere Karte, die den gefundenen Bereich einschließt, und wiederholen Sie die Messung, bis Sie den Ort punktgenau ermittelt haben

Alternative Vorgehensweise:

a. Erstellen Sie eine Liste aller möglichen Aufenthaltsorte und wichtigsten Fragen, die zum Auffinden des Gegenstandes führen können

b. Scannen Sie die Liste, um den betreffenden Ort herauszufinden
c. Fragen Sie nach Anhaltspunkten, um den Ort einzugrenzen

Anmerkungen:

Statt der unter Schritt 4 verwendeten Eingabe kann auch mit der Ja/Nein-Rate 55915969 gearbeitet werden. Hierbei muß der Amplitudenknopf allerdings auf 50,0 (%) eingestellt werden. Alle anderen Schritte sind gleich.

Wichtig !:
Es gibt Fälle, in denen Gegenstände (oder Personen) nicht aufgefunden werden dürfen, z. B. dann, wenn es nicht Zum Besten Des Ganzen (Z.B.D.G.) ist, wenn es gefunden wird. Seien Sie also nicht überrascht, wenn Sie in manchen Fällen deswegen kein Ergebnis erhalten.

Fragen und Antworten:

Frage: Läßt sich feststellen, ob eine Person oder ein Tier noch lebt?

Antwort: Ja, dies ist ein guter Einstieg in die Messung.

Kapitel 14

Auflösen von Blockaden im Geschäftsleben

Für diesen Anwendungsbereich ist das SE-5 besonders gut geeignet.

In jeder Beziehung, geschäftlich wie privat, findet ein ständiger Austausch von Energien und Informationen statt. Oft läßt sich bei den eigenen Geschäftsaktivitäten eine starke Stagnation feststellen, teils begründet durch gesundheitsbedingte Ausfälle, teils durch unsere Haltungen und mentalen Muster, emotionale Belastungen oder andere Einflüsse. Hier bieten sich zwei Methoden an, damit umzugehen. Die erste ist, die Blockaden einfach aufzulösen, sobald sie auftauchen, wie wir es an folgender Situation zeigen werden. In diesem Beispiel ging es um einen Immobilienverkauf, der nicht zu einem guten Ende kommen wollte. Der Makler hatte für das Objekt einen Käufer gefunden, aber es hatte den Anschein, als hätte sich alles in der Welt dagegen verschworen, die Eigentumsübertragung vom Verkäufer auf den Käufer durchzuführen. Dies soll für die Darstellung der Situation in unserem Beispiel reichen. Wenn wir an diesem Punkt die unten beschriebene Vorgehensweise anwenden, kann zweierlei geschehen, entweder es kommt zu einem schnellen Abschluß der Angelegenheit oder es erledigt sich genauso schnell von selbst, je nachdem, was für die Situation das Beste ist. In jedem Fall wird der Schwebezustand aufgehoben und der Makler kann die frei werdende Energie und Zeit in andere Projekte und Aktivitäten investieren.

Die zweite Methode, mit den Blockaden umzugehen, ist wesentlich komplexer, in der Wirkung letztendlich aber dauerhafter als die erste. Sie betrifft die Arbeit an uns selbst, das Aufdecken der Hauptursache, der Wurzel des Problems. Wir kreieren normalerweise diese Blockaden und Sperren unbewußt als Schutz für einen tieferliegenden, unterschwelligen Sachverhalt. Im weiteren können uns aber gerade diese Blockaden dazu dienen, solche Sachverhalte aufzudecken bzw. wieder ins Bewußtsein zu bringen. Eine komplette Analyse des eigenen IDF sollte ein sehr klares Bild unserer gesamten eigenen Muster zu Tage fördern (vergl. Kap. 2).

Ich schlage vor, beides zu tun, zum einen die kleinen Dinge zu klären, wie sie gerade anfallen, zum anderen damit zu beginnen, stärker und tiefgreifender an sich zu arbeiten, auf allen Ebenen und in allen Schichten.

Vorgehensweise:

1. Schalten Sie das Gerät wie gewohnt ein; die anschließenden Einstiegsmessungen sind sehr wichtig, wenn Sie das SE-5 im geschäftlichen Umfeld einsetzen!
2. Als Probe verwenden Sie z. B. den Kaufvertrag, der von beiden Parteien unterzeichnet ist. Stecken Sie den Vertrag in die Meßzelle oder, wenn er zu groß dafür ist, legen Sie ihn auf die Erweiterungsplatte.
3. Geben Sie in den Computer ein: "Z.B.D.G. / BESEITIGE ALLE BLOCKADEN FÜR EINEN ERFOLGREICHEN ABSCHLUSS".
4. Stellen Sie die Anzeige auf 100,0 (%) und schalten Sie auf Balancieren (BALANCE).
5. Warten Sie ca. 30 Sekunden und schalten Sie zurück auf Messen (MEASURE). Die Nachmessung sollte 100,0 (%) ergeben, wenn nicht, wiederholen Sie Schritt 4.

Anmerkungen:

Diese Vorgehensweise kann in vielen Bereichen angewendet werden. Wenn sich möglicherweise Ihr Geschäft nur schwach und zögernd entwickelt, geben Sie möglicherweise folgendes ein: "Z.B.D.G. / BESEITIGE HINDERUNGSGRÜNDE, BIS ZUM XX.XX.XX (Zieldatum) EINEN UMSATZ VON DM XX.000,00 PRO MONAT ZU ERREICHEN". Welche Umsatzzahl hier steht, hängt von dem Umsatzvolumen ab, das Sie pro Monat wirklich bewältigen können. Auch diese Möglichkeit hat sich als sehr effektiv herausgestellt und es freut mich immer wieder, wie genau ich an diese Ziele herankomme (und sie manchmal überschreite!).

Fragen und Antworten:

Frage: Was muß geschehen, wenn sich auch nach dem Balancieren nichts ändert?

Antwort: Normalerweise bedeutet das, daß Sie es unterlassen haben, die Einstiegsmessungen sorgfältig durchzuführen. In den meisten Fällen ist es aber die Frage, was angemessen ist und was nicht.

Auch ist es sehr nützlich, den psychologischen Bereich durchzuarbeiten (Sektion 2 im SE-5 Hand- und Ratenbuch), denn ich für meinen Teil habe festgestellt, daß das Geschäft dann am besten läuft, wenn auch meine psychische Verfassung in Ordnung ist. Ein weiterer wichtiger Punkt, den zu beachten sich lohnt, sind sogenannte äußere Kontrollmechanismen (auch Sektion 2). Ein Kontrollmechanismus ist eine psychische Form der Manipulation, den manche Menschen auf andere ausüben, bewußt oder unbewußt. Nehmen wir ein Beispiel; jemand erzählt einem seiner Arbeitskollegen von einer neuen großartigen Idee und dieser antwortet mit einem höflichen Lächeln:

“Das ist ja prima”, aber mit einem Unterton in der Stimme, als wolle er wirklich sagen: “Ich hoffe, Du machst eine volle Bauchlandung”. Manchmal wirken sich schon solche Hintergedanken als Negativinformationen nachteilig auf das eigene IDF aus, speziell dann, wenn Sie zu dieser Person eine besondere Beziehung (Resonanz) haben oder sich einfach nur unsicher fühlen. Diese psychischen Energien können unsere Projekte manchmal stark in Mitleidenschaft ziehen und es ist das Beste, sie so schnell wie möglich aufzulösen.

Kapitel 15

Aktivieren neuer Geschäfte
(Werbung mit dem SE-5)

Eine Werbung im Fernsehen, Rundfunk oder einer großen Zeitschrift zu plazieren kann sehr teuer sein. Sehr schnell kann ein einmaliges Senden eines Spots z. B. den Preis eines SE-5 erreichen oder übersteigen! Das SE-5 arbeitet so ähnlich wie ein Rundfunksender mit der Ausnahme, daß nur die Menschen, die darauf eingestellt sind, das hören zu wollen, was Sie mitzuteilen haben, diesen Sender empfangen können. Mit anderen Worten, wir können mit dem SE-5 Informationen senden und jeder, der in Resonanz zu dem steht, was wir senden, wird zum Empfänger dieser Information. Dies funktioniert im geschäftlichen Bereich sehr gut, da wir nur die Menschen erreichen wollen, die wirklich daran interessiert sind, was wir tun und was wir zu verkaufen haben.

Vorgehensweise:

1. Schalten Sie das Gerät wie gewohnt ein, vergessen Sie anschließend nicht, die Einstiegsmessungen durchzuführen (das ist wichtig!).
2. Als Probe verwenden Sie ein Bild von sich selbst (wenn es Ihr eigenes Geschäft ist) und eine Visitenkarte oder einen Prospekt. Stecken Sie beides in die Meßzelle. (Sie können natürlich auch auf die Erweiterungsplatte eines Ihrer Produkte legen).
3. Geben Sie in den Computer ein: "Z.B.D.G. / REGE INTERESSIERTE MENSCHEN AN, BIS ZUM XX.XX.XX (Datum) X.000 STÜCK ....(hier Name des Produktes oder die Dienstleistung eintragen) ZU KAUFEN".

4. Stellen Sie den Amplitudenknopf auf 100,0 (%) und schalten Sie auf Balancieren (BALANCE).
5. Senden Sie diese Information mehrere Tage hintereinander ca. 1 Stunde lang.

Anmerkungen:

Ich schreibe mir gerne ein Anwenderprogramm, in dem ich für jedes Produkt eine eigene Zeile verwende. Auf diese Weise erscheint beim Senden jedes Produkt für z. B. 10 sec in der Anzeige.

Eine alternative Methode ist, die Informationen neutral zu senden. Hierzu geben Sie in das Anwenderprogramm alle wichtigen Daten Ihres Geschäftes wie Name, Adresse, Tel./ Fax-Nr., Produkte, Arbeitsbereiche und senden es in der bereits beschriebenen Art und Weise. Wenn Sie wollen, können Sie diese Informationen auch auf eine bestimmte Region beziehen, wenn Sie beim Balancieren eine Landkarte dieses Gebietes auf die Erweiterungsplatte legen.

Fragen und Antworten:

Frage: Ist es mit dem SE-5 möglich, Menschen dahingehend zu manipulieren, daß sie Dinge kaufen, die sie gar nicht kaufen wollen?

Antwort: Nein. Das SE-5 sendet nur Informationen. Die Entscheidung, wie diese Informationen von den IDFs aufgenommen und ggf. umgesetzt werden, bleibt in letzter Instanz der entsprechenden Person, besser diesem gesamten System Mensch, überlassen. Das SE-5 manipuliert nicht! Jeder, der die Informationen des SE-5 aufnimmt, hat die Möglichkeit, darauf zu reagieren, aber er muß es nicht. Ich denke, daß die Werbung in

Radio und Fernsehen wesentlich mehr geeignet ist, Menschen zu manipulieren und zu nötigen, Dinge zu kaufen, die sie nicht wollen, besonders anfällig dafür sind Kinder. Ich würde sogar soweit gehen, allen zu empfehlen, ihre Fernseher zu verkaufen, da die Manipulation, die davon ausgeht, auf die tieferen Schichten im Bewußtsein der Bevölkerung wirkt. Das SE-5 arbeitet nur in der aufwärts drehenden Lebensspirale, Manipulationen drehen normalerweise in die andere Richtung, nämlich abwärts.

Kapitel 16

Informieren von Visitenkarten und Prospekten

'Ein Bild sagt mehr als tausend Worte.' Sicher kennen Sie diese Redewendung. Was wäre, wenn Ihre Visitenkarte hunderte oder tausende von Worten ausstrahlen könnte, jedes ihrer Atome in ihrem Inneren? Mit der folgenden Vorgehensweise können Sie alles, was Sie gerne sagen oder mitteilen möchten, in Ihre Karte programmieren und sie sieht immer noch wie eine gewöhnliche (vielleicht auch ungewöhnliche) Visitenkarte aus.

So gehen Sie vor:

1. Schalten Sie das Gerät wie gewohnt ein und vergessen Sie nicht, die Einstiegsmessungen durchzuführen (das ist wichtig!). Vergewissern Sie sich sorgfältig, daß Ihr Vorgehen angemessen ist.
2. Verwenden Sie Ihre eigene Probe (Bild, Haare o. ä.), wenn es sich um Ihre Karten und Prospekte handelt, und stecken Sie sie in die Meßzelle.
3. In diesem Falle empfehle ich sehr, ein Anwenderprogramm zu erstellen. Dadurch haben Sie mehr Platz zur Verfügung, um Ihre gewünschten Informationen (z. B. Wortraten, Affirmationen) unterzubringen. Zum Aufrufen der Programmierung für das Anwenderprogramm drücken Sie nacheinander auf dem Bordcomputer die Tasten <DEF> und <C>. Das Programm-Menü gibt Ihnen dann die weiteren Schritte an, um z. B. das Programm 2 zu schreiben (vergl. ggf. Bedienungsanleitung)

Hier einige Vorschläge für das Programm:

- Z.B.D.G.
- Errege die Aufmerksamkeit der Menschen, damit das Geschäft erfolgreich wird
- Beseitige Blockaden, die den Verkauf behindern
- Ersetze Getrenntsein durch Liebe
- Ersetze Verlangen durch Akzeptanz
- Ersetze Bindung durch Genügsamkeit
- Ersetze Angst durch Mut
- Fördere Imagination
- Gewinne Vertrauen
- Z.B.D.G.
- Beseitige Trägheit
- Beseitige Negativität
- Beseitige geistige Trägheit
- Beseitige Selbstverurteilung
- Beseitige selbsterwogene Fehlschläge
- Beseitige Zweifel
- Gestatte Langlebigkeit
- Gleiche Überaktivitäten aus
- Z.B.D.G.
- Stärke Verantwortungsgefühl

Wie gesagt, dies sind nur einige Vorschläge. Sie können einige streichen, einige hinzufügen, in jedem Fall erhalten Sie schon einmal einige Anregungen, wie Sie vorgehen können. Zusätzlich finden Sie im SE-5 Ratenbuch viele spezifische Raten und Affirmationen. Achten Sie darauf, daß Sie pro angefangene acht (Wort-)Raten einmal die Schutzrate Z.B.D.G. eingeben!

4. Stellen Sie mit dem Amplitudenknopf die Anzeige auf 100,0.
5. Stecken Sie das Ausgangskabel in den Stecker an der rechten Seite des SE-5 und wickeln Sie es um Ihre Visiten-

karten oder Prospekte (Wenn Sie nur einen kleinen Stapel Visitenkarten informieren wollen, legen Sie ihn auf die Reibe-/Ausgangs-Platte).

6. Schalten Sie auf Balancieren/Senden (BALANCE) und starten Sie Programm 2 mit den Tasten <DEF> und <K> (nacheinander drücken).
7. Lassen Sie das Programm ca. eine halbe Stunde laufen.

Anmerkungen:

IDFs geometrischer und farbgeometrischer Muster können ebenso genutzt werden, um die gewünschten Informationen zu übertragen. Sie können z. B. ein passendes Logo auswählen oder entwickeln, um die Ergebnisse zu erzielen, die Sie sich vorstellen. Testen Sie mit dem SE-5, ob bzw. welches Logo am geeignetsten ist. Hierzu geben Sie in den Computer die Attribute, die Sie gerne erreichen möchten, z. B. finanzieller Erfolg, Erfüllung, Ansprechen der Menschen für das höchstmögliche Interesse an der Firma bzw. an deren Produkten usw. Für jedes eingegebene Attribut stecken Sie das in Frage kommende Logo in die Meßzelle und testen es aus. Je näher das Ergebnis an 100,0 liegt, desto besser ist das Logo oder Muster geeignet. Schreiben Sie nach jeder Messung das Ergebnis hinter das entsprechende Muster, damit Sie anschließend die beste Möglichkeit auswählen können.

Fragen und Antworten:

Frage: Reicht es, die Karten oder Prospekte einmal zu informieren?

Antwort: Nicht jedes Papier und jede Farbe hält die Informationen gleich gut, jedoch reicht es i. a. für die Zeit aus, in der diese Karten und Prospekte ihren Zweck erfüllen sollen. Wenn Sie sich nicht sicher sind, messen Sie mit dem SE-5 nach, wie hoch die Intensität des betreffenden IDF noch ist.

Kapitel 17

Löschen von negativen Schwingungen in Häusern und Gebäuden

Waren Sie schon einmal in einem Haus oder Gebäude, in dem Sie sich überhaupt nicht wohlgefühlt haben? Manche Menschen sagen, wenn sie in solche Häuser kommen: "Das Haus hat eine negative Schwingung". Diese "schlechten Schwingungen" können in den Wänden der Häuser (oder in anderen Stoffen) regelrecht gespeichert sein, z. B. hervorgerufen durch wiederholte Ausstellungen, aber auch durch so starke Gefühle wie Ärger, Haß, Angst usw. Manchmal ist das, was wir für schlechte Schwingungen oder Negativität halten, nichts weiter als Schwingungen, die nicht mit unserem derzeitigen Bewußtseinszustand übereinstimmen, also nicht in Resonanz mit uns sind. Genau genommen gibt es nichts Negatives in oder von etwas, sondern nur eine mehr oder weniger große Abweichung im Vergleich zu etwas mit einer anderen oder feineren Schwingung. Informationell betrachtet sprechen wir hier von nicht-kompatiblen IDFs (vergl. dazu auch Kap. 20). Das nachstehend beschriebene Programm soll die Harmonie zwischen uns und unserem Umfeld wiederherstellen.

Im einzelnen:

1. Schalten Sie das Gerät wie gewohnt ein.
2. Nehmen Sie ein Foto (z.B. Polaroidfoto) des betreffenden Hauses oder Gebäudes, stecken Sie es in die Meßzelle und führen Sie die Einstiegsmessungen durch.
3. Schreiben Sie ein Anwenderprogramm (vergl. Kap. 16) mit folgenden Eingaben:

- Z.B.D.G.
- Eliminiere negative Energien
- Entferne negative Gefühle
- Entferne Furcht
- Entferne Depression
- Entferne ablehnende geistige Zustände
- Entferne Ärger
- Entferne Ängste
- Entferne negative Einstellungen
- Z.B.D.G.
- Entferne Unbehagen
- Entferne Platzangst (Klaustrophobie)
- Weißes Licht
- Entferne schwarze Mächte und schicke sie ins Licht
- Entferne negative Wesenheiten und schicke sie ins Licht
- Entferne negative Einflüsse

4. Stellen Sie den Amplitudenknopf auf 100,0 (%) und schalten Sie auf Balancieren (BALANCE).
5. Rufen Sie Anwenderprogramm 2 auf mit den Tasten <DEF> und <K> (vergl. Kap. 16) und lassen Sie es ca. eine halbe Stunde laufen.
6. Wiederholen Sie Schritt 3-5 und verwenden Sie dabei eine Aufstellung der Attribute, die Sie erfahren möchten, z. B. Harmonie, Liebe, innerer Frieden usw., und balancieren Sie wieder auf 100,0 (%).

Anmerkungen:

Dieses Programm läßt sich sehr gut einsetzen, wenn Sie oft unterwegs sind und viel in Hotels übernachten müssen. Dies spielt besonders dann eine wichtige Rolle, wenn es sich dabei um sehr alte Gebäude handelt (so schön diese Hotels auch sein mögen). In einem Hotel garni in der Nähe von London hatte ich dieses Programm einmal nicht verwendet und hatte über eine Woche sehr intensive Träume, bis ich den Auslöser in diesem Hotel fand und ihn auflöste.

Fragen und Antworten:

Frage: Kann auch das SE-5 solche störenden IDFs oder negative Schwingungen aufnehmen und speichern wie die Wände eines Hotels?

Antwort: Das ist möglich, so wie jedes Material diese IDFs speichern kann. Sollte dies wirklich geschehen sein, machen Sie ein Bild dieses SE-5 und reinigen Sie es mit dem selben Programm.

Frage: Kann das SE-5 zum Austreiben des Teufels verwendet werden (Exorzismus)?

Antwort: Natürlich, aber zunächst sollten Sie von der Existenz des Teufels überzeugt sein. Wenn ja, können Sie das SE-5 dazu benutzen, die Vorgehensweise liegt allerdings nicht im Rahmen dieses Buches. Vielleicht hilft es Ihnen aber weiter, wenn Sie sich in Erinnerung rufen, daß der "Teufel" der negative Lebensaspekt ist, sozusagen die Kehrseite der Lebens-Medaille.

Kapitel 18

Beseitigen von Gerüchen bei neuen Teppichen u.a.

Diese Anwendung der Radionik hat mein Leben wesentlich leichter und lebenswerter werden lassen. Durch die vielen chemischen Stoffe und Zusatzstoffe, die heute leider bei der Produktion von Einrichtungsgegenständen u. a. verwendet werden, ist es teilweise recht schwierig geworden, in einer unbelasteten Umwelt zu leben. Räumliche Belastungen aller Art geben immer mehr Anlaß zur Besorgnis.

Vor einiger Zeit hatten wir einen neuen Teppich gekauft, "naturbelassen", gewebt aus einer bestimmten Grasart, ein Import aus dem Fernen Osten. Wir hatten diesen Grasteppich, so groß wie unser Wohnzimmer, gerade ausgelegt, als meine Augen zu brennen anfingen, rot wurden und ich laufend niesen mußte. Der Geruch des Teppichs war so intensiv, daß wir das Haus für einen Tag verließen, um es in dieser Zeit auslüften zu lassen. Als wir wieder zurück waren, hatte sich allerdings nichts verbessert und ich flüchtete vor dem Gestank ins Schlafzimmer. Der Geruch erinnerte mich an eine Mischung aus Heu und Pestiziden. Als nach einigen Tagen Karenzzeit der Gestank immer noch nicht nachgelassen hatte, hatte ich genug von diesem Teppich und entschied mich, ihn hinauszuwerfen. Meine Frau schlug vor, wir sollten es doch einmal mit dem SE-5 versuchen, da wir in einem anderen Fall recht gute Ergebnisse hatten, als wir in einem Hotel den Geruch von Teppichkleber (formaldehydhaltig) beseitigen mußten, da der Teppich erst kurz vorher verlegt worden war.

Es widerstrebte mir, auch nur einen Augenblick länger diesen Gestank erdulden zu müssen, dennoch machte ich ein Foto des

Teppichs und führte die unten beschriebenen Schritte durch. Nach ca. 15 Minuten war der Gestank verschwunden, jedenfalls roch ich nichts mehr davon. Meine Augen normalisierten sich wieder und das Niesen hörte auf. Zunächst nahm ich an, daß ich mich selbst vielleicht nur anders konditioniert haben könnte. Ich fragte meine Frau, auch sie roch nichts mehr von diesem Gestank. Wir baten ein paar Freunde, zu uns zu kommen, auch sie konnten keinen nennenswerten Geruch feststellen. Vielleicht wieder so ein "Zufall"?

Probieren Sie es selbst aus:

1. Schalten Sie das Gerät wie gewohnt ein, vergessen Sie anschließend nicht, die Einstiegsmessungen durchzuführen (das ist wichtig!).
2. Stecken Sie ein Bild des Teppichs in die Meßzelle (Sie können auch ein kleines Muster des Teppichs auf die Erweiterungsplatte legen).
3. Geben Sie in den Computer ein: "Z.B.D.G. / ENTFERNE ALLE NATÜRLICHEN UND CHEMISCHEN AUSDÜNSTUNGEN (Wenn Sie wissen, um welche Arten von Ausdünstungen es sich handelt, können Sie auch die genauen Bezeichnungen eingeben, z. B. Formaldehyd, 4-Phenylcyclohexan, Styrenbutadien usw. Die spezifischen Raten finden Sie im SE-5 Hand- und Ratenbuch).
4. Stellen Sie den Amplitudenknopf auf 100,0 (%) und schalten Sie auf Balancieren (BALANCE).
5. Balancieren Sie ca. 15-30 Minuten bei geöffneten Fenstern und/oder Türen.

Anmerkungen:

Vielleicht erscheint dies alles ein bißchen zu einfach, aber ich habe damit großen Erfolg gehabt. Auch habe ich einen Versuch durchgeführt, das IDF eines Stückes Wollteppich auf einen synthetischen "Berber" Teppich zu übertragen. Fast alle, die uns besuchen kommen, machen irgendeine Bemerkung über unseren schönen "Woll"-Teppich. Normalerweise knien sie sich dann nieder und fühlen den Teppich an, und er fühlt sich tatsächlich an wie Wolle! Ich habe in diesem Fall festgestellt, daß Synthetikfasern (hier z. B. Nylon) die Informationen nur begrenzte Zeit speichern. Sie haben nur ca. 2 Jahre gehalten und ich kann feststellen, daß der Effekt langsam nachläßt. Ich werde den Teppich daher bald wieder informieren müssen.

Kapitel 19

Vertreiben von Ungeziefer und anderen "ungebetenen Gästen"

Vor einiger Zeit waren wir in Griechenland und hatten einen schönen Tag am Strand etwas abseits der Touristenzentren verbracht. Als wir abends zurückfuhren, empfahlen uns unsere griechischen Freunde, unterwegs bei einem guten Fischrestaurant zu Abend zu essen. Sie wiesen uns aber sofort darauf hin, daß wir uns trotz des schönen Wetters besser ins Lokal setzen sollten, da auf der Terrasse erfahrungsgemäß viele Mücken herumschwirrten. Wir entschieden uns trotzdem, auf der Terrasse zu essen und unseren Tisch vorher mit einem schützenden IDF zu versehen. In der Tat verschonten uns die Mücken und mieden unseren Tisch.

Gehen Sie in diesem Fall wie folgt vor:

1. Schalten Sie das Gerät wie gewohnt ein und führen Sie die Einstiegsmessungen durch.
2. Eine Probe benötigen wir in diesem Fall nicht, da wir nur unser direktes Umfeld informieren wollen.
3. Stecken Sie das Ausgangskabel in die dafür vorgesehene Buchse an der rechten Seite des SE-5 und legen Sie es auf dem Tisch aus.
4. Geben Sie in den Computer ein: "Z.B.D.G. / MÜCKEN MEIDEN DIESEN PLATZ DAMIT WIR UNGESTÖRT ESSEN UND TRINKEN KÖNNEN"
5. Stellen Sie den Amplitudenknopf auf 100,0 (%) und schalten Sie auf Balancieren (BALANCE).
6. Sie können diese Rate während des gesamten Essens über das Ausgangskabel senden, wenn Sie wollen, i. a. reichen aber ca. 5-10 Minuten.

Anmerkungen:

In hartnäckigen Fällen empfiehlt es sich, zusätzlich die Information eines Anti-Mückenmittels für die Mücken mitzusenden, die trotzdem versuchen, in das gesendete IDF einzudringen.

Natürlich läßt sich auch ein IDF für andere Insekten, Käfer und sogenanntes Ungeziefer kreieren. Ein SE-5 Anwender rückte z.B. einer Ameisenplage zu Leibe, indem er Globuli mit einem entsprechenden IDF versah und in dem Gebäude an den betreffenden Stellen verstreute. Die Ameisen verschwanden zwar, waren aber nach ein paar Wochen wieder da. Wichtig bei der Entwicklung geeigneter Wortraten und des entsprechenden IDF ist die Aussage, die möglichst präzise Sinn und Zweck des Vorgehens, Ort und Zeitpunkt beschreiben soll, je präziser die Aussage, desto effektiver die Wirkung.

Fragen und Antworten:

Frage: Kann ich mit dieser Methode auch die Schnecken oder Wühlmäuse aus meinem Garten verschwinden lassen?

Antwort: Natürlich läßt sich auch hierfür ein geeignetes Programm entwickeln. Wir sollten allerdings beachten, daß das Auftreten von zu vielen Schnecken oder Wühlmäusen ein Ungleichgewicht des gesamten ökologischen Systems Garten anzeigt. Hierbei ist es sicherlich angebracht, mit entsprechenden Raten, z. B. “STELLE DAS ÖKOLOGISCHE GLEICHGEWICHT DES GARTENS WIEDER HER” zu arbeiten. Allerdings wird es auf Dauer nicht viel bringen, dieses IDF nur auf den Garten anzuwenden, es muß großräumiger eingesetzt werden, da eine ökologisch ausgewogene Insel in einem sonst gestörten Umfeld schlecht aufrecht zu erhalten ist.

Manchmal ist ein Kompromiß als Übergangslösung sicherlich angebracht, indem wir z. B. den Schnecken und Wühlmäusen einen bestimmten Bereich des Gartens zur Verfügung stellen und den Rest des Gartens nur für uns nutzen. Diejenigen, die dies schon ausprobiert haben, konnten feststellen, daß sich die Tiere daran halten. So kommt jeder zu seinem Recht.

Kapitel 20

Vergleichen von IDFs (Verträglichkeitstests)

Beim Vergleichen von IDFs können wir herausfinden, wie gut z. B. zwei oder mehrere Menschen, Substanzen, Geschäfte usw. zusammenpassen. Wie oben schon erwähnt, stellen wir dabei fest, wie kompatibel zwei oder mehrere IDFs sind. Der Test der Verträglichkeit von Lebensmitteln ist ein gutes Beispiel dafür. Wie hoch die Kompatibilität von zwei IDFs ist, läßt sich sehr gut an einer Beziehung erkennen, d. h. wie gut zwei Menschen zueinander passen. Sollte also ein Paar Heiratsgedanken hegen, wäre es sicher gut zu überlegen, vor dem Aufgebot einen solchen Test durchzuführen.

In der Radionik gibt es verschiedene Verfahren, IDFs miteinander zu vergleichen. Nachstehend wollen wir drei davon vorstellen.

Vergleichstest über die Standard-Vergleichsrate (Kompatibilitätsrate):

1. Schalten Sie das Gerät wie gewohnt ein und führen Sie die Einstiegsmessungen mit jeder der Proben durch, die Sie testen wollen.
2. Beginnen Sie mit der ersten Probe eines Testpaares. Hierzu stecken Sie wie gewohnt die Probe in die Meßzelle oder verwenden bei größeren Objekten die Erweiterungsplatte bzw. ein Polaroidfoto des Objektes.
3. Geben Sie in den Computer die Vergleichsrate ein: "51515151 ALLGEMEINE KOMPATIBILITÄT"

4. In Meßstellung (MEASURE) und Meßbereich 100 führen Sie nun eine Messung durch. Dieser Wert liegt im allgemeinen irgendwo zwischen 40,0 und 60,0.
5. Stecken Sie nun die zweite Probe zu der ersten in die Meßzelle bzw. legen Sie sie zu der ersten auf die Erweiterungsplatte.
6. Führen Sie nun mit beiden Proben eine zweite Messung durch, das Ergebnis werten Sie folgendermaßen aus (erste Angabe, erste Messung / zweite Angabe, Veränderung bei zweiter Messung)

a) 40-60 / unverändert
Liegt bei den beiden Messungen der Wert im Bereich 40-60 oder ändert sich um weniger als 10 Punkte, passen beide Proben gut zusammen.

b) 40-60 / fallend
Fällt der Wert mehr als 10 Punkte bei der Zweitmessung, passen beide Proben nicht gut zusammen, je größer der Unterschied, desto schlechter.

c) 40-60 / steigend
Steigt der Wert bei der Zweitmessung, gibt es zwei Möglichkeiten. Zum einen passen beide Proben dann zusammen, wenn zwar der Wert steigt, aber unter 60 bleibt. Zum anderen passen sie nicht zusammen, wenn der Wert über 60 steigt.

d) unter 40 / steigend
Liegt die erste Messung unter 40 und der Wert steigt bei der Zweitmessung nicht über 60, passen beide Proben zusammen, steigt er aber über 60, passen sie nicht zusammen.

e) unter 40 / fallend
Fällt nach der Erstmessung mit einem Wert von unter 40 der Zweitwert weiter ab, passen beide nicht zusammen.

f) über 60 / steigend
Ein erster Wert von über 60 mit Anstieg bei der Zweitmessung deutet darauf hin, daß beide Proben nicht zusammenpassen.

g) über 60 / fallend
Fällt der erste Wert mit über 60 bei der Zweitmessung wieder in den Bereich von 40-60, können wir davon ausgehen, daß beide Proben zusammenpassen, fällt er unter 40, dann nicht.

Anmerkungen (weitere Methoden):

Bei der Messung von Lebensmittel- oder anderen Verträglichkeiten bietet sich eine andere Methode an. Hierzu nehmen Sie z. B. die Probe der betreffenden Person und führen die Einstiegsmessungen durch. Geben Sie dann in den Computer "9-49 ALLGEMEINE VITALITÄT" ein und führen Sie eine Messung durch (ausgehend von 100,0 %). Den gefundenen Vitalitätswert legen Sie den folgenden Messungen als Ausgangswert zugrunde. Legen Sie jetzt nacheinander die zu testenden Lebensmittel auf die Extenderplatte (die Probe bleibt dabei in der Meßzelle). Für jedes Lebensmittel führen Sie eine erneute Messung durch. Je tiefer die neuen Meßwerte unter dem Ausgangswert liegen, desto unverträglicher ist das Lebensmittel, je höher die Zweitwerte über dem Ausgangswert liegen, desto verträglicher sind sie. Ein Abfall des Zweitwertes von 5 % ist noch als gut anzusehen, Werte, die mehr als 10 % abfallen, gelten als unverträglich, 5-10 % sind tolerierbar. Führen Sie diese Messungen über eine längere Zeit durch, können Sie sich Ihren optimalen, individuellen Ernährungsplan zusammenstellen.

Hier die dritte der angekündigten Methoden. Wollen Sie Edelsteine, Metalle, Farben o. ä. für sich oder andere austesten, können Sie statt der Vitalitätsrate z. B. "OPTIMALER STEIN" eingeben. Machen Sie nacheinander mit jedem Stein eine Messung. Je näher der Wert an 100 % liegt, desto besser paßt der Stein. In dieser Weise können Sie natürlich auch Medikamente austesten.

Beachten Sie dabei aber immer, daß keine physischen Parameter verglichen werden, sondern ausschließlich IDFs!

Lassen Sie Ihre Phantasie spielen und denken Sie sich eigene Vergleichstests aus, z. B.:
- Vergleich der IDFs von Personengruppen, Mannschaften usw.
- Auswahl geeigneter Kleidung
- Auswahl von kosmetischen Produkten
- Auswahl von Einrichtungsgegenständen (zu Hause, im Büro)
- Geschäfte und Geschäftspartner
- Auswahl geeigneter Produkte für das Marketing
- Festlegung von Investitionen u.v.a.m.

Kapitel 21

Weitere Anwendungen im häuslichen Umfeld

Bevor wir auf weitere häusliche Belange eingehen, zunächst einige Bemerkungen zu meinem letzten Auto. Ich habe es verkauft mit einem Kilometerstand von 420.000 km; der Satz Reifen, den ich bis zu dieser Zeit fuhr, hatte auch bereits eine Laufleistung von 100.000 km erreicht und war immer noch nicht abgefahren!

Anschließend folgen einige Anregungen zu weiteren radionischen Anwendungen und Experimenten. Die darin angegebenen Raten sind Ergebnisse einer ehemaligen radionischen Forschungsgesellschaft in USA.

Arbeiten Sie folgendermaßen:

1. Schalten Sie das Gerät wie gewohnt ein.
2. Stecken Sie eine Probe in die Meßzelle, z. B. ein Polaroidfoto Ihres Hauses (kleinere Gegenstände können Sie natürlich auf die Erweiterungsplatte legen, von größeren machen Sie am besten ein Foto).
3. Wählen Sie eine Rate aus der unten stehenden Liste aus und geben Sie sie in den Computer ein, z. B. "Z.B.D.G. / 15.23-20.22 WEICHES WASSER" und zwar zur besseren Ausnutzung von Reinigungsmitteln (natürlich können Sie, wie schon oben beschrieben, ein Anwenderprogramm schreiben und alle Raten nacheinander senden).
4. Stellen Sie den Amplitudenknopf auf 100,0 (%) und schalten Sie auf Balancieren (BALANCE).
5. Balancieren Sie ca. 20-30 min.

Hier eine Liste möglicher Raten:

a) Bessere Ausnutzung von Reinigungsmitteln
   - Wasser (- Oberfläche) entspannen 33.56-64.64
   - Lösen organischer Verbindungen (Schmutz, Flecken) 33.56-65.37
   - Lösen von Ölen / Ölflecken 15.42-94.33
   - Wasser enthärten (weiches Wasser, s.o.) 15.23-20.22
   - Stärken von Fabrikfasern 18.24-34.23

b) Bessere Ausnutzung von Farben
   - Steigerung der Haltbarkeit 18.23-29.25
   - Abwaschbar / Beständigkeit 54.66-44.56

c) Verbesserung von Werkzeugen und Messern
   - widerstandsfähiger / härter 13.33-33.46
   - widerstandsfähiger / zäher 40.24-48.44
   - scharfe Schneide 18.22-18.22

d) Erhöhung der Haussicherheit
   - Bewachung des Hauses 43.3-62.1
   - Schutz des Hauses 30.3-46

Anmerkungen:

Die Liste gibt nur eine kleine Anzahl von möglichen Raten wieder und kann beliebig durch eigene Raten ergänzt werden. Hierzu ist es nicht immer nötig, die zugehörigen Zahlen-Raten zu kennen. Wort-Raten sind ebenso effektiv, wenn sie den gewünschten Zustand unverwechselbar beschreiben. Nehmen wir als Beispiel noch einmal mein oben genanntes Auto. Zunächst habe ich ein Bild von meinem Wagen gemacht. Dann habe ich mit dem Bild als Probe folgendes in den Computer eingegeben: "Z.B.D.G. / STELLE DAS IDF DES NEUWAGENS WIEDER HER", dies war eine umfassende Rate für alle Teile und Aggregate des Wagens. Dazu ergänzte ich: "OPTIMIERE VISKOSITÄT DES ÖLES/ VERRINGERE ABNUTZUNG DER REIFEN / KOMFORTABLERES FAHRVERHALTEN" im einzelnen. Ich benutzte auch die Raten von Pkt. c) der obigen Liste für die Kolbenringe und Zylinderwände des Motors. Der Pleuellager sollte man sich ebenso annehmen. Diese und andere Wort-Raten können also im SE-5 verwendet werden, ohne daß man dafür eine Zahlen-Rate braucht, wie es bei den gängigen Radionikgeräten erforderlich ist.

Fragen und Antworten:

Frage: Gibt es etwas, das sich nicht nutzbringend mit dem SE-5 balancieren ließe?

Antwort: Nein; nichts, das ich wüßte, solange es dem Besten des Ganzen dient.

Kapitel 22

Senken des “Sprit”-Verbrauchs

Dies habe ich mit einem relativ einfachen Programm ausprobiert und hatte auf Anhieb eine Einsparung von 6%. Sicher kann durch Erweiterung des Programms noch mehr erreicht werden, aber dazu später mehr. Zunächst die Geschichte eines Rolls-Royce- Besitzers, der einen Benzinverbrauch von 34 l auf 100 km hatte. Nachdem er das Benzin entsprechend informiert hatte, benötigte er nur noch 16 l auf 100 km. Für eine solche Ersparnis ist natürlich ein zusätzliches Ausgangskabel die geringere Investition. In jedem Fall benötigen Sie ein zusätzliches Ausgangskabel, da Sie dieses dann nur noch für diesen Zweck verwenden können. (Nebenbei, wenn Sie als Rolls-Besitzer noch kein SE-5 Ihr eigen nennen, ist eine solche Anschaffung sicherlich auch nur eine kleine Ausgabe und leistet dabei einen wertvollen Beitrag zum Umweltschutz und zur Erhaltung der Ressourcen; diesbezüglich wäre natürlich ein kleinerer Wagen noch effektiver!)

Gehen Sie wie folgt vor:

1. Schalten Sie das Gerät wie gewohnt ein und führen Sie anschließend die Einstiegsmessungen durch.
2. Stecken Sie das eigens für diesen Zweck beschaffte Ausgangskabel in die Steckbuchse (25-polig) an der rechten Seite Ihres SE-5.
3. Schreiben Sie wieder ein kleines Anwenderprogramm mit folgenden Wortraten: “Z.B.D.G./ VERBRENNE DAS BENZIN-LUFTGEMISCH OPTIMAL / STEIGERE DIE KM-LEISTUNG PRO LITER BENZIN / SENKE AUSSTOSS VON SCHADSTOFFEN / ERHÖHE DIE LEISTUNGSAUSBEUTE DES BENZINS / OPTIMIERE OKTAN-WERT”.

4. Stecken Sie das Ausgangskabel in den Tank Ihres Autos, nachdem Sie getankt haben, das Kabel muß dabei in das Benzin eintauchen (s. u. Anmerkungen!).
5. Stellen Sie den Amplitudenknopf auf 100,0 (%) und schalten Sie auf Balancieren (BALANCE).
6. Starten Sie das Anwenderprogramm und balancieren Sie für ca. 10 min.

Anmerkungen:

Die beschriebene Vorgehensweise ist bei den neueren Tankverschlüssen etwas schwierig, weil der Schutzdeckel im Tankstutzen niedergehalten werden muß, um das Kabel in den Tank zu stecken. Ich habe deswegen das Benzin im Tank nicht unmittelbar informiert, sondern ein Benzinadditiv oder einfach das Benzin in meinem Reservekanister. So ist die Handhabung einfacher und sauberer. Schütten Sie nach dem Balancieren den Inhalt des Kanisters in den Tank Ihres Wagens und tanken Sie dann voll.

Sie können mit dem Reservekanister die Effektivität des informierten Benzin noch steigern, indem Sie es nach dem Balancieren noch dynamisieren, d. h. verschütteln, so ähnlich wie es bei der Potenzierung von homöopathischen Mitteln durchgeführt wird. Möglicherweise benötigen Sie pro Tankfüllung nicht den gesamten Inhalt des Reservekanisters, sondern nur einen Teil davon und Sie kommen länger mit Ihrem "radionischen Additiv" aus. Wieviel Sie pro Tankfüllung hinzuschütten müssen, testen Sie am besten vorher mit dem SE-5 aus.

Das oben vorgestellte Programm ist nur eine Grundversion eines Programmes, das sich noch weiterentwickeln läßt. Jeder kann es nach seinen Vorstellungen erweitern und verbessern.

Fragen und Antworten:

Frage: Kann ich mit einem entsprechend entwickelten Programm auch einen alten Motor wieder verbessern?

Antwort: Ich hatte einen Freund mit einem VW Bus, der einen hohen Ölverbrauch hatte und dessen Kompression stark zurückgegangen war. Er verwendete eine Wortrate ähnlich wie diese: "Z.B.D.G. / BRINGE DIE KOLBENRINGE WIEDER AUF IHRE URSPRÜNGLICHE FEDERKRAFT". Damit stieg die Kompression in jedem Zylinder deutlich an und der Ölverbrauch ging wieder zurück.

Frage: Läßt sich in vergleichbarer Weise auch die Standzeit von Brems- und Kupplungsbelägen verlängern?

Antwort: Versuchen Sie es mit einer Wortrate ähnlich der folgenden: "Z.B.D.G. / VERRINGERE ABNUTZUNG DER BREMS- UND KUPPLUNGSBELÄGE". Das Beste wäre natürlich, Sie würden vor dem Einbau der Beläge das Ausgangskabel um die Beläge wickeln und sie entsprechend informieren. Dies ist allerdings etwas schwierig, wenn Sie dies in einer Autowerkstatt durchführen wollen. Ich habe stattdessen ein Foto meines Wagens als Probe verwendet und so die Nutzungsdauer der Bremsbeläge verlängert. Nach ca. 100.000 km waren sie nur bis zur Hälfte abgenutzt.

Kapitel 23

Fehlersuche bei Maschinen und Geräten über die IDFs

Dies ist eine Möglichkeit, um über die IDFs von Maschinen und Geräten Fehlersuche zu betreiben. Ich sprach mit einem Radio- und Fernsehmechaniker, der diese Methode inzwischen hauptsächlich für die Suche von Fehlern bei Radios und Fernsehern einsetzt. Er hat sich inzwischen so gut darin eingearbeitet, daß er diese Methode schnell und zuverlässig einsetzen kann. Natürlich wäre diese Art der Fehlersuche auch für große Maschinen und Anlagen einsetzbar. Das Personal müßte gezielt dahingehend geschult werden. Die Kostenersparnis für Ausfallzeiten der Maschinen würden sicherlich sehr schnell die Anschaffung eines oder mehrerer SE-5 amortisieren helfen. Genauso ist ein Einsatz in der vorbeugenden Instandhaltung denkbar, d. h. hierbei werden Fehler erkannt, bevor es zum Ausfall der Maschinen kommt.

Vorgehensweise:

1. Besorgen Sie sich zuerst entsprechende Proben und Pläne des Objektes, wie unter Pkt. 3 und 5 beschrieben.
2. Schalten Sie das Gerät wie gewohnt ein und vergessen Sie auch hier nicht, die Einstiegsmessungen durchzuführen.
3. Als Probe verwenden Sie ein Bild des entsprechenden Gerätes, der Maschine oder der Anlage (bei komplexen Anlagen können Sie eine Skizze verwenden, auf der die Anlage eindeutig dargestellt ist)
4. Stecken Sie die Scanner-Platte und die Probe in die Meßzelle. Die Probe liegt auf der Scanner-Platte (beim Foto schaut die Bildseite nach oben).

5. Legen Sie einen Schaltplan, ein Blockschaltbild, einen Anlagenplan oder ähnliches neben das SE-5 in guter Reichweite des Scanner-Stiftes.
6. Geben Sie in den Computer die JA/NEIN Rate 55915969 ein, schalten Sie auf Messen (Measure) und Scan.
7. Während Sie jetzt auf der Detektorplatte reiben, beginnen Sie mit dem Scanner-Stift in der linken oberen Ecke des Planes und fahren mit dem Stift am oberen Rand entlang. Wenn der gesuchte Fehler im IDF auf diesem Plan zu finden ist, werden Sie an irgendeinem Punkt einen Stick bekommen. Markieren Sie diesen Punkt. (Wenn Sie keinen Stick bekommen, lesen Sie bitte die Anmerkungen im Anschluß)
8. Fahren Sie nun mit dem Stift am linken Rand des Planes nach unten, bis Sie wiederum einen Stick bekommen, markieren Sie auch diesen Punkt.
9. Ziehen Sie jetzt zwei Linien ausgehend von den vorher markierten Punkten. Der Kreuzungspunkt der beiden Linien gibt Ihnen die Stelle an, an der das IDF einen Fehler oder Störbereich aufzeigt. Wenn Sie einen Übersichtsplan (z. B. Blockschaltbild) verwendet haben, besorgen Sie sich einen detaillierteren Plan und wiederholen Sie die Messung, um den gesuchten Punkt immer weiter einzugrenzen.
10. Setzen Sie bei der Messung auch Ihre Erfahrung und Ihr intuitives Gespür ein, damit Sie die Meßergebnisse besser in die Tat umsetzen können. Wenn beides Hand in Hand geht, werden Sie sehr schnell zum Ziel kommen.
11. Wiederholen Sie die Schritte 7-9 solange, wie es mit den zur Verfügung stehenden bzw. erhältlichen Plänen möglich ist. Damit werden Sie immer näher an den von Ihnen gesuchten Bereich herankommen.
12. Bei elektronischen Geräten können Sie auch auf den Schaltplatinen die Suche nach dem oben beschriebenen Verfahren fortsetzen, um ggf. defekte Bauteile ausfindig zu machen. Bei größeren Anlagen gehen Sie dann selbst vor Ort und überprüfen dort die Gegebenheiten.

Anmerkungen:

Es gibt Anwendungsfälle, bei denen ein defektes Gerät oder eine Anlage nicht repariert werden soll. Dies hat übergeordnete Gründe und ist möglicherweise nicht immer sofort zu erkennen. Nehmen wir als Beispiel, daß eine Maschine so veraltet ist, daß sie bei einer weiteren Reparatur eine schwerwiegende Gefahr für das Bedienungspersonal und die Umwelt darstellt. Da auch diese Zusammenhänge im IDF erfaßt sind, führt die Fehlersuche u. U. hierbei nicht zum Ziel. Seien Sie also nicht überrascht, wenn Sie manchmal kein verwertbares Ergebnis erreichen und überprüfen Sie stattdessen die Situation und die weiteren Umstände.

Kapitel 24

Überblick über Anwendungen im Agrarbereich

Wie schon in vorigen Kapiteln beschrieben, kann Radionik sehr gut im Agrarbereich eingesetzt werden. Schon die Versuche von Upton Anfang der 50er Jahre mit Getreidefeldern zeigten eine Möglichkeit, ohne umweltbelastende Spritzmittel das Wachstum und die Qualität des Getreides zu sichern. Auch die Versuche in England in den 60er Jahren bestätigten das. Die Behandlung von Wäldern in Deutschland und Europa hat die weiten Möglichkeiten aufgezeigt, den geschädigten Bäumen zu helfen (vergl. Kap. 6).

Die folgenden beiden Anwendungen wurden in den USA von New Horizons Trust entwickelt, die wir hier mit deren freundlicher Genehmigung weitergeben dürfen.

A. Auswahl der richtigen Stoffe, Boden, Dünger usw. für den Getreideanbau

Zur Auswahl der richtigen Nährstoffe für die Felder wie auch für Tests bezüglich der richtigen Sonneneinstrahlung, der Bewässerungsmenge, der geeigneten Bodenbeschaffenheit und der sinnvollen Düngung für das richtige Wachstum des Getreides ist das SE-5 im Einsatz. Das Informieren der Felder, des Getreides und der Düngemittel mit entsprechenden IDFs kann eine sehr wertvolle Hilfe sein bei der Schädlingskontrolle und eine gute Ernte und Qualität sichern.

Vorgehensweise:

1. Schalten Sie das Gerät wie gewohnt ein und führen Sie die Einstiegsmessungen durch.
2. Nehmen Sie eine Probe der zu testenden Getreideart. Als Proben können dienen: Blätter, Blütenblätter, die Frucht oder Teile davon, der Halm usw. Stecken Sie diese Probe in die Probentüte. Bei größeren Feldern machen Sie ein Polaroidfoto, am besten in Südrichtung. Die Probentüte oder das Bild stecken Sie in die Meßzelle.
3. Geben Sie in den Computer die Vitalitätsrate ein: "+9-49 ALLGEMEINE VITALITÄT"
4. Messen Sie die Vitalität von 100,0 (%) abwärts bis zum Stick und merken Sie sich diesen Wert.
5. Nehmen Sie eine Probe der zu vergleichenden Substanz, z.B. eine Bodenprobe, etwas Düngemittel usw., geben Sie es auch in eine Probentüte und stecken Sie es zu der ersten Probe in die Meßzelle. Bei größeren Proben verwenden Sie wieder die Erweiterungsplatte.
6. Messen Sie jetzt die Vitalität zusammen mit der zweiten Probe noch einmal und vergleichen Sie den Wert mit der Erstmessung. Für die Auswertung verwenden Sie die Angaben, die im Kapitel 20 für die Messung der Kompatibilität gemacht wurden.
7. Ist die zweite Probe nicht kompatibel bzw. verträglich, wiederholen Sie die Messung mit einer anderen Probe, z. B. Boden, Düngemittel etc.

Anmerkungen:

Wie beschrieben können Sie auch das für eine bestimmte Getreideart optimale Feld austesten, die günstigste Sonnenlage, den besten Termin für die Aussaat usw. Wenn Sie für die Messung des optimalen Ortes keine geeignete Probe finden können, reicht es auch, bei der Zweitmessung den Ort eindeutig zu beschreiben und diese Beschreibung zusätzlich als Wortrate in den Computer einzugeben.

Wenn Sie den Energiegehalt des Bodens messen, sollte der Wert zum Zeitpunkt der Fruchtausbildung 4-8 mal höher liegen als bei der Aussaat.

B. Vertreiben von Schädlingen

Die zweite Anwendung bezieht sich auf die Abwehr von Schädlingen. Mit der geeigneten Information lassen sich auch sehr gut Schädlinge abwehren oder vertreiben. Ich habe z. B. ein spezielles IDF entwickelt, um Schädlinge aus einem Gewächshaus zu vertreiben. Die Besitzer haben nie herausbekommen, wie mir das gelungen ist, aber alle Schädlinge verschwanden.

Vorgehensweise:

1. Schalten Sie das Gerät wieder wie gewohnt ein und führen Sie die Einstiegsmessungen durch.
2. Nehmen Sie wieder eine Probe der zu testenden Getreideart oder ein Bild des Feldes und stecken Sie sie in die Meßzelle (vergl. Beisp. A.)
3. Geben Sie in den Computer eine sinnvolle Wortrate ein. Je genauer die Absicht in der Wortrate beschrieben wird, desto stärker wirkt sie. Starke Wortraten definieren z. B. das Warum, das Wer, Was, Wie, Wo und Wann. Als Beispiel soll folgende Rate dienen: "Z.B.D.G. / ALLE GETREIDEKÄFER VERLASSEN JETZT DAS FELD DAMIT DAS GETREIDE GUT GEDEIHEN KANN"

   Mit dieser Rate sind die genannten Fragen erfüllt:
   Alle Getreidekäfer (das Wer)
   verlassen (das Was und Wie)

das Feld (das Wo)
jetzt (das Wann)
damit das Getreide gut gedeihen kann (das Warum)

Je genauer Sie sich an die genannten Punkte anlehnen, desto effektiver wirkt das kreierte IDF!

4. Testen Sie in der bereits früher beschriebenen Form die Laufzeit der Rate (oder des Programms, wenn Sie eines dafür schreiben) z. B. mental, mit dem Scanner oder durch Messen der Zeit mit dem Amplitudenknopf in Minuten.
5. Stellen Sie den Amplitudenknopf auf 100,0 (%) und schalten Sie auf Balancieren (BALANCE).
6. Stellen Sie eine geeignete Uhr ein, die Ihnen ein Signal gibt, wenn die gemessene Zeit abgelaufen ist.
7. Nach Ablauf der Zeit schalten Sie wieder zurück auf Messen (Measure) und löschen die Eingabe im Computer bzw. verlassen das Programm. Mit der neuen Eingabe "SCHÄDLINGE" überprüfen Sie nun, in wieweit schon eine Reaktion auf die Rate erfolgt ist.
8. Testen Sie zunächst jeden Tag, später in größeren Abständen die Wirkung, ggf. wiederholen Sie die Schritte 2-6.

Anmerkungen:

Die Arbeit mit IDFs von Getreide oder Getreidefeldern kann voll in die landwirtschaftliche Arbeit integriert werden. Die vielen Möglichkeiten und Techniken erfordern jedoch eine ausführliche Schulung in der radionischen Arbeitsweise. New Horizons Trust führt in USA solche Schulungen durch. Hierbei werden auch Bodenuntersuchungen durchgeführt, mit denen der Gehalt an Calcium, Magnesium, Phosphaten, Pottasche, Stickstoff, Sulfaten, Natrium u.a. festgestellt wird. Auch werden so Mikroorganismen aktiviert, um ein gutes Getreidewachstum möglich zu machen. Durch Verwenden dieser Techniken ist es möglich, rein organisch anzubauen und dabei hohe Erträge eines Getreides mit hohem Anteil von Vitalstoffen zu erzielen. Ebenso kann dadurch eine sehr gute Lagerfähigkeit erreicht werden.

Fragen und Antworten:

Frage: Gibt es über dieses Thema schon empfehlenswerte Bücher?

Antwort: Leider ist, außer in England, der Einsatz der Radionik in Europa noch nicht so weit verbreitet, daß es schon viel Literatur über agrarische Anwendungen gäbe. Die meiste Literatur stammt aus England und den USA, z. B. ist in dem Buch "Report on Radionics" von Edward W. Russell (Verlag C.W. Daniel, Saffron Walden, Essex, England) die Arbeit von Curtis P. Upton beschrieben mit vielen Tabellen der Ergebnisse bei der Getreidebehandlung Anfang der 50er Jahre. Auch ein sehr gutes Buch zu diesem Thema ist das Buch von Arden B. Anderson Ph. D. "Science in Agriculture", das bei Acres in Kansas City, USA, erschienen ist. Über die Erfolge im Forstbereich gibt es aber schon ausführliche Berichte des IRT, Institut für Resonanztherapie, in Cappenberg bei Lünen, Deutschland. (vgl. Kap. 6)

Schluß

oder

Ein Traum wird wahr

Als ich das Notizbuch mit den Anwendungen wieder schloß, bemerkte ich, daß Aly wieder zurückgekehrt war. Mit einem sehr offenen Lächeln sagte er: “Entschuldigen Sie bitte, es hat etwas länger gedauert. Ich hatte etwas sehr Wichtiges zu erledigen. Aber ich sehe, Sie haben sich inzwischen selbst weiter informiert. Haben Sie noch irgendwelche Fragen, bevor wir für heute schließen?”

“Ja”, sagte ich, “woher kann ich ein solches Gerät bekommen?”

“Ich möchte diese Frage auf verschiedenen Ebenen beantworten”, schlug Aly vor. “Es ist wie mit allen Informationsfeldern. Je stärker das Feld wird, desto höher wird die Wahrscheinlichkeit, daß sich in Ihrem Leben der Besitz eines solchen Gerätes realisiert. Die Tatsache, daß Sie inzwischen von der Existenz der Radionik und solcher Geräte erfahren haben, ist Anzeichen genug, daß Sie auf dem besten Weg dorthin sind. Denken Sie einmal darüber nach. Was meinen Sie, wieviel von den Milliarden von Menschen auf dieser Erde etwas von Radionik wissen? Somit ist die Tatsache, daß Sie so viel über Radionik wissen, ein gutes Beispiel für ein informationelles Feld, das nun bekannte IDF, das in der Lage ist, ein solches Gerät für Sie erreichbar werden zu lassen.”

Aly wartete einen Moment, bevor er weitersprach: “Nun, ich weiß, daß einige von Ihnen wissen, daß sie jetzt gerade träumen, und Sie wissen, daß ein luzider Traum unserer Tagesrealität sehr nahe kommt. Andere beginnen vielleicht erst damit, zu erkennen, daß es ja ein Traum sein könnte, was Sie hier erleben. Ich gebe Ihnen hier eine Karte, auf der sich ein Kreis befindet mit einem Punkt in der Mitte.” Aly verteilte einige Karten unter den Zuhörern und fuhr fort: “Während Sie jetzt aufwachen, halten Sie Ihre volle Aufmerksamkeit auf den Kreis mit dem Punkt darin fokussiert. Dadurch wird es Ihnen gelingen, diese Karte mit in Ihr Tagesbewußtsein hinüberzunehmen.”

Ich nahm meine Karte in die Hand und fokussierte meine Aufmerksamkeit auf das Symbol mit dem Kreis und dem Punkt darin. Nun stellte ich mir vor, aufzuwachen. Als ich mir meines Wachzustandes voll bewußt war, scheute ich mich zunächst, meine Hände zu bewegen, aus Angst, die Karte könnte vielleicht doch nicht mehr da sein. Ich nahm all meinen Mut zusammen, hob die Hand vors Gesicht und stieß einen leisen Pfiff aus, als ich folgendes sah:

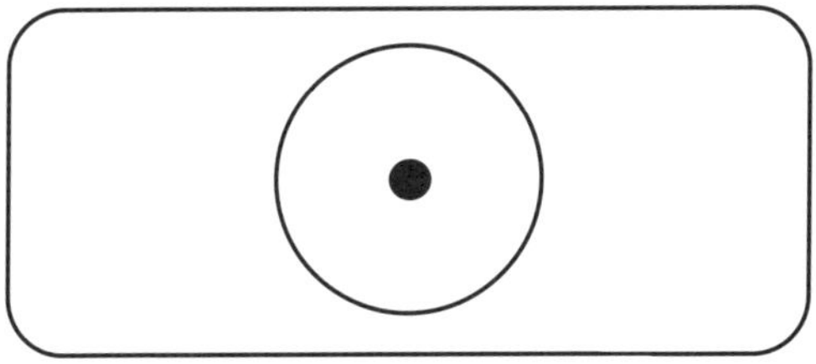

Ich drehte die Karte um und darauf stand:

Wenn Sie mehr über Radionik wissen wollen, fragen Sie

Don Paris und Peter Köhne

ANHANG A

RADIONIK-FORMBLATT 2

Grundanalyse pos. Raten (Sektion 1-19)

zur Analyse des Inneren Daten-Feldes (IDF) mit dem SE-5 IDF-Analysator

NAME: DATUM:

Sektion 1 — BIOFELD-SYSTEM

		Messung 1 2 3 4 5 6
+43-28	Biofeld - System	
+100-00-100	Polaritäten	
+91-41	Feinstoffl. Körper	
+906 2775	Chakras	
+77.9-82	Gerichtete Energien	
+89-98	Meridiane	
+29-35	Elemente	

Sektion 2 — PSYCHOLOGISCHES SYSTEM

		Messung 1 2 3 4 5 6
+58-5	Psychologisches System	
+620-745	Primärer Bereich	
+1501505	Positive Emotionen	

Sektion 3 — ZELLULÄRES SYSTEM

		Messung 1 2 3 4 5 6
+40-29.5	Zelluläres System	
+979-989	Zelle	
+4822	Körperzellen	
+885-968	Zytoplasma	
+964-972	Zellkern	
+82.4-89.5	Zellsalze	
+11-100	Reserve-Vitalität	

RADIONIK - FORMBLATT 2
Grundanalyse pos. Raten (Sektion 1-19)
zur Analyse des Inneren Daten-Feldes (IDF) mit dem SE-5 IDF-Analysator

NAME: DATUM:

Sektion 4 — METABOLISCHES SYSTEM

		Messung 1 2 3 4 5 6
+60-64	Metabolisches System	
+43-28/37-93	Metabolische Balance	
+6789	Gase	
+84.6-93.5	Säuren	
+4095	Zucker	
+44-43/4515	Proteine/Aminosäuren	
+30339	Vitamine	
+64-24.5	Mineralien	
+885-469	Spurenelemente	

Sektion 5 — NEUROLOGISCHES SYSTEM

		Messung 1 2 3 4 5 6
+62-56	Neurologisches System	
+11-82	Gehirn	
+37-26	— Vorderer Lappen	
+99-79	— Cortex	
+9975	— Vorderhirn	
+3333	— Mittelhirn	
+3432	— Hinterhirn	
+0-15	— Brücke (Pons)	
+28-13	— Medulla Oblongata	
+58-82	— Hirnhäute	
+52-97	— Cerebraler Liquor	
+5-62	Nerven	
+2208	— Craniale Nerven	

RADIONIK - FORMBLATT 2
Grundanalyse pos. Raten (Sektion 1-19)
zur Analyse des Inneren Daten-Feldes (IDF) mit dem SE-5 IDF-Analysator

NAME: DATUM:

		Messung 1 2 3 4 5 6
+39.5-27.5	— Nervus Vagus	
+40.5-22	— Rückenmark	
+3367	— Nervenplexus	
+31.75-27.75	— Periphere Nerven	

Sektion 6 — ENDOKRINES SYSTEM

		Messung 1 2 3 4 5 6
+20-15.5	Endokrines System	
+259	Hormone	
+68-97	Zirbeldrüse	
+40.5-34.5	Thalamus	
+18-42	Hypothalamus	
+6-87	Hypophyse (Hirnanhangdrüse)	
+74-65	— Vordere Hypophyse	
+56-23	— Hintere Hypophyse	
+6-81	Schilddrüse (Thyroidea)	
+86-4	Nebenschilddrüse	
+59-77	Thymusdrüse	
+9-70	Pankreas (Bauchspeicheldrüse)	
+3-9	Nebenniere	

Sektion 7 — HÄMATOLOGISCHES SYSTEM

		Messung 1 2 3 4 5 6
+19-95.5	Hämatologisches System	
+9.5-48.5	Blut	
+36-17	Lymphe	
+4-95	Milz	

RADIONIK - FORMBLATT 2
Grundanalyse pos. Raten (Sektion 1-19)
zur Analyse des Inneren Daten-Feldes (IDF) mit dem SE-5 IDF-Analysator

NAME: DATUM:

Sektion 8 — IMMUNSYSTEM

		Messung 1 2 3 4 5 6
+83-65	**Immunsystem**	
+13-29	**Nicht allergisches Immunsystem**	
+59.7-67.4	**Unspezifisches Blutabwehrsyst.**	
+72.1-84.89	**Zellspezifisches Immunsystem**	
+98.5-72.66	**Antikörper/hormonale Antigene**	

Sektion 9 — OPHTALMOLOGISCHES SYSTEM

		Messung 1 2 3 4 5 6
+35-22	**Ophtalmologisches System**	
+35-18	**Augen**	
+3.8-2.8	**Sehvermögen**	

Sektion 10 — OTORHINOLARYNGOLOGISCHES SYSTEM / HNO

		Messung 1 2 3 4 5 6
+24-36	**Otorhinolaryngolog. System**	
+94-24	**Ohren**	
+6766	**Hörvermögen**	
+51-53	**Nase**	
+29-33	**Nasennebenhöhlen**	
+76-37	**Kehle**	
+16-77	**Speiseröhre (Ösophagus)**	
+24-7	**Rachen (Pharynx)**	
+75-16	**Mandeln (Tonsillen)**	
+32-16	**Kehlkopf (Larynx)**	
+31.8-75.4	**Luftröhre (Trachea)**	

RADIONIK - FORMBLATT 2
Grundanalyse pos. Raten (Sektion 1-19)
zur Analyse des Inneren Daten-Feldes (IDF) mit dem SE-5 IDF-Analysator

NAME: DATUM:

Sektion 11 — ORAL / DENTAL SYSTEM

		Messung 1 2 3 4 5 6
+80-70.5	**Oral- / Dentalsystem**	______
+11-81	**Mund**	______
+34-60	**Zunge**	______
+39-24	**Ohrspeicheldrüse (Parotidea)**	______
+4-99	**Zähne**	______
+3-25	**Zahnfleisch**	______
+43-42	**Kiefer**	______

Sektion 12 — PULMONALES SYSTEM

		Messung 1 2 3 4 5 6
+81-55.5	**Pulmonales System**	______
+92-83	**Lungen**	______
+63-74	**Bronchien**	______

Sektion 13 — KARDIOVASKULÄRES SYSTEM

		Messung 1 2 3 4 5 6
+65-99	**Kardiovaskuläres System**	______
+20-70	**Herz**	______
+2-98	**Aorta**	______
+16-14	**Herzklappen**	______
+82-71	**Blutgefäße**	______

Sektion 14 — GASTROINTESTINALES SYSTEM

		Messung 1 2 3 4 5 6
+85-53	**Gastrointestinales System**	______
+31.3-22	**Bauchnetz (Omentum)**	______

RADIONIK - FORMBLATT 2
Grundanalyse pos. Raten (Sektion 1-19)
zur Analyse des Inneren Daten-Feldes (IDF) mit dem SE-5 IDF-Analysator

NAME: DATUM:

		Messung 1 2 3 4 5 6
+77-84	**Magen**	______
+16-25	**Zwölffingerdarm (Duodenum)**	______
+0-82	**Dünndarm (kl. Intest.)**	______
+90-66	**Blinddarm (Caecum)**	______
+21-69	**Ileocaecalklappe**	______
+3-8	**Wurmfortsatz (Appendix)**	______
+22-90	**Dickdarm (Colon)**	______
+50-12	**Mastdarm (Rektum)**	______

Sektion 15 — HEPATISCHES SYSTEM

		Messung 1 2 3 4 5 6
+99-61	**Hepatisches System**	______
+17-29	**Leber**	______
+13-64	**Gallenblase**	______

Sektion 16 — RENAL- / UROLOGISCHES SYSTEM

		Messung 1 2 3 4 5 6
+20-12.5	**Renal-/Urologisches System**	______
+3-82	**Nieren**	______
+0-67	**Harnleiter (Ureter)**	______
+39-30	**Blase**	______
+0-86	**Harnröhre (Urethra)**	______

Sektion 17 — REPRODUKTIVES SYSTEM

		Messung 1 2 3 4 5 6
+56-80	**Reproduktives System**	______
+10-61	**Gebärmutter (Uterus)**	______

RADIONIK - FORMBLATT 2

Grundanalyse pos. Raten (Sektion 1-19)

zur Analyse des Inneren Daten-Feldes (IDF) mit dem SE-5 IDF-Analysator

NAME: DATUM:

		Messung 1 2 3 4 5 6
+27.4-37.4	**Gebärmuttermund (Cervix)**	
+92-31	**Vagina**	
+59-92	**Brüste**	
+62-54	**Eierstöcke (Ovarien)**	
+5-91	**Prostata**	
+6-88	**Penis**	
+5.9-11	**Hoden / Gonaden**	
+4.5-100	**Sexualität**	

Sektion 18 — MUSKEL / SKELETTSYSTEM

		Messung 1 2 3 4 5 6
+21-30	**Muskel- / Skelettsystem**	
+11-41	**Muskeln**	
+61-21	**Bindegewebe**	
+79-52	**Gelenke**	
+25-22	**Knochen**	
+46-27	**Wirbelsäule**	

Sektion 19 — DERMATOLOGISCHES SYSTEM

		Messung 1 2 3 4 5 6
+37-11	**Dermatologisches System**	
+59-25	**Haut**	
+8.5-48	**Gesichtshaut**	
+8-62	**Haare**	
+60.5-72.5	**Nägel**	

RADIONIK-FORMBLATT 3
Grundanalyse pos. Raten (Sektion 20-26)

zur Analyse des Inneren Daten-Feldes (IDF) mit dem SE-5 IDF-Analysator

NAME: DATUM:

Sektion 20 — SCHMERZSYNDROM-SYSTEM

		Messung 1 2 3 4 5 6
-20-90	**Schmerzsyndrom-System**	________
-14.5-27	**Schmerzen (charakt.)**	________

Sektion 21 — INFEKTIONEN

		Messung 1 2 3 4 5 6
-67-52	**Infektionen**	________
-55-100	**Entzündungen**	________
-40-100	**Stauung**	________
-15-100	**Septische Infektion**	________
-35-100	**Eiter**	________
-23-100	**Geschwüre**	________
-50-81	**Abszesse**	________
-61-100	**Zysten**	________
-13-100	**Tumore**	________
-63-61	**Clamydien**	________
-69-68	**Rickettsien**	________
-54-100	**Nekrotisches Gewebe**	________

Sektion 22 — BAKTERIEN

		Messung 1 2 3 4 5 6
-45-79.5	**Bakterien**	________
-60-60	**Gram neg. (Thyphoid)**	________
-65.5-40.5	**Gram pos. (Staphylok./Strept.)**	________

RADIONIK - FORMBLATT 3
Grundanalyse pos. Raten (Sektion 20-26)
zur Analyse des Inneren Daten-Feldes (IDF) mit dem SE-5 IDF-Analysator

NAME: DATUM:

		Messung 1 2 3 4 5 6
-59-57	**Aerob (Fieber)**	
-54-59	**Mykobakterium (Tuberculosis)**	
-50-70	**Spirochäten (Syphilis)**	
-54-60	**Toxine anaerob. Bakt. (Tetanus)**	

Sektion 23 — VIREN

		Messung 1 2 3 4 5 6
-1-65	**Viren**	
-36-66	**Arbovirus / Arenavirus**	
-22-44	**Viren, Zentrales Nervensystem**	
-50-66	**Enteroviren**	
-45-56	**Exanthem**	
-26-50	**Viren, Atmungssystem**	
-82-68	**Viren, systemisch**	

Sektion 24 — PILZE / PARASITEN

		Messung 1 2 3 4 5 6
-63-40	**Pilze / Parasiten**	
-80-79	**Pilze, systemisch**	
-5.5-100	**Schimmelpilze**	
-19-100	**Parasiten**	
-59-19.5	**Würmer**	
-59-32	**Protozoen**	
-10.9-48.5	**Nematoden**	
-35-45.5	**Trematoden**	

RADIONIK - FORMBLATT 3
Grundanalyse pos. Raten (Sektion 20-26)
zur Analyse des Inneren Daten-Feldes (IDF) mit dem SE-5 IDF-Analysator

NAME: DATUM:

Sektion 25 — UMWELTEINFLÜSSE

		Messung 1 2 3 4 5 6
-70-62	**Umwelteinflüsse**	________
-38-41	**Elektromagnetische Einflüsse**	________
-69-40	**Strahlung (radioaktiv, Röntgen)**	________
-706 2704	**Physische Schädigung**	________

Sektion 26 — TOXINE / GIFTE / SCHÄDLINGE

		Messung 1 2 3 4 5 6
-70-68	**Toxine / Gifte / Schädlinge**	________
-44-100	**Toxine**	________
-901	**Gift / Toxine**	________
-38.75-28.75	**Drogengifte**	________
-48.75-48.75	**Metallische Gifte**	________
-49.25-49.25	**Chemische Gifte**	________
-26-26	**Schädlinge / Tierische Gifte**	________
-47-13	**Lebensmittelgifte**	________
-18-36	**Pflanzliche Gifte / Isektizide**	________
+98-20 (pos!!)	**Entgiftung (Detoxifikation)**	________
-1585455	**Überstimulierung**	________

Einsatz von Computer-/PC-Systemen

In den Anwendungsbeispielen in Teil II wird immer wieder der kleine Rechner auf dem SE-5 für die Eingaben und Programme verwendet. Sobald die Analysen und Balancierungsprogramme aber umfangreichere Formen annehmen, erfordert dieser kleine Rechner ein größeres Maß an "Handarbeit" durch häufiges Eintippen und umfangreiches Protokollieren auf Analysen-Formblättern.

Um diese Arbeit effektiver, leichter und schneller zu gestalten, wurde ein PC-Programm entwickelt, das unter MS-Windows läuft. Geeignet für dieses Programm ist jeder IBM-kompatible Rechner, der unter MS-DOS und MS-Windows arbeitet. Für den Anschluß des PC ist am SE-5 eine Schnittstelle vorgesehen (RS 232), die monodirektional arbeitet. Leider haben andere Radionik-Geräte bisher keine Möglichkeit, einen PC oder einen vergleichbaren Rechner anzuschließen, obwohl es inzwischen ein System aus Frankreich gibt, das den PC als Radionik-Gerät verwendet.

Die Bezeichnungen "Radionic Computer" oder "Auto Radionic Computer", wie Bruce Copen sie für verschiedene Radionikgeräte verwendet (MK2, MK12), ist irreführend und hat nichts mit dem Aufbau und dem Einsatz von Computersystemen zu tun, wie wir sie heute verstehen.

Zur schnellen Analyse und Balancierung stehen im Windows-Programm über 14000 fest gespeicherte Raten zur Verfügung, und zwar zweisprachig in englischer und in deutscher Sprache. Eine Erweiterung mit eigenen Raten ist jederzeit durchführbar. Eine umfassende Schnellanalyse läßt sich am besten mit Hilfe des Scan-Modus durchführen. Hierbei werden zunächst die Hauptsektionen selektiert, die in Frage kommen. Anschließend werden die gefundenen Sektionen geöffnet und die Raten der Hauptgruppen getestet und selektiert. Dieser Vorgang wiederholt sich bei den Raten der Untergruppen und den Einzelraten. Zum Schluß bleiben die Raten stehen, die zur Therapie verwendet werden, mit anderen Worten, das speziell für diesen Anwendungsfall benötigte Balancierungsprogramm "ergibt" sich von selbst durch das wiederholte Selektieren, die gefundenen Raten müssen nicht noch einmal extra in ein Programm geschrieben werden.

Natürlich sind auch die Vorgänge beim normalen Analysieren einfacher durchzuführen. Das Balancieren wird auch einfacher, da nicht nur die getesteten Raten, sondern bereits vorhandene Programme kombiniert und mitverwendet werden können. Nicht zuletzt bietet die Computeranbindung die Möglichkeit, von allen Analysen und Balancierungen Protokolle ausdrucken zu lassen.

Für die Herstellung von radionischen Informationsmitteln (vgl. Kap. 7) steht ein eigenes Unterprogramm zur Verfügung, das eine Vielzahl von Mitteln und Funktionen speichern kann, die immer wieder benötigt werden.

Mit der Suchfunktion können aus dem gesamten Ratenumfang Begriffe zusammengestellt werden, die einen bestimmten Umstand beschreiben, z. B. könnte man sich alle Raten heraussuchen lassen, in denen "...infekt..." vorkommt. Auf diese Weise lassen sich sehr schnell Programme zusammenstellen, die für eine gezielte Anwendung benötigt werden.

Die Programme (eins oder mehrere), die einmal erarbeitet wurden, können personen- bzw. objektbezogen abgelegt werden und sind über Passwort gegen fremde Zugriffe gesichert. Alles in allem eine Möglichkeit, die radionische Arbeit schneller, einfacher und komfortabler zu gestalten. Letzteres weiß jeder zu schätzen, der mit Windows vertraut ist. Und wenn eine Balancierung läuft, ist der PC deswegen noch nicht blockiert, da andere Windows-Programme währenddessen weiterbenutzt werden können.

ANHANG C

Informieren von Ton- und Bildträgern

Radionische Raten können auch auf Ton- oder Bildträger aufgenommen werden, womit die Verfügbarkeit vervielfacht werden kann, da damit auch diejenigen die radionischen Effekte nutzen können, die kein eigenes Radionik-Gerät besitzen. Durch das Abspielen der Audio- oder Videobänder wird ein ähnlicher Effekt erzielt wie beim Balancieren von IDFs mit Radionik-Geräten. Wie das Aufbringen der Raten auf diese Medien im einzelnen erfolgt, soll hier nicht das Thema sein, aber sicher sind einige Projekte in dieser Hinsicht interessant.

Willard Frank, der Entwickler des SE-5, schuf ein Video mit dem Titel "Mandalas and Mantras". Dieses Video ist zusammengestellt aus Farben, geometrischen Farbmustern, verschiedenen Klängen und Musik sowie radionischen Raten und macht die Videoanlage zu einem radionischen Balancierungsgerät für Chakras. Es ist nicht unbedingt erforderlich, sich das Video aufmerksam anzusehen, um damit Resultate zu erhalten, aber es ist faszinierend, dem Wechsel der Farben und Formen zuzuschauen. Während sich die Töne in der Höhe verändern, senden die Farben und geometrischen Formen ständig Informationen, die jedes der einzelnen Chakras balancieren.

Dies ist ein sehr wirksames Experiment. Bei der Vorstellung dieses Videos auf dem "Global Science Congress" in Denver, Colorado, 1989, berichteten verschiedene Teilnehmer, sie hätten, während das Video lief, außerkörperliche Wahrnehmungen gehabt. Andere berichteten sogar von Spontanheilungen, nachdem sie das Video gesehen hatten.

Don Paris und Ilona Selke (vgl. Vorwort) produzierten eine CD mit dem Titel "The Best of Mind Journey Music I & II" und fügten einem der Titel verschiedene radionische Raten hinzu.

Don Paris komponierte diese Musik für geführte Meditationen, die dem Hörer helfen sollen, die Technik des luziden Träumens zu erlernen. Zu diesem Zweck war die Musik eigentlich gedacht gewesen, aber als Don Paris die Titel zusammenstellte, fiel ihm auf, daß einer der Titel bei ihm ein Gefühl hervorrief, als würde seine Aura gereinigt, wie mit einer Bürste. Der zweite Teil dieses Stückes war ein Teil einer Meditation, bei der man langsam durch die einzelnen Regenbogenfarben geführt wird. Dies brachte ihn auf die Idee, der Musik radionische Raten zu unterlegen, die sich nutzbringend auf die Chakras auswirken sollten.

Er begann mit einigen Versuchen und nahm zwei verschiedene Versionen dieses Titels auf, die erste mit, die zweite ohne die radionischen Raten. Er fragte einige Freunde, ob sie an einem Experiment teilnehmen wollten, und alle waren gespannt auf diesen Versuch. Die Chakras der Versuchspersonen wurden vor und nach dem Hören des Musiktitels gemessen. Bei allen Testpersonen war ein Anstieg der Werte zu verzeichnen, auch bei denen, die den Titel ohne unterlegte Raten hörten. Diejenigen, die den Titel mit den unterlegten Raten hörten, hatten jedoch einen deutlich höheren Anstieg der Werte.

Im einzelnen wurden vier verschiedene Aufnahmen verwendet, zwei auf Musik-Cassette, einmal mit, einmal ohne unterlegte Raten, eine auf DAT (Digital Audio Tape) und eine auf CD, beide mit unterlegten Raten, wobei die digitalen Aufnahmen jeweils am besten abschnitten. Hier müßte nun noch eingehender untersucht werden, ob das schlechtere Abschneiden der Musik-Cassetten auf die analoge Aufnahmetechnik, auf das Cassettenmaterial oder andere Ursachen zurückzuführen war. Auch der Langzeiteffekt solcher Versuche müßte noch genauer erforscht werden. Insgesamt also noch ein weites und interessantes Forschungsgebiet, bei welchem natürlich wieder - wie auch sonst immer in der Radionik - die Haltung "Zum Besten Des Ganzen" unbedingt im Vordergrund stehen muß!

Literaturverzeichnis und empfohlene Bücher

Deutsche Literatur

Bischof, Marco. Biophotonen-Das Licht in unseren Zellen. Verlag 2001, ISBN 3-86150-095-7

Braun-von Gladiß, Karl-Heinz. Das biologische System Mensch.
Eigenverlag, Amelinghausen, 1995.

Braun-von Gladiß, Karl-Heinz. Biologische Effekte funktechnischer Anlagen.
Eigenverlag, Amelinghausen, 1992.

Brennan, Barbara Ann. Licht Arbeit.
Goldmann, München, 1989, ISBN 3-442-12054-3.

Brockhaus Enzyklopädie, 19. Aufl. 1986-1994.

Dahlke, Rüdiger. Krankheit als Sprache der Seele.
Bertelsmann, München, 1992, ISBN 3-570-01471-1.

Davidson, John. Strahlungsfeld.
Droemer/Knaur, München, 1989, ISBN 3-426-04195-2.

Dethlefsen, Thorwald/Dahlke, Rüdiger. Krankheit als Weg.
Goldmann, München, 1983, ISBN 3-442-11472-1.

Diamond, John. Der Körper lügt nicht.
VAK Verlag, Freiburg, 1983, ISBN 3-924077-00-2.

Elling, Paul. Die Kunst des Pendelns.
Verlagsunion Moewig, Rastatt, 1988,
ISBN 3-8118-1055-3.

Ferzak, Franz. Nikola Tesla.
Eigenverlag, Neuenhinzenhausen, 1986-1993,
ISBN 3-9801465-0-2.

Fischer, Jürgen. Orgon und DOR.
Simon+Leutner, Berlin, 1995, ISBN 3-922389-72-4.

Flanagan, Patrick / Flanagan, Gael Crystal. Elixier der Jugendlichkeit, Du bist, was Du trinkst.
Waldthausen Verlag, Ritterhude, 1992,
ISBN 3-926453-67-2.

Fosar, Grazyna / Bludorf, Franz. Dialog mit dem Unsichtbaren.
R.G. Fischer Verlag, Frankfurt, 1991,
ISBN 3-89406-458-7.

Fosar, Grazyna /Bludorf, Franz. Der kosmische Mensch.
R.G. Fischer Verlag, Frankfurt, 1992,
ISBN 3-89406-795-0.

Gackenbach, Jayne & Bosveld, Jane. Herrscher im Reich der Träume , Kreative Problemlösungen durch luzides Träumen.
Aurum Verlag, Braunschweig, ISBN 3-591-08298-8

Garfield, Patricia. Kreativ Träumen.
Ansata Verlag, Interlaken, Schweiz, ISBN 3-7157-0165-X

Gleick, James. Chaos - Die Ordnung des Universums.
Droemer/Knaur, München, 1990, ISBN 3-426-04078-6.

Hartman, Jane E. Die Heilkraft der richtigen Schwingung. Hugendubel, München, 1991, ISBN 3-88034-484-1.

Heim, Burkhard. Einheitliche Beschreibung der materiellen Welt, Zusammenfassung von „Elementarstrukturen der Materie“ Bd. 1 und 2.
Resch Verlag, Innsbruck, 1990, ISBN 3-85382-048-4.

Heim, Burkhard. Der Elementarprozeß des Lebens.
Resch Verlag, Innsbruck, 1990, ISBN 3-85382-023-9.

Jenny, Hans. Kymatik.
Basler Druck- und Verlagsanstalt, ISBN 3-85560-031-7.

Jenny, Hans. Kymatik - Wellen und Schwingungen mit ihrer Struktur und Dynamik.
Basler Druck- und Verlagsanstalt, ISBN 3-85560-009-0.

Lakhovsky, Georges. Das Geheimnis des Lebens.
VGM Verlag, Essen, 1981, ISBN 3-88699-999-8.

LaBerge, Stephen. Hellwach im Traum, Mehr Selbsterkenntnis und Selbstbestimmung durch bewußtes Träumen.
mvg Verlag, München, ISBN 3-478-08442-3.

Ogtrop van, Verena. Informationstherapie durch Weltraumenergie.
EURO verlag, Nieby, 1994, ISBN 3-925774-12-2.

Redfield, James. Die Prophezeiungen von Celestine.
Heyne Verlag, München, 1993, ISBN 3-453-08200-1

Reich, Wilhelm. Die Entdeckung des Orgons, Bd. I, Die Funktion des Orgasmus.
Kiepenheuer & Witsch, Köln, 1987, ISBN 3-462-01825-6.

Reich, Wilhelm. Die Entdeckung des Orgons, Bd. II, Der Krebs.
Kiepenheuer & Witsch, Köln, 1994, ISBN 3-462-02378-0.

Schmieke, Marcus. Das letzte Geheimnis, Naturwissenschaft und Bewußtsein.
INES Verlag, Franfurt, 1995, ISBN 3-9804144-0-X

Schwenk, Theodor. Das sensible Chaos.
Verlag Freies Geistesleben, Stuttgart, 1984,
ISBN 3-7725-0571-6.

Sharaf, Myron. Wilhelm Reich, Eine Biographie.
Simon + Leutner, Berlin, 1994, ISBN 3-922389-60-0.

Sheldrake, Rupert. Das schöpferische Universum.
Goldmann Verlag, München, 1984, ISBN 3-442-11478-0.

Sheldrake, Rupert. Das Gedächtnis der Natur.
Scherz Verlag/ Verlag R. Piper, München, 1993,
ISBN 3-492-11539-X.

Stangl, Anton. Pendeln.
ECON Verlag, Düsseldorf, 1994, ISBN 3-612-20331-2.

Talbot, Michael. Das holographische Universum.
Verlag Droemer/Knaur, München, 1992,
ISBN 3-426-26572-9.

Tansley, David V. RADIONIK.
Synthesis Verlag, Essen, 1989, ISBN 3-922026-44-3.

Tansley, David V. Der feinstoffliche Mensch.
Synthesis Verlag, Essen, 1993, ISBN 3-922026-62-1.

Tansley, David V. Aura, Chakren und die Strahlen des Lebens.
Synthesis Verlag, Essen, 1994, ISBN 3-922026-61-3.

Tansley, David V. Die Aura des Menschen.
Synthesis Verlag, Essen, 1993, ISBN 3-922026-60-5.

Tesla, N. Tesla. Freie Energie statt Blut und Öl.
VAP-Verlag, Wiesbaden, 1981-1994,
ISBN 3-922367-60-7.

Teslas verschollene Erfindungen.
Edition freie Energie, VAP-Verlag, Wiesbaden, 1994,
ISBN 3-922367-93-3.

Toben, Bob. Raumzeit und erweitertes Bewußtsein.
Synthesis Verlag, Essen, 1993, ISBN 3-922026-00-1.

Tompkins, Peter / Bird, Christopher. Das geheime Leben der Pflanzen.
Fischer Verlag, Frankfurt, ISBN 3-596-21977-9.

Tompkins, Peter / Bird, Christopher. Die Geheinisse der guten Erde.
Verlag Droemer/Knaur, München, 1991,
ISBN 3-426-04274-6.

Wagner, Waltraud. Tanzendes Wasser.
Neue Erde Verlag, Saarbrücken, 1993,
ISBN 3-89060-013-1.

Westlake, Aubrey T. Medizinische Neuorientierung, Heilkraft der Natur.
Origo Verlag, Bern, 1994, ISBN 3-282-00094-4.

Wolf, Fred Alan. Parallele Universen, Die Suche nach den anderen Welten.
Insel Verlag, Frankfurt, 1993.

Wolf, Hans. Harmonische Schwingungen.
Verlag Natürlich und Gesund, Stuttgart, 1990,
ISBN 3-924877-11-4.

ZDN. Dokumentation der besonderen Therapieeinrichtungen und natürlichen Heilweisen in Europa, Band I-V.
VGM Verlag, Essen, 1991.

Englische Literatur

Barnett, Lincoln. The Universe and Dr. Einstein.
Mentor Books, New York, 1952.

Bearden, Thomas E. AIDS: Biological Warfare.
Tesla Book Co., 1991

Becker, Robert O., and Gary Selden. The Body Electric: Electromagnetism and the Foundation of Life.
William Morrow, New York, 1985.

Bentov, Isaac. Stalking the Wild Pendulum.
Fontana, 1979.

Bohm, David and F. David Peat. Science, Order and Creativity.
Bantam Books, New York, 1987.

Britannica CD. Enzyclopædia Britannica
CD-ROM Vers. 2.0, 1995/96.

Burr, Harold S. Blueprint for Immortality, The Electric Patterns of Life.
C.W. Daniel, Essex, England, 1972.

Burroughs, Stanley. Healing for the Age of Enlightenment: Balanced Nutrition, Vita Flex, Color Therapy.
Burrows, Newcastle CA, 1976.

Capra, Fritjof. The Tao of Physics.
Shambala Publications, Boston, 1975.

Chopra, Deepak. Quantum Healing: Exploring the Frontiers of Mind/Body Medicine.
Bantam, New York, 1989.

Combe, Yvon. At the Heart of Thought, Towards a Unity of Matter and Spirit. Heart of Thought,
Johannesburg, South Africa, 1993.

Cooke, Maurice B. Einstein Doesn't Work Here Anymore: A Treatise on the New Science.
Marcus Books, Toronto, 1983.

Davidson, John. The Secret of the Creative Vacuum: Man and the Energy Dance.
C.W. Daniel, Essex, England, 1989.

Denning, R. Murray. My Search for Radionic Truth.
R.M. Denning, Surrey, England, 1981.

Eden, Jerome. Orgone Energy: The Answer to Atomic Suicide.
Exposition Press, New York, 1972.

Gerber, Richard. Vibrational Medicine: New Choices for Healing Ourselves.
Bear and Co., Santa Fe, 1988.

Gleik, James. Chaos: Making a New Science.
Viking Penguin, New York, 1987.

Hopkins, Lloyd F. Training Manual for Sight Without Eyes Through Mind Sight and Perception.
Valley Press, Puyalup, Washington, 1988.

King, Moray B. Tapping the Zero-Point Energy: How Free Energy and Antigravity Might be Possible with Today's Physics.
Paraclete Publishing, Provo Utah, 1989.

Lynch, Dudley and Paul L. Kordis. Strategy of the Dolphin: Scoring a Win in a Chaotic World.
Fawcett Columbine, New York, 1988.

LaBerge, Stephen & Rheingold, Howard. Exploring the World of Lucid Dreaming, A step by step guide.
Ballantine Books, New York, 1990-1992,
ISBN 0-345-37410-X.

MacIvor, Virginia and Sandra LaForest. Vibrations: Healing Through Color, Homeopathy and Radionics.
Samuel Weiser, York Beach, Maine, 1979.

Oldfield, Harry and Roger Coghill. The Dark Side of the Brain: Major Discoveries in the Use of Kirlian Photography and Electrocrystal Therapy.
Element Books, Shaftesbury, Dorset, 1988.

O'Neill, John J. Prodigal Genius, the Life of Nikola Tesla.
Brotherhood of Life, Albuquerque, New Mexico, 1994.

Ostrander, Sheila and Lynn Schroder. Psychic Discoveries Behind the Iron Curtain.
Bantam, New York, 1970.

Peterson, Ivars. The Mathematical Tourist: snapshots of modern mathematics.
W. H. Freeman, New York, 1988.

Richards, W. Guyon. The Chain of Life, A Fundamental Work on the Subject of Radiesthesia.
C.W. Daniel, Essex, England, 1954.

Russell, Edward W. Report on Radionics.
C.W. Daniel, Essex, England, 1973-1991.

Sheldrake, Rupert. A New Science of Life.
J.P. Tarcher, Los Angeles, 1981.

Sheldrake, Rupert. The Presence of the Past: Morphic Resonance and the Habits of Nature.
Random House, New York, 1988.

Tansley, David V. Chakras, Rays and Radionics.
C.W. Daniel, Essex, England, 1984/1992.

Tansley, David V. Radionics, Interface with the Ether-Fields.
C.W. Daniel, Essex, England, 1975-1979.

Tansley, David V. Radionics, Science or Magic: An Holistic Paradigm of Radionic Theory and Practice.
C.W. Daniel, Essex, England, 1982.

Tansley, David V. Radionics & the Subtle Energy of Man.
C.W. Daniel, Essex, England, 1972-1993.

Tansley, David V. Dimensions of Radionics, Techniques of Instrumented Distant Healing.
Brotherhood of Life, Albuquerque, New Mexico, 1977-1992.

Toben, Bob. Space-Time and Beyond.
E.P. Dutton and Co., New York 1975.

Wethered, Vernon D. An Introduction to Medical Radiesthesia & Radionics.
C.W. Daniel, Essex, England, 1957-1987.

Wilber, Ken. The Holographic Paradigm and Other Paradoxes: Exploring the Leading Edge of Science.
Shambala Publications, Boston, 1985.

Wolf, Fred Alan. The Eagles Quest. New York:
Simon and Schuster, New York, 1992.

Wolf, Fred Alan. Parallel Universes.
Simon and Schuster, New York, 1989.

Woolf, V. Vernon, Holodynamics.
Harbinger House, Inc., Tucson, 1990.

Zukav, Gary. The Dancing Wu Li Masters, An Overview of the New Physics.
William Morrow, New York, 1979.

Deutsche Radionische Gesellschaft e.V.

Die Deutsche Radionische Gesellschaft e.V. ist ein Zusammenschluß deutschsprachiger Radioniker und wurde 1992 gegründet. Ihren Zielen entsprechend ist sie als gemeinnütziger Verein anerkannt. Dem wachsenden Interesse an der Radionik folgend hat sie sich zur Aufgabe gesetzt, die Radionik bekannter zu machen und Kontakte unter den Radionikanwendern herzustellen, um den Wissens- und Erfahrungsaustausch zu fördern.

Darüber hinaus will die Deutsche Radionische Gesellschaft e.V. ein Forum sein für Interessierte, die sich ein möglichst klares, persönliches Bild von der Radionik, ihren Wirkmechanismen, Einsatzmöglichkeiten und der untrennbar damit verbundenen höheren Ethik machen wollen.

Diesen Aufgaben trägt die Deutsche Radionische Gesellschaft e.V. zum einen durch entsprechende Seminare und Workshops Rechnung, zum anderen durch die Herausgabe der ersten radionischen Zeitschrift in deutscher Sprache "Radionik heute" als Kommunikationsorgan.

In der weiteren Entwicklung ist die Bildung von lokalen Arbeitsgruppen vorgesehen. Weiterhin ist auch an die Durchführung von Forschungsprojekten sowie an den Aufbau eines Ausbildungsprogramms zum Radioniker / zur Radionikerin gedacht.

Basis der radionischen Arbeit ist die enge Verbindung zwischen äußerer und innerer Ausrichtung. Damit ist gemeint, daß die radionische Arbeit im Einklang mit den geistigen Prinzipien stehen muß. Dies bezieht sich auch auf die Arbeit miteinander innerhalb der Deutschen Radionischen Gesellschaft e.V.

Die innere Einstellung ist gekennzeichnet durch die Ausrichtung auf das Eine, Allumfassende, alles Verbindende, das sich schon im kleinen Rahmen der Mitglieder in dem Bestreben niederschlägt, dem Besten des Ganzen zu dienen.

Für Ihre Notizen: